玉

TAMA

―古代を彩る至宝―

刊行にあたって

近年、文化財に対する国民の関心が高まるとともに、それらを積極的に活用することが期待されています。そのためには地域の歴史や文化財の調査研究を深め、得られた成果や情報を発信していくことが重要です。また、日本の各地には、素晴らしい歴史文化遺産があり、それぞれに調査研究が進められています。しかしながら、それらは地域ごとの研究成果としてまとめられることが多く、広い地域のまとまった成果として国民の皆様に発信される機会は少なかったように思います。

そこで、個々の地域における研究だけでは見えにくかった日本の大きな古代史の流れを解明し、その成果を広く発信するために、古代歴史文化にゆかりの深い埼玉県、石川県、福井県、三重県、兵庫県、奈良県、和歌山県、鳥取県、島根県、岡山県、広島県、福岡県、佐賀県、宮崎県の14県が連携して、平成26年に「古代歴史文化協議会」を設立しました。

この協議会では、古代を考える上で重要な「古墳時代の玉類」を研究テーマとして、それぞれの県の研究担当者が3年半にわたって共同調査研究を進めて参りました。そして、各県で蓄積された貴重な研究成果の比較検討などについて議論を重ね、日本の古代史の流れを解明する手がかりとなる研究成果を得ることができました。

本書はその研究の成果を取りまとめたものであり、本書を通じて、全国の皆様の古代の歴史・文化への関心がさらに高まることを願っております。

平成30年10月

古代歴史文化協議会会長

島根県知事　溝　口　善兵衛

目次

第3章　玉飾りの世界　―玉の装い・流通・信仰を探る―

第4章　玉から古代日韓交流を探る

第5章　玉類のゆくえ

第1章　玉とは何か

1　はじめに ―「古墳時代の玉類」―

◎古代歴史文化協議会共同調査研究事業のテーマ「古墳時代の玉類」

14県で構成している古代歴史文化協議会の設立準備をはじめた段階で、何を研究テーマとするかを議論した。14県に共通して存在し、比較的容易に調査対象となる考古資料を研究することによって、全国的に古代歴史文化研究の水準を高め、また新しい事実を発見することが期待できることなどを考慮して、多くの研究対象候補から玉類に収斂《しゅうれん》することになった。

14県ともに出土品があることは、外面的な理由ではあるが、必要な条件であると思う。当初の候補として、古墳時代の鉄刀剣の銘文《めいぶん》なども考えられたが、14県の枠を外して47都道府県の単位でみても、数県で出土しているのみで、共通の研究テーマとしてはふさわしくない。同じような理由で、弥生時代の銅鐸《どうたく》、青銅製武器などもやや困難なテーマと判断した。こうして玉類を共同調査研究のテーマとすることになった。

もちろん従前に玉類に関する研究が、かなり進んでいたこともある。箇条書きにすると以下のようになる。

・玉の材質研究が、1960年代から進んでいて、ヒスイ（硬玉《こうぎょく》）が、日本海側の富山県と新潟県の海岸（現在ではヒスイ海岸として観光地化している）で採取したことが明らかになっていた。コハクも岩手県久慈産のものが西日本の各地から出土していることが、室賀照子《むろがてるこ》氏の研究で1974年に明らかになっていた。またコハクには千葉県銚子産などもあるが、1945年以前にこのヒスイとコハクは、前者は東南アジアのビルマ（現：ミャンマー）産、後者はモンゴル、シベリアからもたらされたとされていた。産出地については事実に基づかず、何らかの意図をもって述べられることが多かった。

・出雲《いずも》玉作《たまつくり》遺跡群の発掘調査などが、１９２０年代に京都帝国大学濱田《はまだ》耕作《こうさく》氏を中心として実施されていたこと、出雲玉作りを代表する石材の碧玉《へきぎょく》の産地同定と玉類製作過程の研究が進んでいたこと、玉砥石《たまといし》の石材として和歌山県の紀ノ川南岸の片岩《へんがん》が使用されていたことが研究成果として既に発表されていたことなど、原石とともに、生産用具の遠距離移動も研究テーマにすることができた。

・日本海沿岸産の緑色凝灰岩《りょくしょくぎょうかいがん》が、玉以外にも前期古墳出土の石製品（石釧《いしくしろ》・車輪石《しゃりんせき》・鍬形石《くわがたいし》・その他）の石材であり、消費地つまり古墳出土品としての研究が進んでいた。

・韓国出土のヒスイ製勾玉《まがたま》の原産地が、韓国の学界においても日本産であることを肯定する意見が多くなってきており、出土考古資料のみで国際的な玉の移動が研究できる。ヒスイ製勾玉の研究において、韓国からヒスイ製勾玉のおよそ半数が出土しており、これを対象とした研究が重要であることは言うまでもない。ヒスイと色調などが似ている天河石《てんがせき》（アマゾナイト）、色の濃い赤メノウ（今日までのところ、日本では石材産出地が知られていない）などを対象に、古墳時代の玉類研究が可能な状況となっている（**図１・２**）。

・ガラス製玉類の成分分析が、各研究機関

図1　天河石（アマゾナイト）原石

図2　ホリノヲ２号墳出土天河石製勾玉
（奈良県）

において進んでいることも追い風となった。

◎14県による「古墳時代の玉類」共同調査研究

このような事前検討により、14県の担当者は共同して古墳時代の玉類研究に取り組むことになった。玉類の生産技術を中心とした「玉作り」の研究と古事記・日本書紀・風土記（逸文を含む）・古語拾遺《こごしゅうい》・出雲《いずもの》国　造《くにのみやつこ》　神賀詞《のかんよごと》など史料が伝える玉に関わる記事との対照・検討、ヒスイ製勾玉をはじめとして日韓両国から共通して出土する玉類の検討による古代日韓交流の解明、玉飾りの変遷・地域的な広がり、玉類からみた古墳時代王権の実態解明などがあげられ、これらを当協議会が進める古代歴史文化の重要なテーマであると考えた上、考古学の手法からどこまで迫ることができるか、3年にわたり検討してきた。

初年度はその研究成果として「玉作り」を巡る問題をテーマに講演会を開催し、2年目は玉類からみた古代日韓交流の解明、3年目は玉類からみた古墳時代の王権をテーマとした。

共同調査研究は、まず「古墳時代の玉類」に該当するものを形態から分類することと、その材質を知ることからはじめた。その前提として14県において出土した玉類の集成を実施した。県保有のみならず、市町村さらには個人や博物館所有、国有となっている玉類の把握にも努めた。

一例をあげると奈良県下の集成では、244基の古墳と31ヶ所の集落遺跡から、約7万個が出土していることがわかった。その素材としては、ガラス約74・8％、滑石《かっせき》類16・9％、土製3.8％、碧玉1.5％である。残り約3％のなかに金属、緑色凝灰岩、メノウ、水晶《すいしょう》、ヒスイ、コハク、埋《うも》れ木《ぎ》、鉄石英《てっせきえい》などがあるが、各々1％にも満たない。奈良県以外の地域においても、ほぼ同じ傾向であった。

◎玉類研究から古墳時代像を見直す

　1926年に京都帝国大学考古学研究室から『出雲上代玉作遺物の研究』が刊行された。それからおよそ30数年を経て、1958年に國學院大学の寺村光晴《てらむらみつはる》氏らが、石川県加賀市の片山津玉造《かたやまづたまつくり》遺跡の3次にわたる発掘調査を行った（調査団長は藤田《ふじた》亮策《りょうさく》氏（1892〜1960））。1963年に、『加賀片山津玉造遺跡の研究』が刊行された。1966年には寺村光晴氏が『古代玉作の研究』を刊行され、玉作りの研究が考古学の研究テーマとなった。

　その後、日本海沿岸（佐渡の鉄石英製玉作りを含む）、房総半島などの玉作り遺跡が発掘調査され、各地の玉作り遺跡の研究が進められた。そして各種の素材から製作された玉類の製作過程が明らかとなった。弥生時代から古墳時代にかけて各地で玉作りが行われた時期も、詳細に明らかにされた。これは土器型式の編《へん》年《ねん》研究が進んだことと関係が深い。1970年代の奈良県纒向《まきむく》遺跡における土器の研究によって、大和《やまと》の弥生時代〜古墳時代へのかわり目の古式土師器《こしきはじき》の編年が明らかにされた。さらに纒向遺跡からは、北部九州から静岡県、滋賀県から北陸に系譜を持つ土師器が大量に出土し、各地の古式土師器の同時性が確認された。古墳時代中期〜後期では須恵器《すえき》の編年研究が進んだことが大きい。第二次世界大戦後に打ち出された古墳副葬品の共伴関係を中心に古墳の年代、つまり編年を考えていた研究水準と比べると、各段に精度がました。これに円筒埴輪《えんとうはにわ》の編年研究も加わり、古墳編年が精密化した意義は大きい。

　こうして、三角縁神獣鏡《さんかくぶちしんじゅうきょう》と一部の石製品（石釧・車輪石・鍬形石など）から考えられていた古墳時代の4世紀開始説は、ほぼ前提が崩れた理論となった。ただし、今もそれを信じる人がいることも事実である。

1958年刊行の『古墳とその時代』（朝倉書店）では、奈良盆地東南部の崇神陵《すじんりょう》・景行陵《けいこうりょう》と治定されているる前方後円墳が最古の古墳であり、このために天皇系譜が崇神以降は信じることができると論じられてきた。平安時代後半には、現崇神陵が景行陵とされていたことを、秋山日出雄《あきやまひでお》氏が文献史料などから指摘され、不確実な史料情報の使用に警告を鳴らされたが、その後に出版された多くの考古学の概説書でも内容はかわらなかった。三角縁神獣鏡は大和王権（王朝）が、各地の王に配布したとする考え方のフレームは、記紀の崇神・垂仁《すいにん》・景行の神話と出土品を直接結びつけたもので歴史学の方法論に基づかないことを、1960年代後半に指摘しているところである（光文社刊『ゼミナール日本古代史　下』、同朋出版刊『日本人と鏡』）。

前方後円墳の成立から全国各地で、中央集権的分配論（地方の特産も中央に集約し、再分配する）における古墳築造が、そのようなものでなかったかもしれないと思わせる事項の一つとして、古墳時代後期の出雲玉作り産とみられる玉類の分布がある。中国地方では出雲から比較的近くに立地する古墳からの出土が多く、離れると希薄になる状況が明らかになった。出雲産の玉類が直接消費地にもたらされている事例とみられ、玉類のすべてが畿内《きない》中枢に一括して持ち運ばれ、それらを全国に再分配したと一元的に考えることはできない事例を示している。

古墳時代の玉類研究は、日本列島各地の古墳が、どうしてその位置に築かれたかという問題を解き明かすための重要な研究の切り口であるのかも知れない。

ヒスイ製勾玉が、大和・河内《かわち》などの中期古墳から減少することの理由として、朝鮮半島各地との交易財であった可能性が指摘できる。朝鮮半島南部の鉄素材を日本列島に導入するために等価交換されたのが、ヒスイ製勾玉と推測される。三国時代の新羅《しらぎ》（時期によって領域に若干の移動がある）からのすさまじい量のヒスイ製勾玉の出土が、これを示している（図3）。高句麗《こうくり》の領域からは、知り得る限り出土例は報告されていない。百済《くだら》では、端山《ソサン》・羅州《ナジュ》などにおいてヒスイ製勾玉が出土している。朴天秀《パクチョンス》氏の集成によると百済では合計51点出土している。523年に没した武寧王陵《ムリョンワンヌン》には16点のヒスイ製勾玉が出土しているが、頭部に金帽《きんぼう》を被せている。

鉄素材以外にも、西アジア産のガラス製容器・玉類（雁木玉《がんぎだま》・トンボ玉・重層《じゅうそう》ガラス玉）なども、その対象であったとみてよい。もちろんこれらの小さい玉類のみが交易されたのではなく、金銀・布帛《ふはく》（錦なども含めて）などと関連していたことは容易に気付く。鉄とヒスイ製勾玉の交換比率などの研究は、気の遠くなるほど彼方のテーマと思うが、案外早く解明されるかも知れない（図4）。

図3　新羅天馬塚《チョンマチョン》出土金冠
（ヒスイ製勾玉75点が飾り付けられる。）

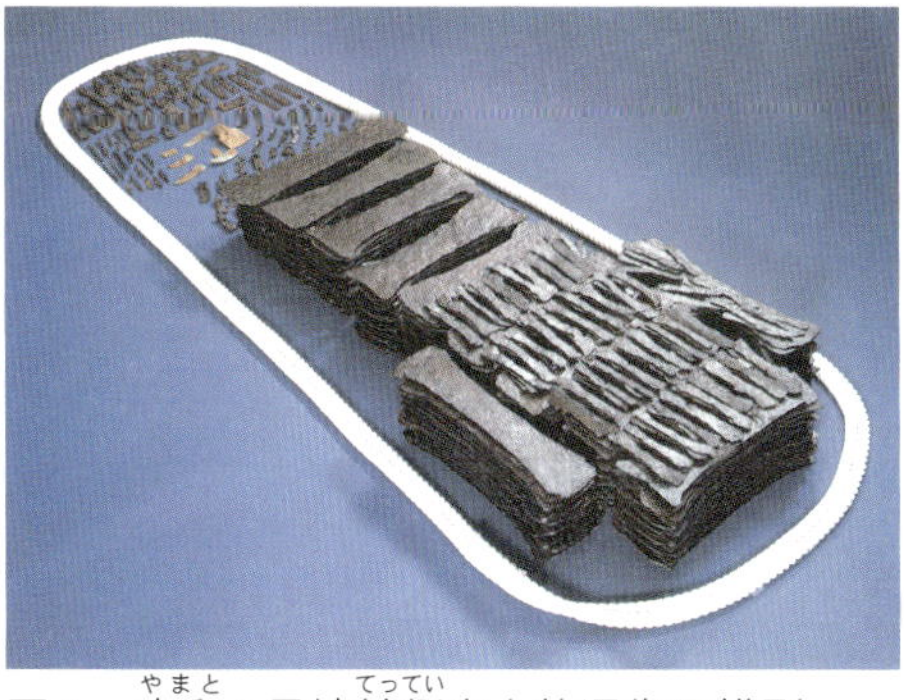

図4　大和《やまと》6号墳鉄鋌《てってい》出土状況復元模型

2　玉の材質と種類

玉は、色とりどりの色彩を放ち人々を魅了する。その色合いは素材によるところが大きく、様々な石材やガラス、金属を使って形づくられる。また、玉の形は本来変幻自在に変化することも可能なはずであるが、不思議といくつかの形にまとまっていく。ここでは、玉の多様な色合いを引き出す素材や、人々の好んだ玉の形をみてみよう。

◎石材

火山列島である日本では、火山灰が海中で再堆積して形成された緑色凝灰岩や、火山のマグマによる熱、圧力、熱水などの影響を受けた石英に由来する石材を容易に得ることができた（図5）。石英の仲間では微量元素の混入状況の違いや結晶化進行の違いによって、発色の異なる石材となる。まず、結晶化が進んだ透明な水晶、濃い緑色の碧玉、赤と白の混在する縞《しま》模様が特徴のメノウ、透明感のない暗赤色を発色する鉄石英などである。これらは硬度7前後の硬い石材であるが古墳時代（3世紀中頃～6世紀）には好んで使用されている。

緑色凝灰岩は、日本海沿岸部に帯状に分布する石で、柔らかく加工がしやすいことから、鉄製工具が普及していない弥生時代（紀元前4世紀～後3世紀前半）から玉石材として好んで利用され、古墳時代にも多用された石材である。

ヒスイは、変成岩である蛇紋岩《じゃもんがん》中に形成されるヒスイ輝石《きせき》を主成分とする。日本では20ヶ所以上の産地が知られているが、縄文～古墳時代（紀元前1万3千年～後6世紀）に石材採取・利用されたのは新潟県西部の姫川《ひめかわ》・青海川《おうみがわ》流域の原産地や、その下流河口部の海岸に打ち上げられたものである。ヒスイは白色部のなかに一部緑色に発色する部位があるが、半透明で淡緑色の光を透過する様は、不思議な魅力を醸し出す。

今でも、宝石の一つとして知られる「コハク」も古墳時代には玉に加工される。コハクは松脂《まつやに》など樹脂《じゅし》分が化石化したものであるが、透明感のある橙～赤色を発し、柔らかく加工しやすい。また、かわったところでは「埋れ木」も玉の素材として使用される。埋れ木は樹木が地殻変動や火山活動などの要因で土中に埋没し炭化したもので、艶のある黒色が好まれたのであろう。

滑石は古墳時代前期末頃（4世紀後半）から玉石材として重用された。考古学で用いる「滑石」は、鉱物学的にいう滑石、蛇紋岩《じゃもんがん》、蝋石《ろうせき》、泥岩《でいがん》、頁岩《けつがん》、緑泥《りょくでい》片岩など灰色系の比較的軟らかい石の総称として用いることが多い。硬度1と軟らかく加工が容易なこともあり、実用的な玉以外にも、祭祀用の仮器《かき》的な玉としても大量に生産される。古墳時代中期（4世紀末～5世紀）では玉類全体のうち、ガラス製と滑石製で9割前後を占める。

◎ガラス

ガラスは、弥生時代に中国・朝鮮半島経由で日本にもたらされた素材である。日本国内ではガラスそのものを生産する技術は飛鳥時代（7世紀）にならないと完成しない。しかし、輸入されたガラス素材を再加工して、自在に形を整える技術は弥生時代に既に出現している。

古墳時代には、大量のガラスが大陸から輸入されているが、なかにはインドや東南アジアで生産された「ムティサラ（「偽の真珠《しんじゅ》」の意味）＝インド・パシフィックビーズ」や中東や地中海沿岸で生産された「雁木玉」なども招来されている。

◎金属

金属製の玉は、古墳時代中期から大陸・朝鮮半島からもたらされる。垂飾付《すいしょくつき》耳飾りや耳環《じかん》などと共通する金工技術によって製作され、型打ち出し鍛造《たんぞう》の半円形のパーツ二つを銀鑞《ぎんろう》などで接着してつくるため内部が中空になっている。主に青銅鍍金《ときん》や銀製の「空玉《うつろだま》」・「梔子玉《くちなしだま》」などが主体であるが、少量ながら金製（18金）の空玉や勾玉もみられる。主に渡来系の人物が葬られた古墳や朝鮮半島外交で功績のあった豪族の古墳から出土するとされ、被葬者の性格をよくあらわす遺物として知られるものである。

◎玉の形

装身具として使用された玉には、様々な種類がある（図5）。人体装飾を目的とした「玉」には原則として紐を通す孔があいていることが特徴と言える。腕輪形石製品や孔のない三輪玉《みわだま》は、考古学研究上は「玉」としていないが、古墳時代には人体装飾用の「玉」と同じように、玉作り工人《こうじん》が製作していることから、ここでは「玉」の仲間として紹介する。

明治44年（1911）に東京帝室博物館の高橋健自《たかはしけんじ》氏が執筆した『鏡と剣と玉』のなかでは、既に玉の分類が行われている。そこでは、勾玉、管玉《くだたま》、臼玉《うすだま》、切子玉《きりこだま》、棗玉《なつめだま》、丸玉《まるだま》、梔子玉、平玉《ひらだま》、小玉《こだま》など現在も

図5　古墳時代の玉類の材質と形

（材質）

名称	外観	色	硬度	比重	主な産地	古墳時代の主な玉用途	特徴
ヒスイ（翡翠）Jade ite		緑色～緑白色	6.5～7	3.3～3.5	新潟県、岡山県、兵庫県、鳥取県など	勾玉	ヒスイ輝石を主成分とする岩石で、蛇文岩中に塊状に産出する。新潟県青海川・姫川の産地が有名
緑色凝灰岩 Tuff		淡緑色	—		石川県、福井県、兵庫県、鳥取県、島根県	管玉、腕輪形石製品	緑色の火山灰が海底で堆積したもので、日本海沿岸に帯状に分布する。弥生～古墳時代の玉素材として多用される
碧玉 Jasper		濃緑色ほか	7	2.7	島根県、石川県、兵庫県	勾玉、管玉、平玉、算盤玉、棗玉	細結晶性の石英の一種で多量の酸化鉄で着色される。弥生～古代の玉素材として多用される
メノウ（瑪瑙）Agate		赤橙色～白色	7	2.7	島根県、石川県、茨城県	勾玉、管玉、丸玉	細結晶性の石英の一種で白色～赤色の縞模様が特徴。弥生～古代の玉素材として多用される
水晶 Rock crystal		透明	7	2.7	日本各地	勾玉、切子玉、算盤玉、垂玉、三輪玉	石英のうち、六角錐状、双葉状などの結晶体で透明なもの。弥生～古代に玉素材として多用される
滑石 Talc		灰色～白色	1	2.8	日本各地	臼玉、勾玉、管玉、模造品	考古学で使用する「滑石」は、鉱物学上の滑石、蛇紋岩、蝋石、泥岩、頁岩、緑泥片岩の総称である
コハク（琥珀）Amber		黄色～赤褐色	—	1.1	千葉県、岩手県、岐阜県	勾玉、棗玉	松脂などの樹脂が化石化したもの。埋れ木などの亜炭に伴って産出する。縄文～古代のたまに使用される
埋れ木 Bog wood		黒褐色	—	1.15～1.3	日本各地	棗玉、算盤玉	樹木が火山活動や地殻変動によって地中に堆積し、半ば炭化したもの。古墳時代の算盤玉・棗玉などに使用される
ガラス（瑠璃）Glass		青色、緑色、赤色、黄色など	（5）	2.5		勾玉、管玉、丸玉、小玉	珪砂（SiO_2）に融点をさげるためにソーダ灰、鉛丹、木炭などを調合して製作する。生産地や時代によって融剤による微量成分が異なる

（形）

勾玉	管玉	丸玉・小玉	算盤玉	切子玉

古墳時代の玉類としては、もっとも有名な形。縄文時代の牙製勾玉以来の歴史を持つ	勾玉についで、古墳時代の玉の主力となる。碧玉、緑色凝灰岩でつくられることが多い	数量的には古墳時代の玉類としては最多。ガラス製が多いが、メノウなどもある	ソロバンの玉のような形。碧玉、メノウ、水晶、埋れ木などでつくられる	算盤玉が多角形状に面をもったもの。古墳時代後期に水晶製のものが盛行する
棗玉	臼玉	平玉	垂玉	三輪玉

棗の実のように、中央が膨らんだもの。埋れ木製のものが多い	主に滑石製で、扁平な円柱状やソロバン玉状になる。祭祀などの用途で使われることが多く、大量に製作される	円盤状の形態で、孔は側面に通される。碧玉や水晶でつくられることが多い	不定形な形をしており、上端に孔がある。古墳時代では水晶製が多い	刀剣の柄部に取り付ける護拳帯飾りに用いられ、穿孔されない。碧玉・水晶製が多い

使用される分類が既に示されている。

3　古墳時代以前の玉類

◎縄文時代の玉類

日本列島で玉類と推測されるものが出現するのは旧石器時代末頃（紀元前1万3千年）である。石や貝で作られ、墓と考えられる遺構から出土しており、この頃には装身具を墓に副葬する風習がはじまっていた可能性が高い。

縄文時代初頭も、まだ旧石器時代と同様に、動物の牙や骨角《こっかく》、粘土などの身近な素材で玉をつくっていた（図6）。前期末頃（紀元前3千年）になると、新潟県姫川流域に産出するヒスイを利用した玉類が出現する。そのなかでも、前期〜中期にかけて盛行する、楕円形の鰹節状を呈した「大珠《たいしゅ》」は縄文時代を代表するものである。大珠はほかの玉類とは組み合わず、単独でペンダントトップのように使用されたと考えられる。中期（紀元前3千年〜前2千年）にかけて徐々に大型化し、最大15㎝に及ぶものもあった。これは装身具としては実用に耐えられない大きさであり、玉類が単なる身を飾るものではなく、その大きさにより所有者の地位を示すものへと役割を変化させていたことがわかる。

後期（紀元前2千年〜前1千年）になると、大珠と入れかわるように、勾玉や管玉、丸玉などの複数の玉を組み合わせて使う形態のものが普及する（図7）。これらの器種は後の弥生時代や古墳時代まで継続するものであるが、形状がやや異なる。勾玉は緒締形《おじめがた》や獣形《じゅうけい》、牙形《きばがた》などバラエティーに富んだ形をしている。また管玉も円筒形でありながら、真ん中がやや膨らむエンタシス形を呈する。縄文時代前半期に盛行した大珠も、中期末以降は小型化し、組み合わせて使う形態へと変化する。

後期～晩期（紀元前2千年～前４００年）にはヒスイ製の玉類に加えて、熊本県の熊本市付近でつくられたと推測される緑色石材（クロム白雲母《しろうんも》）の玉類が西日本はもちろんのこと、東日本にも流通する。これは、ヒスイをはじめとする緑色の石が縄文時代の人々にとって、好んで用いられたことを裏付けるとともに、列

図６　三引《みびき》遺跡出土歯牙製垂飾（石川県）
（縄文時代前期の貝塚からは、石や貝、動物の牙を素材とした腕飾りや頸飾りが出土した。）

図７　御経塚《おきょうづか》遺跡出土装身具（石川県）
（熊本市付近で産出する緑色石材（クロム白雲母）でつくられた玉や、反対に九州で生みだされた玉（三万田式垂飾）をヒスイでつくったものがある。）

島内の東西をこえた交流が活発に行われていたことを示している。

◎弥生時代の玉類

弥生時代は農耕文化に代表されるように、朝鮮半島から新たな文化がもたらされ、日本列島に住む人びとの生活を大きく変えた。玉類も例外ではなく、精美で規格性の高い碧玉製管玉や天河石製の勾玉や臼玉、ガラス製玉類が新たに登場した。これらの玉類は、以前から存在した縄文系の玉類と排他的な関係にはならず、組み合わせて使用されていることから、人々に抵抗なく受け入れられたようである。

図8　宇木汲田《うきくんでん》遺跡出土様々な形のヒスイ製勾玉（佐賀県）（獣形（上段右から２つ目）、緒締形（上段右から３つ目ほか）、定形（上段右ほか）は丁字頭になるもの。）

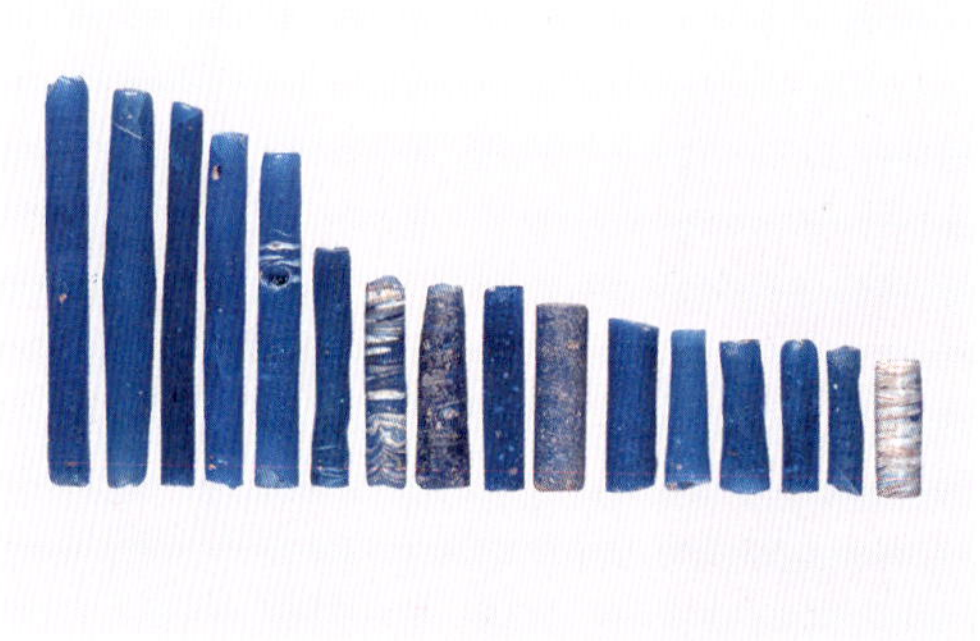

図9　吉野ヶ里《よしのがり》遺跡墳丘墓1002号甕棺墓出土太身大型のガラス製管玉（佐賀県）
（表面に残るラセン状の痕跡から、軟らかくしたガラスを棒に巻き付けて製作したと考えられる。）

弥生時代中期（紀元前2世紀〜後1世紀中頃）になるとヒスイ製勾玉にも新たに定形《ていけい》や半玦形《はんけつけい》などの形態が出現する。定形は後続する古墳時代に主流となる形態で、現代の私たちが思い浮かべるイメージに近い。半玦形についてはヒスイの産地である新潟県姫川周辺での生産が確認され、それ以外の獣形・緒締形・定形などの生産遺跡は未発見であるが、九州北部から集中的に出土している（図8）。また中期以降に九州北部に分布するものには、頭部に放射状の刻みを入れた丁字《ちょうじ》頭《がしら》となるものも存在する。

新たな素材として登場したガラス製玉類には、小玉のほかに勾玉や管玉も存在する。小玉は前期末に、勾玉と管玉はいずれも中期には出現し、勾玉のなかにはヒスイ製のように丁字頭となるものがある。勾玉の鋳《い》型《がた》は、勾玉そのものよりも古い時期の遺跡で確認されており、より早い段階で加工に成功していたと考えられる。また管玉の法量には大小あり、日本列島内のみに流通する国産品と考えられるものも存在するが、大多数は朝鮮半島からもたらされた舶載品《はくさいひん》である（図9）。

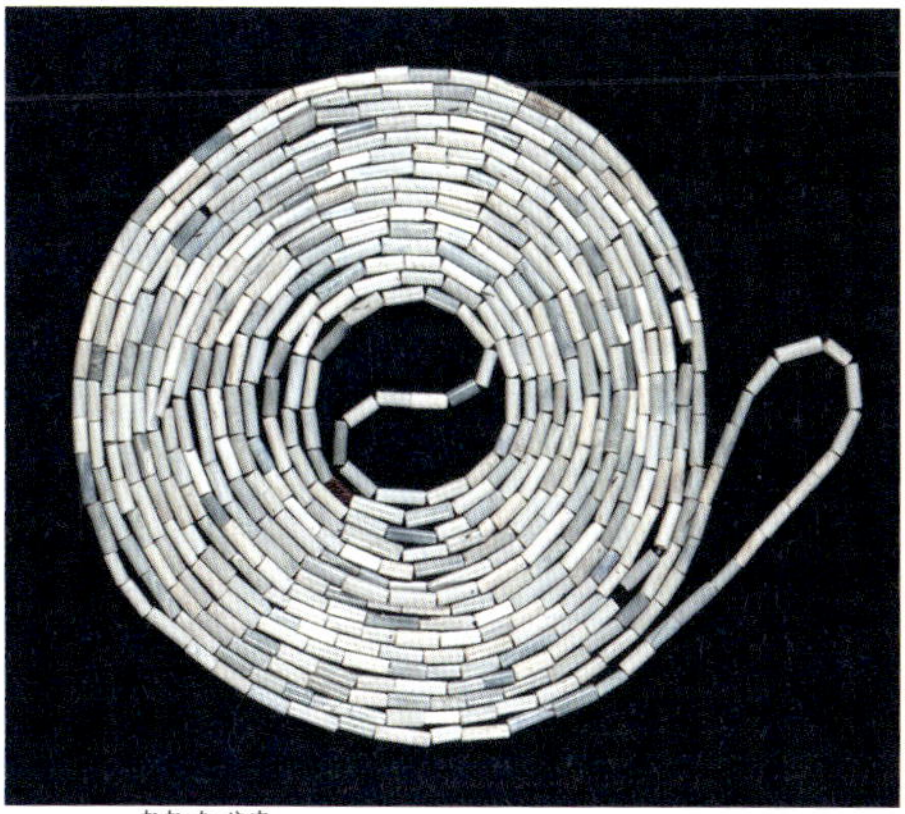

図10　太田山《おおたやま》2号方形周溝墓出土玉類（福井県）（灰緑色の管玉が連なるなか、中央左下に赤色の鉄石英製管玉がある。）

図11　西谷《にしだに》3号墓出土ガラス製勾玉（島根県）

一方、朝鮮半島で生産されたと考えられる碧玉製管玉に触発されて、列島内でも縄文時代とは異なる規格性の高い管玉の生産がはじまる。碧玉や緑色凝灰岩など緑色の石材が主に使用されたが、新潟県佐渡で産出する鉄石英を使用した赤色の管玉（図10）も東日本を中心に流通する。これは、西日本を中心に流通した青色のガラス製玉類と対照的である（**図9・11**）。

このほか中期以降には西日本を中心に算盤玉《そろばんだま》などの水晶製玉類が登場し、近畿北部や山陰において玉作り遺跡が確認されている。ほぼ同時期に朝鮮半島でも大量の水晶製玉類が流通しており、両者の関連が注目される。

4　古代史料にみえる玉類

飛鳥時代（7世紀）以降、玉の副葬は一部を除いた地域のほとんどでみられなくなる。玉のパラダイムシフトが起こるわけだが、これは王権が中央集権を志向し、諸政策を進めた時期と重なる。幸いなことに『古事記』（以下『記』）・『日本書紀』（以下『書紀』）などの文献史料があるため、この頃の人々の玉へのまなざしを我々は垣間みることができる。ここでは、7～8世紀頃の玉について諸史料から追っていきたい。具体的には、8～9世紀の史料から「玉」に関わる記述をしている箇所を悉皆《しっかい》的にとりあげ、一つ一つについてそれが何をあらわしているのか、その用字を含めて考察した。古代史料にみえる玉のうち、美称《びしょう》などを除外し、事物としての玉や玉作りに関するものを集成したのが**表1**である。なお、同じものを指すであろう「玉」が一説話に複数回登場する場合、一件として計上している。
表1からわかるように、件数としては『書紀』（720年成立）が圧倒的に多い。また、『記』（712年成立）はほかにみえない用字に特徴がある。両書の共通点として、神名・人名・地名のほかに、玉籤《たまくしげ》など

表１　古代史料にみえる玉（登場場面／採用件数）

	玉	珠	璵	瓊	璁	合計
古事記	27/68	7/16	1/6	なし	3/5	38/95
日本書紀	59/153	15/29	なし	37/93	なし	111/386
続日本紀	24/58	9/9	なし	なし	なし	33/67
古語拾遺	15/36	なし	なし	3/3	なし	18/39

※歌謡のタマは「玉」として採用

呪術や祭祀に関わるもの、手玉・足玉など具体的な事物をあらわしているものも多く、バリエーションに富む。

一方、奈良時代の歴史を記した『続日本紀《しょくにほんぎ》』や玉作りと関わりの深い齋部《いんべ》（忌部）氏が編纂《へんさん》した『古語拾遺』（ともに平安時代初期に成立）では、用字が限られる。また、用例も地名や人名が主で、具体的な事物をあらわす例はほとんどない。これは奈良時代以降、古墳時代的な玉生産が行われなくなったことと関連がありそうだ。

しかし、『記』や『書紀』にみえる多様な用字が、実態としてあったかは不明である。両書には多分に漢籍《かんせき》の影響もみられるため、むしろ、8世紀当時は「玉」が主で、それに次ぐ「珠《たま》」までが用字の実態であった可能性が高い。また、『書紀』に多くみえる「瓊《たま》」は神話部分に集中しており、これも実態から乖離しているとみるべきか。

両書とほぼ同時期に編纂された各国の風土記（７１３年に編纂の命令が下されている）でも、用字用例が「玉」「珠」に集中する傾向があり、それは一次史料である木簡においても同様である。古代の租税法《そぜいほう》（賦役令《ぶやくりょう》）では、諸国から貢献すべき物品のうちに「玉」と「珠」とがある。玉は加工したもの、珠は自然に成ったものとされており、律令《りつりょう》用語上で両者は区別されていた。後者には「真珠」があたると考えられるため、「玉」は鉱物を材料にしたものであろう。

では、ここでいう「玉」とは具体的にどのようなものを指したのか。正倉院文《しょうそういんもん》書《じょ》をみると、寺院の鎮壇具《ちんだんぐ》、碁石や双六玉《すごろくだま》として使用されている例が多い。実際に、奈良時代以降の遺跡から出土する玉は、碁石状の平玉や丸玉などに変化している。ただ、勾玉なども全く流通していないわけではなく、天平《てんぴょう》10年（738）「筑後国正税帳《ちくごのくにしょうぜいちょう》」には、紺玉《こんだま》・縹玉《はなだだま》・緑玉・赤勾玉・丸玉・竹玉・勾縹玉といった玉の名称と、その交換価値まで記されている。これらは古墳時代までに製作された玉の伝世品であろう。また、東大寺法華堂本尊《とうだいじほっけどうほんぞん》、不空羂索観音像《ふくうけんさくかんのんぞう》（国宝・奈良時代）の宝冠には2万点以上の玉が使用されており、その大部分はガラス玉だが、一部にはヒスイ・コハク・メノウ・水晶・真珠なども使われている。

古墳時代に権威の象徴であった玉類は、それまでと異なる価値観のもとではあるが、確かに伝えられていた。

5　奈良・平安時代の玉作り

前述のように、石製玉類の使用自体が飛鳥時代には畿内をはじめとして次第に衰退し、以後装身具としての玉は水晶製丸玉やコハク製丸玉、金属製玉類となり、さらに奈良時代（8世紀）以降は基本的にみられなくなる。ただし、奈良時代になると出雲で古墳時代的な玉とは異なる玉に類似した製品の生産が再開する（ほかに北関東・東北でコハク製玉類の生産も継続していた）。

この玉に類似した製品とは、具体的には水晶製丸玉・平玉、碧玉製・頁岩製・黒色泥岩製の平玉を指す（**図12**）。なぜ玉類に類似するかというと、これらの製品には玉類の基本要素である、紐孔が存在しないためである（丸玉には孔のあるものもある）。また、石材も古墳時代とは色調が異なっており、水晶でも白濁した白いものが選ばれ、碧玉も黒に近い緑が選ばれている。言うなれば碁石であり、碁石状石製品とも呼ばれている。製作技法も一番近い古墳時代後期（6世紀）の出雲の玉作りにみられる片面穿孔がなくなる（両面穿孔となる）。このように、奈良時代に生産が再開される「玉」は古墳時代の玉とは連続性がないのであるが、生産されている場所は出雲国府のほか、古墳時代後期に玉がつくられた花仙山《かせんざん》周辺（当時の行政地名では忌部神戸《いんべかんべ》）であり、山や川の名前からは「玉作《たまつくり》」と呼ばれた地域であった。

ただし、『出雲国風土記』『古語拾遺』や『延喜式《えんぎしき》』といった古代の文献では、この地で玉作りをした人々がいたと記しており、奈良時代の人々は「玉作」と認識していたようである（現在知られている以外の生産を指す可能性もある）。さて、これらの製品は何に用いられたのであろうか。まず、玉作り遺跡で生産が確認されている碁石状石製品は、寺院や墓地から出土している。7~8世紀にかけては碁や双六が大流行しており、碁石や駒であった可能性も否定できない。一方文献によると、毎年60連《れん》の「御祈玉《みほぎだま》」と呼ばれる玉が都に送られていた。この玉は、石製玉類が使用されなくなった時代になると「土銭《つちぜに》」と呼ばれる代用品が用いられ、

図12　岩屋遺跡出土平玉未成品（島根県・奈良時代）

糸で貫くとされるので（『江家次第《ごうけしだい》』）、平たく中央に孔のあいた水晶製品だった可能性がある。この用途は明確で、毎年宮中でおこなわれる大殿祭《おおとのほがい》に際し、忌部氏が天皇の居所・湯殿《ゆどの》などの四隅に祝詞《のりと》を唱えながら玉を吊していた。この玉には天皇を守護する機能があった。御祈玉は祭祀用の玉であり、人が装身具として用いることはなかった。奈良・平安時代の玉は用途でも古墳時代の玉とは大きく異なっていた。

このほか、対外関係史料をみると、日本の水晶が大変珍重されたとの記述がみえ、入唐《にっとう》・入宋《にっそう》僧は水晶製の念珠《ねんじゅ》を持参している。『永昌記《えいしょうき》』という平安時代の貴族の日記には、天治《てんじ》元年（１１２４）に出雲水精《すいしょうの》玉《たま》１１０顆《か》を天皇に献上したとの記述があり、これが古代史料にみえる出雲の水晶玉の最後の史料ではないかと思われる。これら水晶玉は日本国内のいずれかで生産されたものと考えられているが、まだその具体的な姿は明らかになっていない。

第2章　玉作りの技術を探る

1　古墳時代の玉作りを俯瞰する

弥生時代（紀元前4世紀～後3世紀中頃）には日本海側の山陰・北陸を中心に西日本各地で緑色凝灰岩や碧玉、鉄石英、ヒスイなどの石材を利用して玉作りが行われた。ところが、弥生時代後期末～古墳時代前期初頭（3世紀前半～中頃）という日本列島の広い範囲で社会の仕組みがかわる時、玉作りの体制もかわるのである。

古墳時代前期前半（3世紀後半～4世紀初頭）の鏡を大量に副葬する古墳、例えば京都府椿井大塚山《つばいおおつかやま》古墳、奈良県黒塚《くろづか》古墳、兵庫県西求女塚《にしもとめづか》古墳など畿内の古墳では、鏡や鉄剣などの副葬品は目立つが、玉類の副葬はほとんどみられないのである。つまり、古墳時代開始当初には、いわゆる「三種の神器」ではなかったのだ。墳墓での副葬が低調なこの時、山陰・北陸など弥生時代に玉作りの拠点であった地域でも、玉作り集団の再編に伴い玉生産が縮小する時期がみられる。このことは、玉作り集団たちも社会の急激な変動とは無縁でなかったことのあらわれであろう。

そして、前期中頃（4世紀前半～中頃）から古墳に副葬される玉類に再び増加の兆しがみられる。この頃は、ヒスイ製勾玉を中心に碧玉製管玉を連ねた頸飾りが好まれた。その生産は、ヒスイや碧玉を産出する北陸を中心として活発に行われた。山陰では、出雲の花仙山周辺で試行的な生産がみられるが生産量は少ない。

出雲での玉作りが再び活発になるのは、前期後半（4世紀中頃～後半）である。それまで主体であった碧玉に加えて、メノウ、水晶を用いて勾玉生産を開始したのである。それまで玉の世界では赤い勾玉はコハクでつくられていたが極めて希少であり、赤い玉を求める世相があったのかもしれない。出雲での水晶・メノウ製勾玉の生産と相前後して、関東でもメノウ・水晶・碧玉を用いた玉生産が開始された。このように前期後半という時期に日本列島の東西で同種の玉生産が行われる点は、畿内中枢の強い関与が指摘できる。

古墳時代中期（4世紀末～5世紀）は再び玉作りの画期《かっき》が訪れる。それまで最大の玉生産地帯であった北陸で、玉作りをやめるのである。

畿内中枢は前期末から自身の庭先である奈良県曽我《そが》遺跡において、集中的に玉作りを行う。この工房には全国から玉作り工人と石材、道具類が集められていたのである。出雲の工人は、曽我遺跡での玉作りの技術的中心となって中央での生産活動に携わったほか、地元の出雲においても玉生産を行っている。

古墳時代後期（6世紀）に入ると、全盛を誇った曽我遺跡での玉生産に変化が訪れる。それまで畿内中枢の膝元に集められて生産活動をしていた各種工人は、原料調達などの実態に即して生産場所を変えたのである。後期中頃から、日本列島での大規模な玉作りは出雲花仙山に収斂されたといってよい。その後、飛鳥時代中頃（7世紀中頃）まで花仙山周辺では、「古墳時代的」な玉生産が行われている。

2　古墳時代の玉作りの源流

◎弥生時代の玉

古墳時代の玉を考える上で、まずその前史である弥生時代の玉の状況からみていきたい。

弥生時代の主な玉の種類としては、ヒスイ製勾玉と碧玉製（緑色凝灰岩製）管玉、そしてガラス製小玉などがある。そのほかにも、丹後半島から山陰にかけて水晶製玉類や、北陸では鉄石英製管玉などの生産も行われるが、いずれも生産量及び流通範囲は限定的である。

弥生時代の玉は、碧玉・ヒスイ・ガラスなどの青や緑を基調とした彩りであったと言えよう（図13）。

◎弥生時代の玉作り

弥生時代のヒスイ製勾玉素材の多くは、新潟県の糸魚川《いといがわ》市周辺の産出品であることが分析の結果、明らかとなっている。また、ヒスイ製勾玉の生産遺跡も産出地に近い北陸で多くみつかっている。

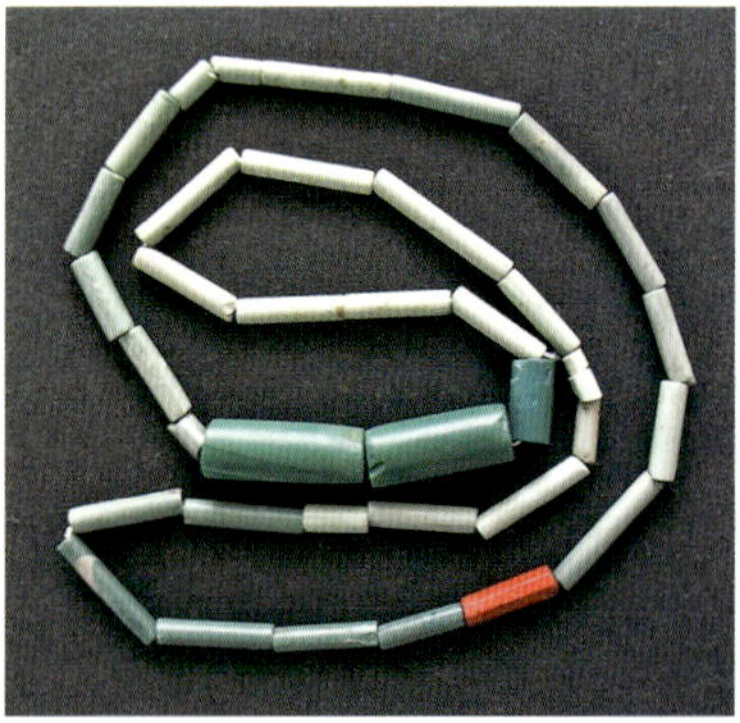

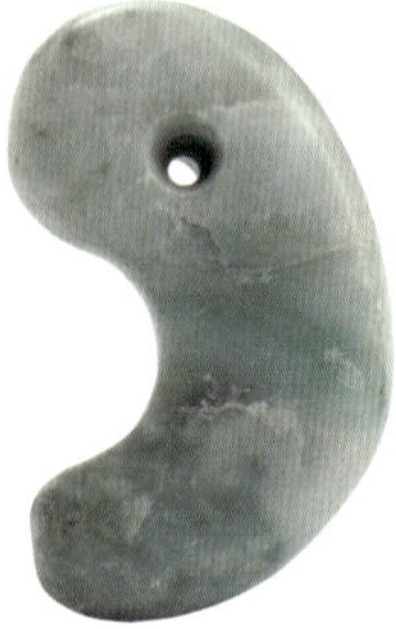

図13　弥生時代の代表的な玉の組み合わせ（鳥取県）
（左：湯坂1号墳丘墓出土管玉（赤い管玉は西日本では珍しい鉄石英製、中央の大型2点のうち右側は花仙山産碧玉製。）右：青谷上寺地遺跡出土ヒスイ製勾玉）

弥生時代のガラスはすべて海外からの搬入品であるが、国内において二次加工も行われた（図14）。

一方、管玉は日本海沿岸部を中心として、列島内の広い地域で生産された。そのはじまりは、鳥取県長瀬《ながせ》高浜《たかはま》遺跡や岡山県南溝手《みなみみぞて》遺跡、島根県西《にし》川津《かわつ》遺跡などの弥生時代前期中頃～後半（紀元前3世紀）に遡る。中期（紀元前2世紀～後1世紀中頃）になると、北陸から北近畿に点在する碧玉産地から石材が広く流通したことが、碧玉の産地分析から明らかとなっている。また、緑色凝灰岩を素材とする管玉生産も広く行われた。以下、弥生時代の管玉の製作技法の変化について、当該期の玉作り遺跡の調査例が多い鳥取県の事例をもとに、素材や工具、分割技法の変遷をみていきたい（図15）。

弥生時代前期～中期

管玉作りの最初の工程は、原石から管玉1個体分の角柱体の大きさとなるまで分割を繰り返す工

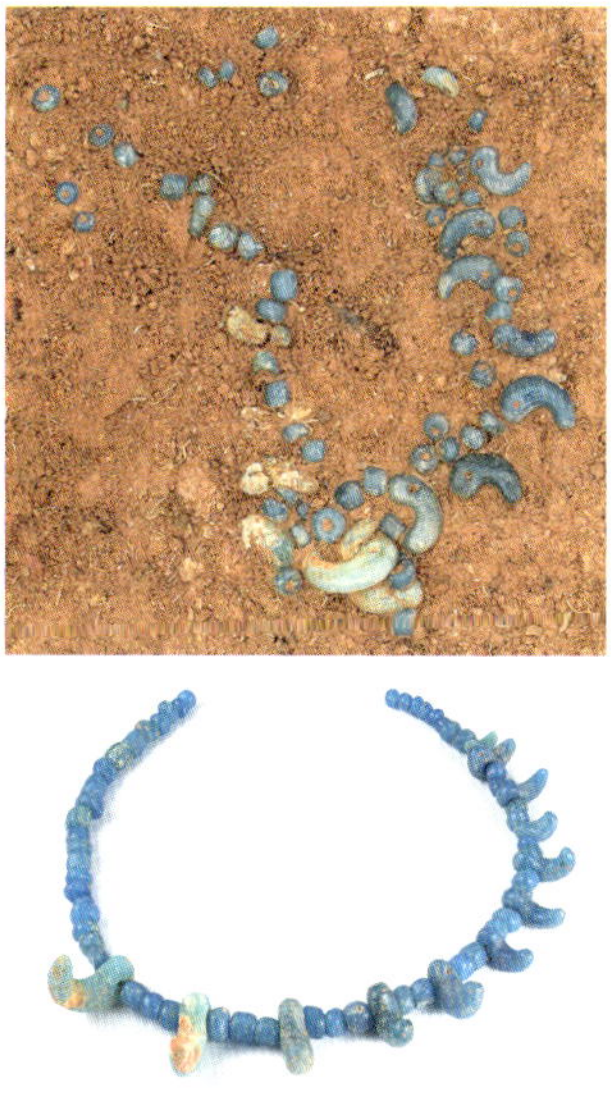

図14　松原1号墓第2主体部出土ガラス玉（鳥取県）（上：出土状況）

図15　青谷上寺地遺跡出土弥生時代中期の玉作り関連遺物

程であるが、前期～中期（紀元前4世紀～後1世紀中頃）の分割方法は、まず石鋸《いしのこ》で浅く直線的な擦り切り溝を施した後、この溝に沿って石を割っていく（図17上）。さらに、この技法には二通りある。一つはまず板状の素材をつくり出した後、その分割を繰り返すことによって、同じ厚みを持つ角柱体《かくちゅうたい》の素材を獲得する技法である。もう一つは原石をまず立方体の塊状《かいじょう》へ分割した後、その分割を繰り返すことで1個体分の角柱体を獲得する技法である。前者は主に軟質の緑色凝灰岩を素材とした技法で、弥生時代全般にみられるが、後者は硬質の緑色凝灰岩や碧玉などの比較的硬い素材を用いた技法であり、弥生時代中期に特徴的な技法とされる。

　この時期の玉作りに特有の工具として、擦り切り溝を施す石鋸と、穿孔具《せんこうぐ》である石針があげられる（図16）。石鋸は、和歌山県から徳島県にかけての中央構造線沿いで産出する結晶片岩を素材とする。また石材分析の結果、香川県金山産のサヌカイトが、山陰の玉作り遺跡で出土した事例も明らかとなっている。このように前期～中期の多くの玉作り遺跡は、広域にわたる物資の流通によって成り立っていた。

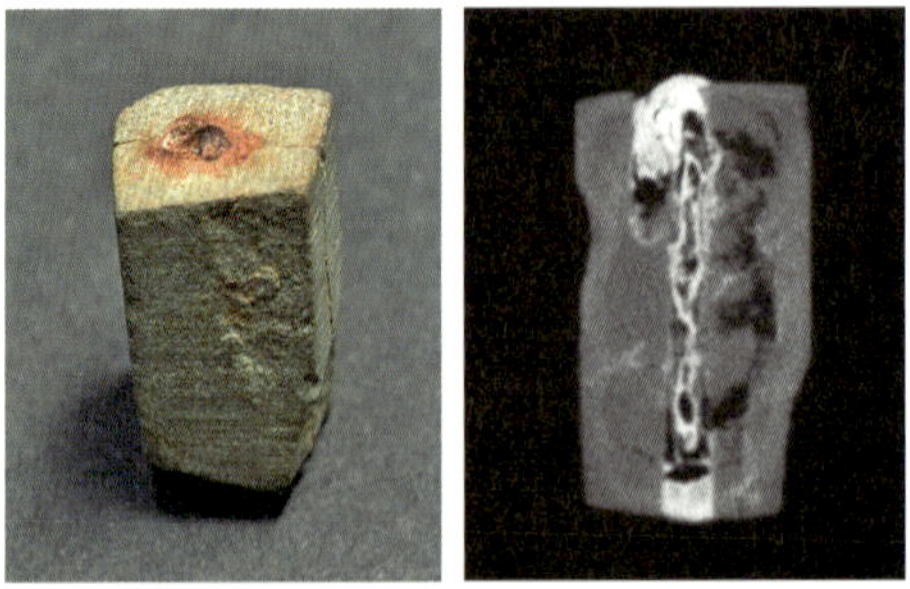

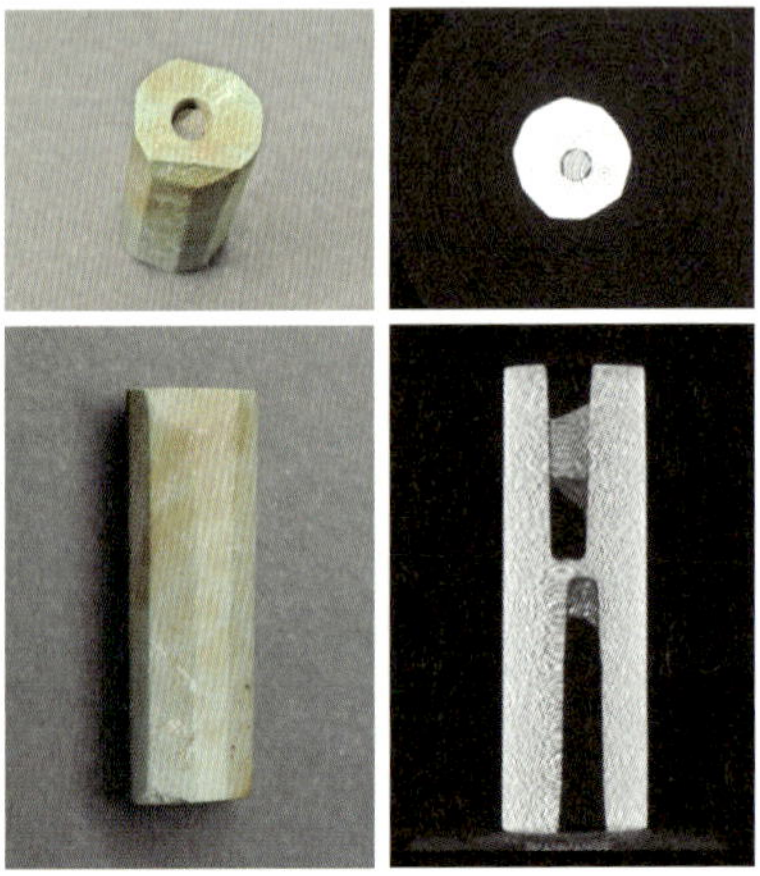

図16　石針と鉄錐による穿孔例
（右：管玉の穿孔途中に石針がなかで折れて残ったもの（鳥取県松原田中遺跡出土・弥生時代中期)。左：管玉未成品の孔内に鉄錐が折れ残ったもの、上部は2ヶ所に穿孔を行う（鳥取県笠見第3遺跡出土・弥生時代後期)。）

弥生時代後期

後期（1世紀中頃～3世紀前半）は、碧玉の分割技法や穿孔具の素材に変化がみられる時期である。素材を分割する際に擦り切り溝を施さず、打撃などによる剥離《はくり》によって管玉1個体分の角柱体へと加工していく技法へ変化した（図17下）。また穿孔具の素材は、石から鉄へと変化した（図16）。碧玉の産地分析の結果、山陰の玉作りに使用する碧玉は、北陸産にかわって、新たに島根県花仙山産の碧玉の使用がはじまった。また、島根県仲仙寺《ちゅうせんじ》9号墓や鳥取県湯坂《ゆざか》1号墓などの墳墓に副葬された管玉も分析の結果、花仙山産とされるなど、古墳時代に主流となる花仙山産碧玉の管玉の流通が、この時期にはじまった。

このように山陰の弥生時代後期の管玉生産には、花仙山産碧玉の使用、鉄製工具による穿孔、打ち割りによる分割法の採用など、古墳時代の玉作りの要素が既に認められる。こうしたことから、弥生時代後期は、古墳時代の玉作りへ向かう胎動期と言えよう。

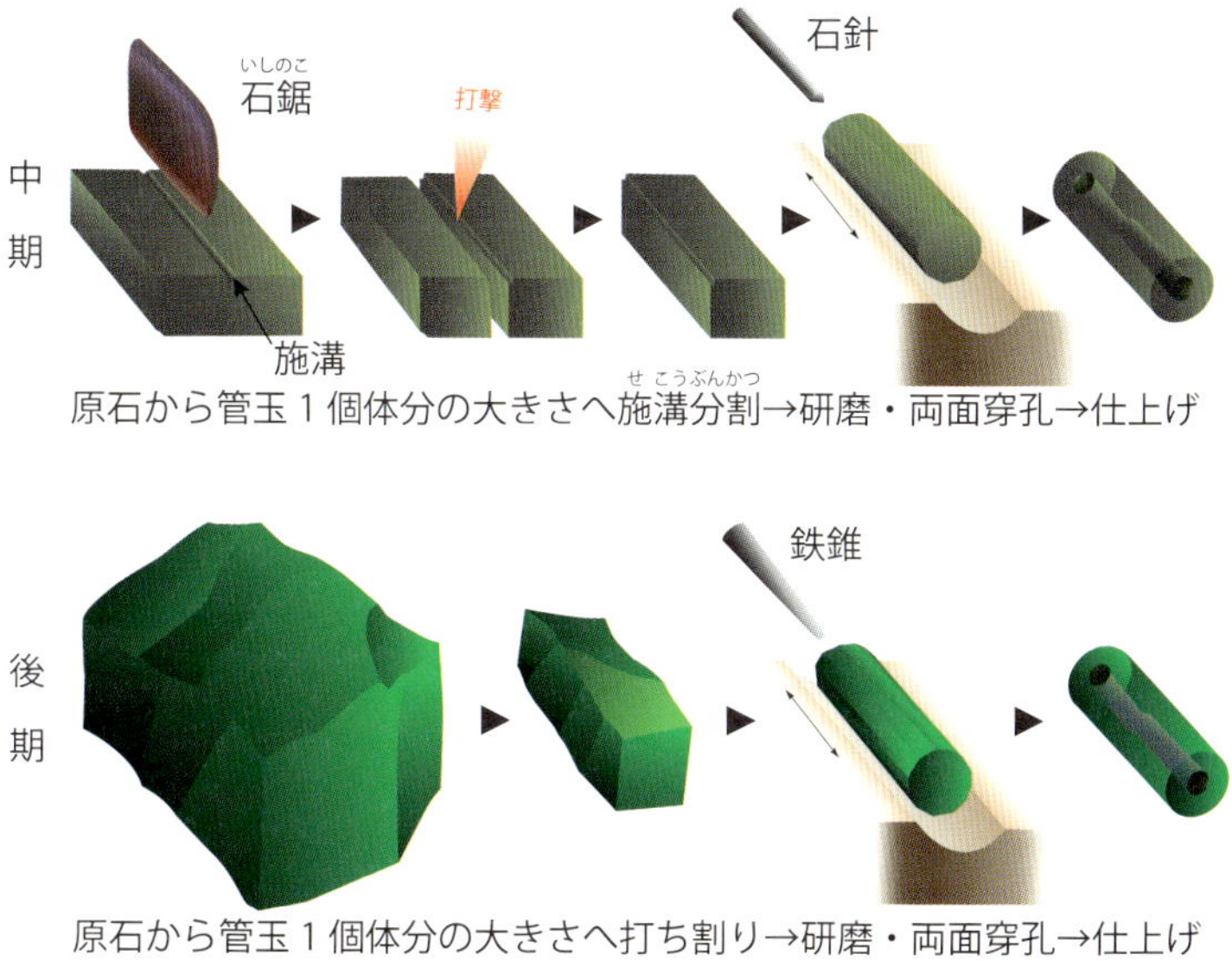

図17　弥生時代の管玉製作技法

◎弥生時代のムラと玉作り

次に弥生時代のムラのなかの玉作りの様子をみてみよう。鳥取県妻木晩田《むきばんだ》遺跡は、弥生時代中期〜古墳時代前期の竪穴建物《たてあなたてもの》跡が約450棟検出された弥生時代最大級の集落跡である。遺跡からは、建物の床の一部が高温で焼けた跡や、鉄の裁断片などがみつかることから、遺跡内で鉄器加工を行っていたことが明らかとなっている。

また、玉作り工房が1棟みつかっているが、遺跡全体の建物数に比べ僅少であることから、玉の生産規模は小さく、操業期間も短いと考えられる（図18）。工房跡は直径約3.2ｍの円形であり、一般的な建物に通有の規模・構造であるが、床面から砥石や碧玉片が出土した。また床面は2ヶ所ほど焼けており、さらに3ヶ所には作業台とみられる台石《だいせき》が据えられていた。焼土《しょうど》面は、採光のための焚き火の痕跡であろうか。一方、鳥取県青谷上寺地《あおやかみじち》遺跡は、日本海につながる潟湖《せきこ》に面したムラの跡である（図19）。出土品のなかには、管玉

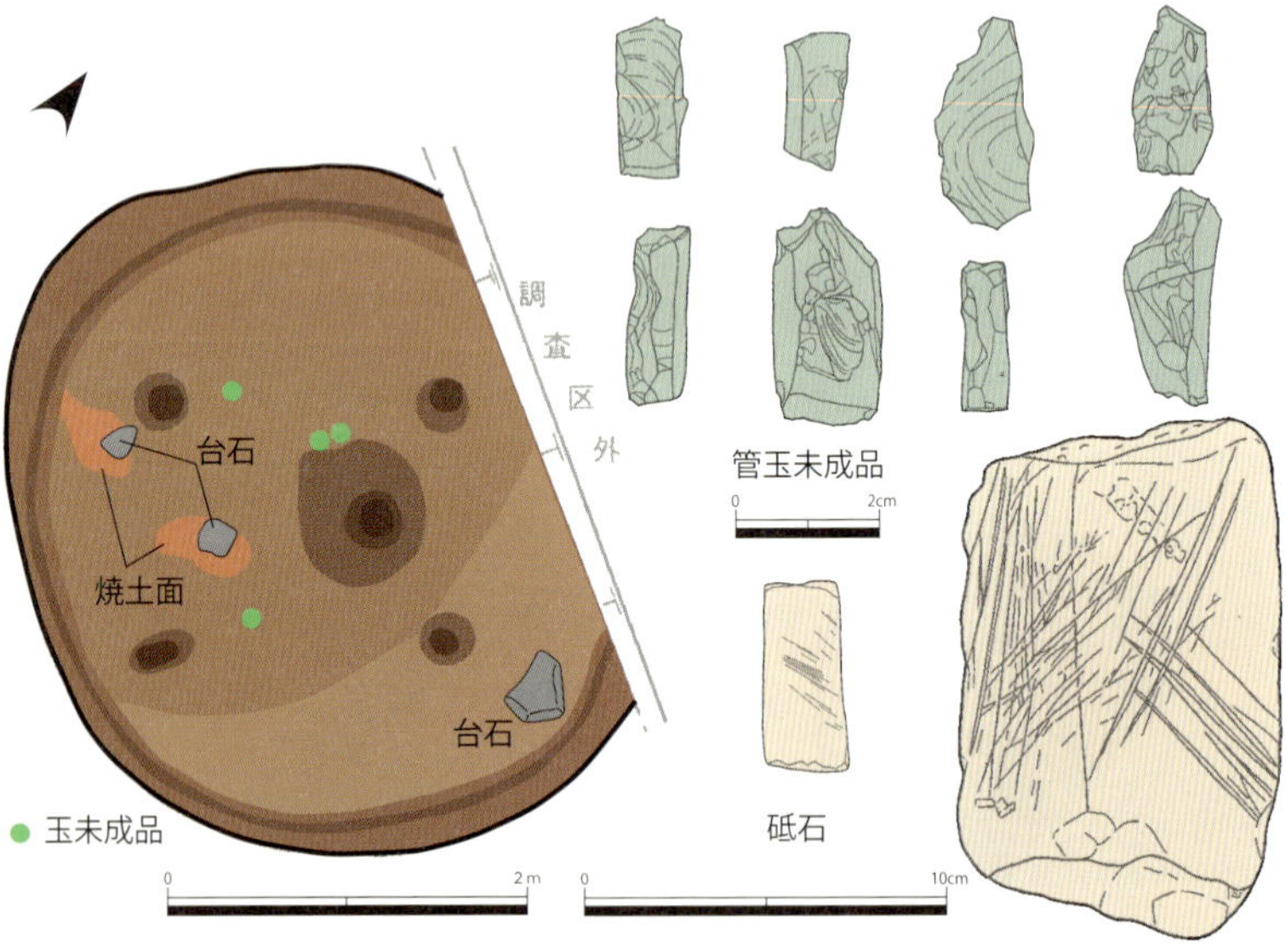

図18　妻木晩田遺跡の玉作り工房と出土品

未成品《みせいひん》や、木製品の未成品、鉄器の裁断片等が含まれることから、玉や木製品、鉄器などの様々なモノづくりがムラのなかで行われていたことが明らかとなっている。このように弥生時代の玉作りは、多様なモノづくりの中の一つとして行われており、専業的な玉作りのムラというよりはむしろ一般的なムラの一角で、玉作りを行っていたことがうかがえる。しかしなかには少数ではあるが、京都府奈具岡《なぐおか》遺跡や鳥取県西高江《にしたかえ》遺跡などのように、複数の玉作り工房跡を伴うなど、専業度がやや高い遺跡もみられる。

また、福岡県潤《うるう》地《じ》頭給《とうきゅう》遺跡をはじめとする九州北部の複数の遺跡では、弥生時代後期末～古墳時代前期初頭にかけて、花仙山産碧玉を用いた管玉や、水晶製玉類の生産を行い、山陰系土器を伴うなど、山陰の玉作り工人の関与がうかがえる。

こうした九州北部の玉作りは、山陰東部と同様、当該期に終焉を迎える。その一方、出雲や北陸では、古墳時代前期にその技術が受け継がれ、一大産地へと発展していくこととなる。

図19　青谷上寺地遺跡遠望（コンピューターグラフィックス）
（木製品や骨角器、金属器などの多様な出土品をはじめ、弥生人の脳も出土した。日本海を介した交易の拠点であったと考えられており、ムラのなかで玉作りも行われた。）

3　最初の玉作り拠点の形成 —北陸を中心として—

◎日本海沿岸域を行き交う「玉」と「鉄」

弥生時代後期には、日本海沿岸域を帯状に分布するグリーンタフ地帯が供給する良質で豊富な緑色凝灰岩・碧玉や、海上交通の利便性を背景にして日本海沿岸域の玉作りが活況を呈する。この玉作り集中地域の東端にして、もっとも活発な生産が行われた北陸では、この時期に多数の鉄製品やその加工（鍛冶《かじ》）技術がもたらされるとともに、大陸から運ばれた大型の鉄製武器類（舶載鉄器）が墳墓に副葬されはじめる。これらの「舶載鉄器」は玉作り集中地域の広がりと似通った分布範囲を示しており、日本海沿岸域、そして中部高地から関東に多くの事例を確認できることから、貴重な

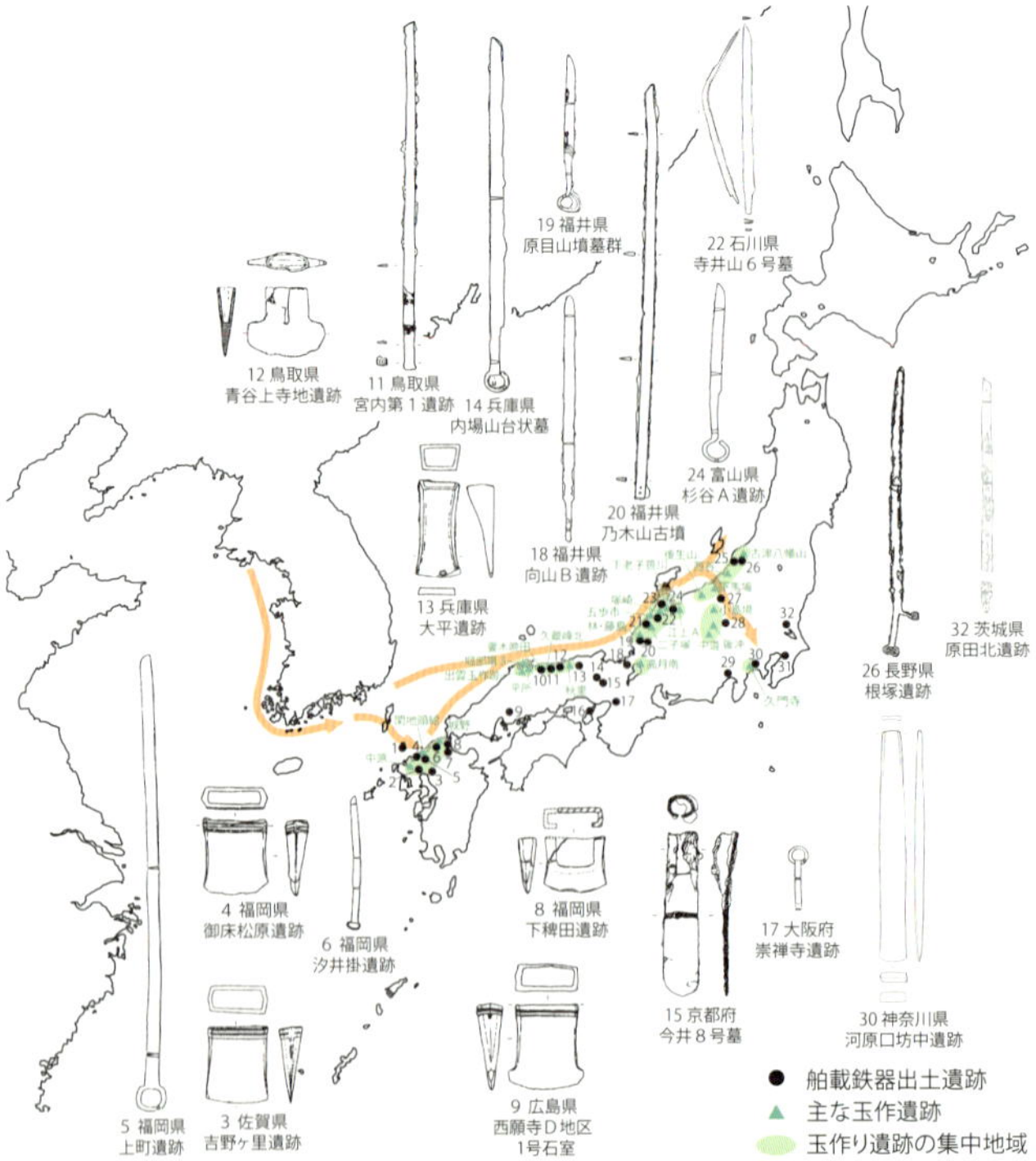

図20　弥生時代後期の主な舶載鉄器と玉作り遺跡の分布

鉄を入手するにあたり、各地の特産品である玉や玉石材が交換財として大きな役割を果たした可能性が高い（図20）。

弥生時代後期末以降は、他地域が玉作りを衰退させるなか、石川県塚崎《つかざき》遺跡や二子塚《ふたごづか》遺跡などの集約的な緑色凝灰岩・碧玉製管玉生産を行う集落が北陸南西部で出現し、弥生時代〜古墳時代前期における石製玉類の主力であるヒスイ製勾玉と緑色凝灰岩・碧玉製管玉の原産地をあわせ持つ北陸が古墳時代最初の玉作り拠点を形成することになる。

玉作り遺跡の分布・消長と東西の越の違い

弥生時代の北陸では、生産される管玉の法量や石材などに小地域差を見出すことができるが、ほぼ全域でヒスイ製勾玉と緑色凝灰岩・碧玉・鉄石英製管玉の生産が実施された。ところが、北陸南西部で集約的な玉作り集落が顕在化する弥生時代後期末〜古墳時代前期には、北陸北東部との玉作りの様相に大きな差異を見出すことができる（図21）。北東部は、ヒスイ原産地である新潟県の糸魚川市周辺に玉作り遺跡の分布が集中し、弥生時代から継続するヒスイ製勾玉と緑色凝灰岩・碧玉製管玉に加えて、蛇紋岩製棗玉、滑石製の勾玉や棗玉などの生産を開始する。この時期に安定したヒスイ製勾玉生産を行う地域は北陸北

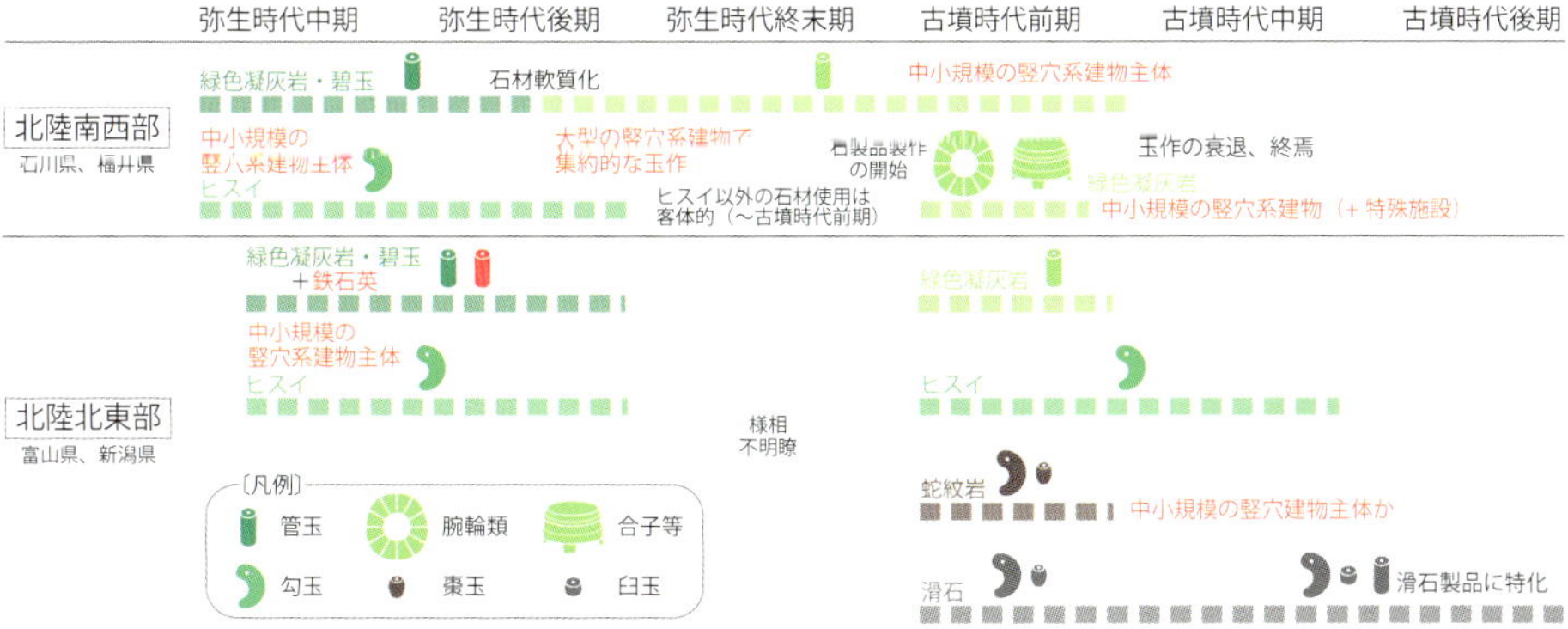

図21　北陸における玉生産の変遷

東部以外に確認できず、弥生時代後期後半（2世紀後半～3世紀前半）の事例であるが、新潟県後生山《ごしょうやま》遺跡では玉作り工房から頭部に線刻《せんこく》を施した軟玉《なんぎょく》製の丁字頭勾玉（**図23**）が出土していることから、北東部で生産されたヒスイ製勾玉などが古墳時代前期～中期（3世紀中頃～5世紀）における各地の需要を支えていたことをうかがわせる。

これに対して南西部は、基本的に弥生時代後期に形成された生産領域、技術基盤を継承し、領域内で集約化された玉作り工房を発達させる。この工房の代表例が、石川県片山津玉造遺跡である。これらの工房では、北東部で特徴的なヒスイ製勾玉の生産が衰退し、これと置きかわるように石釧などの腕輪形《うでわがた》、合子《ごうす》などの緑色凝灰岩・碧玉製宝器《ほうき》生産が開始される（**図22**）。

北陸南西部のなかでも加賀の製作遺跡から出土した石製宝器未成品の数量は、列島内出土例の大多数を占めており、畿内中枢をはじめとする全国各地の玉の需要に対して、東西の越《こし》では、それぞれの至近に位置する原産地の石材を活用し、生産する玉・石製品器種を分担していた可能性が高い。

図23　後生山遺跡出土軟玉製丁字頭勾玉

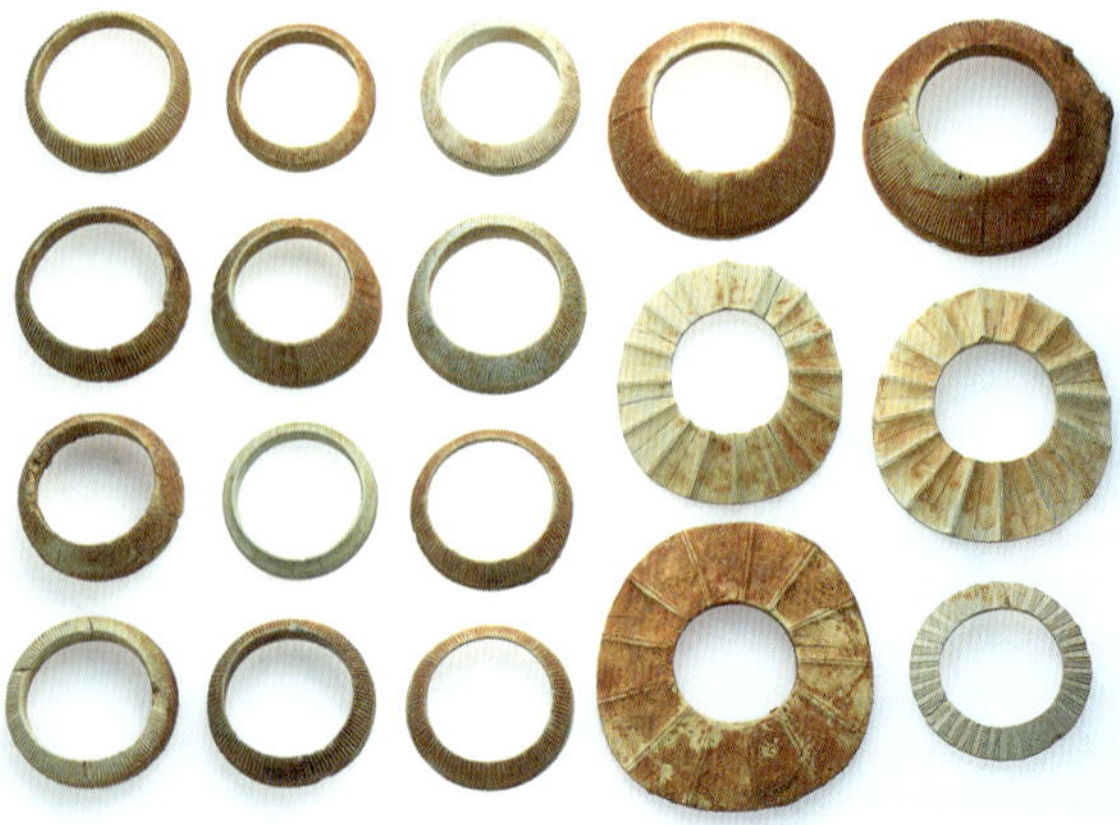
図22　雨の宮1号墳出土腕輪形石製品（石川県）

玉作り工房の様相

古墳時代前期の玉作り工房は、弥生時代と同じく一般的な住居である竪穴建物や平地《へいち》建物（竪穴系建物）を利用している。片山津玉造遺跡では、連結孔の工作用ピットなどの特殊施設を備える工房もみられるが、工房の規模や構造からは高度な専業性をうかがうことはできない（**図24**）。一方、片山津玉造遺跡が展開する台地の近隣には、石川県弓波《ゆみなみ》遺跡と八日《ようか》市《いち》遺跡にまたがる首長《しゅちょう》層が経営する大規模な施設群の存在が明らかとなってきた。また、北陸で確認できる首長居館の

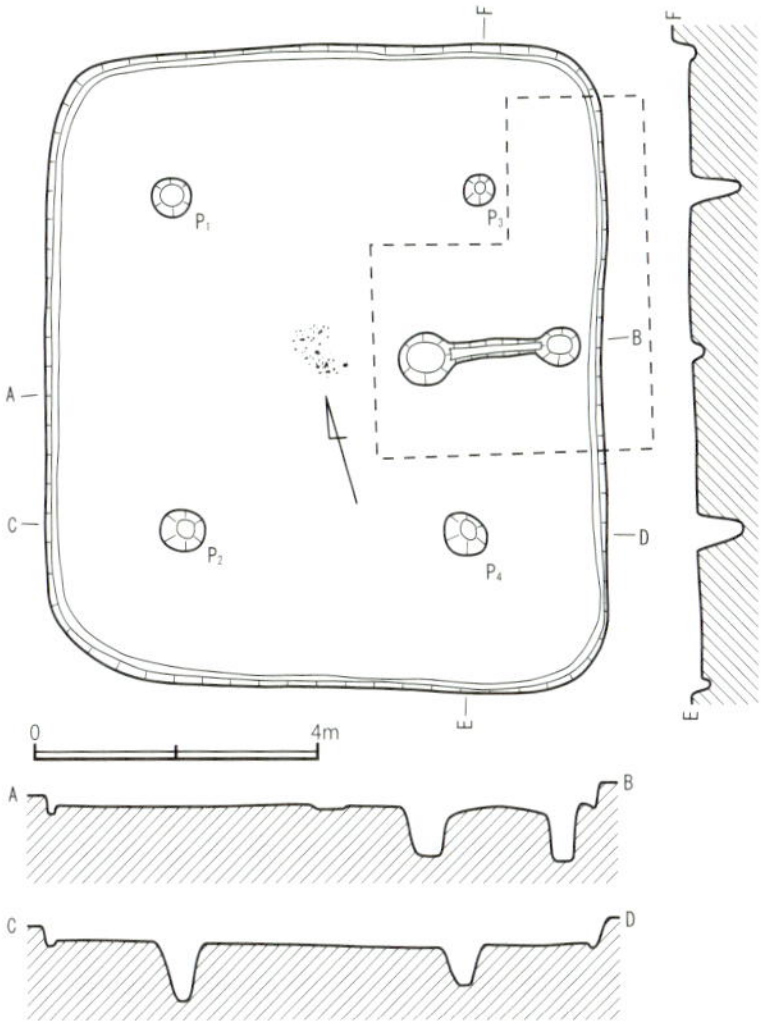

図24　片山津玉造遺跡の玉作り工房

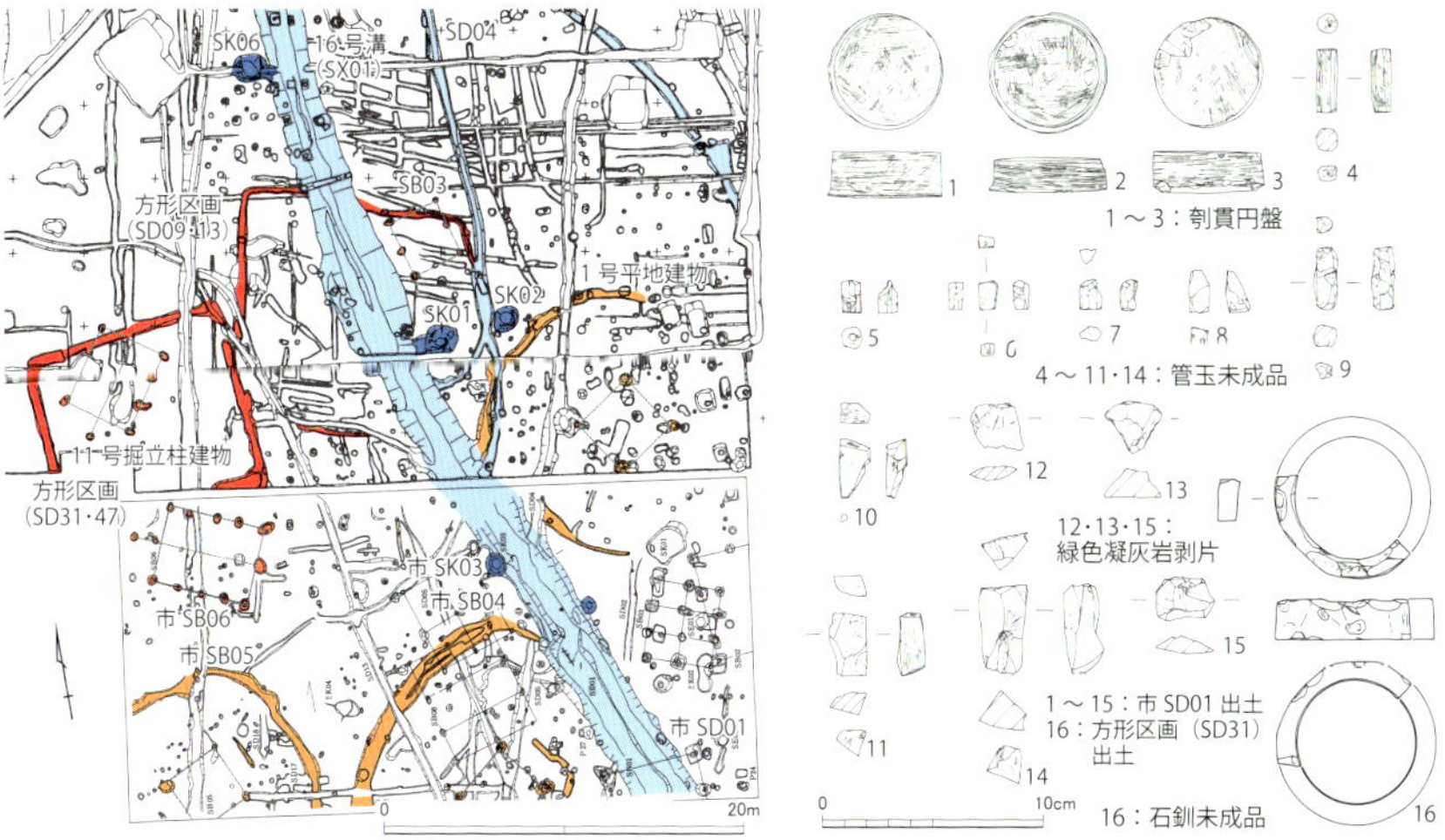

図25　方形区画付近で行われた石製品生産

付属施設（方形区画）は、至近で石製品生産を行うものが多く、これらの石製品生産が、各領域単位で首長層の管理のもと集約的に実施されていたことを示唆している（図25）。

◎北陸の玉石材の特徴

縄文時代から人々を魅了してきた「ヒスイ」、弥生時代から古墳時代にかけて石製玉類の中心となる「碧玉」・「緑色凝灰岩」、朱色が鮮やかな「鉄石英」、加工しやすい「滑石」など、北陸ではグリーンタフ地帯という地質的特徴を背景に、実に多様な石材が揃う（図26）。なかでも、糸魚川周辺のヒスイ原産地や石川県滝ヶ原《たきがはら》周辺の碧玉原産地は質・量ともに抜きんでた一大原産地であり、こうした資源環境が、北陸における玉作り工人の高度な技術を育んだ象徴と言えよう。

石材の獲得

しかし、恵まれた地質環境にあっても、良質な玉石材

図26　主な玉石材の原産地

が、山や川原など、どこでも簡単に入手できるわけではない。多くは粗悪な石質で、玉の素材とはなりえないことから、当時の工人たちはごく一部の良質な石材が採取できる場所を熟知していたと考えられる。その様相を、関連研究が進む石川県の加賀を例にみてみると、加賀南部では、滝ヶ原碧玉原産地遺跡において、碧玉の露頭《ろとう》や採掘痕跡が確認されており、その周辺で採取できる原石は、弥生時代中期の八日市地方《ようかいちじかた》遺跡（図27）や弥生時代後期末の二子塚遺跡、古墳時代前期の片山津玉造遺跡など、各時期の中心的な玉作り遺跡で利用されてきた。一方、加賀北部では、明確な原産地は未発見ながら、富山県との県境にそびえる医王山《いおうぜん》周辺で産出する碧玉や緑色凝灰岩の利用が推測でき（図28）、加賀南部とは異なる、工人や集落間の石材ネットワークが形成されていたと考えられる（P67～69コラム参照）。

図27　加賀南部の玉石材（八日市地方遺跡）

図28　加賀北部の玉石材（塚崎遺跡）

石材の画期

加賀の工人が求めた玉石材の石質は、大きく二度変化する。第一の画期は、弥生時代後期後半である。碧玉・石製工具・施溝分割技法（P33図17参照）といった弥生時代中期にみられた石材と技術のセット関係は、鉄製工具と新たな玉作り技術の導入によって変革期を迎えた。特に加賀北部では、医王山周辺における新たな原産地開発が行なわれ、多くの玉作り集落がうまれた。しかし、良質な碧玉が潤沢に確保できなかったためか、より産出量の安定した淡緑色で硬質の緑色凝灰岩が併用され、次第に後者の割合が大きくなる。同様の石材シフトは、碧玉の一大原産地を抱えた加賀南部でもみられはじめ、片山津玉造遺跡では、古墳時代前期初頭に多く利用された緻密な碧玉が、次第に明緑灰色の緑色凝灰岩へと移行していくことが指摘されている。こうした古墳時代への移行期における石材変化は、石製宝器という新たな中~大型品の生産開始と連動した画期と考えられる。新たな器種生産に対応するため、製品の法量を満たす大型原石の確保や、原石産出量、複雑な器形への加工のしやすさは必須であった。つまり、こうした石材の変化は、つくり手である工人たちの趣向によるものではなく、北陸の玉を求めた発注者たる畿内中枢？の好みに応じた変化とも言いかえられる。

◎碧玉・緑色凝灰岩製石製品の生産

古墳時代前期には、碧玉や緑色凝灰岩でつくられた弥生時代の貝輪を祖形《そけい》とする石釧などの各種の器物がつくられ古墳に埋納された。奈良県島の山古墳前方部粘土槨《ねんどかく》上面に貼り付けられたおびただしい数の碧玉・緑色凝灰岩製石製品（以下、石製品と略）には、呪的《じゅてき》な機能が期待されていた。これらの生産の一翼を担っていたのが北陸である。

石製品の未成品が出土した遺跡は、旧国でいう加賀国、能登国、越前国に限られている。玉作り遺跡としてはじめて発掘調査された片山津玉造遺跡をはじめとして、30ヶ所の遺跡が確認されており、１００個以上の未成品などが出土している。その多くの遺跡では管玉も生産しており、石材や製作技術が共通しているためであろう。しかし、具体的な石製品の生産実態の把握は難しい。

未成品などの出土量は実際の石製品の種類ごとの出土量に比例しており、石釧や車輪石に関わる遺物がもっとも多い。このほかにも琴柱形《ことじがた》、鏃形《ぞくがた》、合子形、紡錘車形《ぼうすいしゃがた》が確認されている。生産工程がわかる資料は少ないものの、石釧・車輪石については比較的よくわかっている。

まず形割《かたわり》工程がある。まず打ち割って円盤状にし、さらに上下面を研磨するものがある。次に刳り貫き工程である。研磨した円盤は固定し、回転力を利用した方法で中心を刳り貫いて円環《えんかん》にし、研磨《けんま》しないものは打ち割ったり、削り込むことによって中心部を除去して円環にする。最後に研磨工程で、笠面《かさめん》や上面をつくり、匙面《さじめん》や肋《ろく》条《じょう》を刻んで完成である。ほかの器物も打ち割ることによる形割工程の後、何段階かの研磨工程を経て仕上げる。石材に直径１㎜強の小さな孔があけられているものがあり、石質を確認するためにテストをした試し孔であろうか。

回転力を利用して刳り貫かれた円柱状の残欠（刳貫円盤）は、おおむね直径５～６㎝程度でほぼ一定である。しかも、いびつな円柱であったり、あるいは反対面を刳り貫こうとして中断した時にでき

図29　片山津玉造遺跡出土石製品と玉類

た溝があったり、さらに両面から穿孔したものもある。穿孔技術の実態は不明だが、回転が縦方向軸のある管状錐《くだじょうきり》、木工ロクロのような横方向に回転軸を持つ工具に固定してノミなどで削るという方法などが想定されている。

片山津玉造遺跡では、古墳時代前期前半でも早い段階にあたる第１・２号住居址では工作用の施設を備え石製品も出土している（図29）。原石採取地に流れる川から潟湖にかかる水運を利用して生産していた。

石製品の生産体制

管玉をつくっている集落は石製品もつくっていることが多い（図30）。いくつかの特徴がある。A類とする集落は管玉の生産を行い、石製品の複数の生産工程があるものである。B類とする集落は石生産よりも玉類の生産を主としている。C類とする集落は石製品残余物からの生産を行う。D類とする集落は玉作りを行わないが、完成した石製品が出土する。これらは、拠点的に生産を行った集落とそれを補完する集落、さらに製品を搬出する集落と理解される。さらにA類集落を中心に半径５㎞の範囲とする生産圏をつくっている。すなわち、石製品は分業かつ分散して生産されていたのである。これらの生産に畿内中枢が深く関与していると考える研究者も多い。しかし生産地周辺には大型古墳が存在しないことから、畿内中枢が地域の首長を介して生産された石製品を入手したの

図30　石製品未成品

ではなく、畿内中枢の生産注文とともに地域の自立した生産を示す可能性も考えられる。

畿内中枢による石製品生産の可能性

古墳時代前期初頭の畿内中枢にあるホケノ山古墳では玉類の副葬がみられないように、この地域で弥生時代墳墓や前期初頭の古墳に玉類の副葬が一般的であったかどうか定見はない。その一方で、前期古墳から出土する石釧などの石製品が畿内中枢勢力から配布されたという理解が一般的である。畿内中枢勢力と生産地の関係が不明確であるが、これらを配布するには、畿内中枢直営でも生産されねばならないだろう。しかしながら、奈良県や大阪府で管玉生産が確認されるあるいは石製品未成品や製品が集落遺跡から出土することはあるものの、きわめて断片的で北陸のような生産圏を形成することはない。

奈良県桜《さくら》井《い》茶臼山《ちゃうすやま》古墳からは、太型《ふとがた》管玉とともに定型化以前の石製品である玉葉《ぎょくよう》や五輪形《ごりんがた》、弓《ゆ》筈形《はずがた》の石製品などが鍬形石・石釧・車輪石とともに出土する。次に築かれたメスリ山古墳にも玉杖形《ぎょくじょうがた》石製品などの一般的でない石製品が目立つ。これら畿内中枢の大型古墳に埋納された玉類や石製品は非定形の初期段階にあたり、埋葬祭式の確立の主導的役割を担っていたものと考えられ、畿内中枢直営工房でこれらの石製品がつくられたかどうか、これからの研究に期待される。

古墳時代前期の玉生産

弥生時代の墳墓や古墳時代前期初頭の古墳では玉類副葬が普遍的にみられるわけではなく、北陸をはじめとして吉備や北部九州など一部の地域で確認されている。古墳時代前期初頭の畿内中枢と玉類とのかかわりが不鮮明であるため、古墳時代玉類生産が、どのような契機で行われたか不明と言わざるをえない。北陸では弥生時代の技術を継承しつつも、それまでとは異なる新たな集落で玉類をつくっており、集落の断絶が認められる。この歴史的時背景に生産地独自の活動を想定する研究者は少なく、「ヤマト王権」を想定する研究者が多数を占めている。

古墳時代前期初頭の玉作り遺跡である福岡県潤地頭給遺跡では大量の花仙山産碧玉製管玉がつくられ、おそらく勾玉の生産も推測される。古墳時代前期前半の玉生産が西日本に点的に認められ、これらの遺跡が畿内中枢と関係を持つことによって玉生産を行ったのであろうか。

弥生時代の玉生産は、石材を複数の地域間で流通することで玉類の需要を満たした。つまり、玉の石材は原材料として移動するものと言える。北陸から推測できた古墳時代の玉類や石製品の生産は弥生時代の玉類生産技術を前提とし、かつ弥生時代集落間のつながりを基礎とした関係のもとにあったようである。すなわち、古墳時代の玉類や石製品生産を畿内中枢が主導したと考えるばかりでなく、弥生時代的な玉生産の枠組みを利用して新たな玉類や石製品の価値体系をつくりあげたと言うべきであろう。

4　玉作り技術の展開 ―東日本の玉作り―

◎東日本の玉作りの概要

古墳時代前期後半に、関東周辺、中部高地、東北南部の各地で緑色凝灰岩製管玉の製作が確認できる。これらの製作地では、弥生時代に遡る玉作り遺跡はほぼ確認されておらず、北陸系の工人の反復的な移住を契機として玉作りが行われるものと考えられる。なお、東日本各地の緑色凝灰岩製管玉の製作地では、それぞれの地域で小規模な石材産地が開発されるため、石材の質は各地で不揃いであり、地域間での流通を探ることは困難である。また、管玉の製作技術や工具などについても、地域的な特性は見出し難い。

一方、緑色凝灰岩製管玉の製作遺跡では、水晶・メノウ製勾玉の製作をあわせて行っていた痕跡が埼玉県反町《そりまち》遺跡・前原《まえはら》遺跡、茨城県烏山《からすやま》遺跡・八幡脇《はちまんわき》遺跡、栃木県市ノ塚《いちのづか》遺跡などで確認されている。これらの水晶・メノウ製勾玉の製作は山陰から製作技術が伝わったことをきっかけとして開始されたという意見がある一方で、関東周辺における勾玉の製作は、各地域の求めに応じて、独自に開始されたものとする意見もある。関東の玉作り遺跡において確認される勾玉の製作技術には、工人の系譜を示すような特殊な技術が含まれていない。また、山陰で水晶製勾玉の製作遺跡が出現す

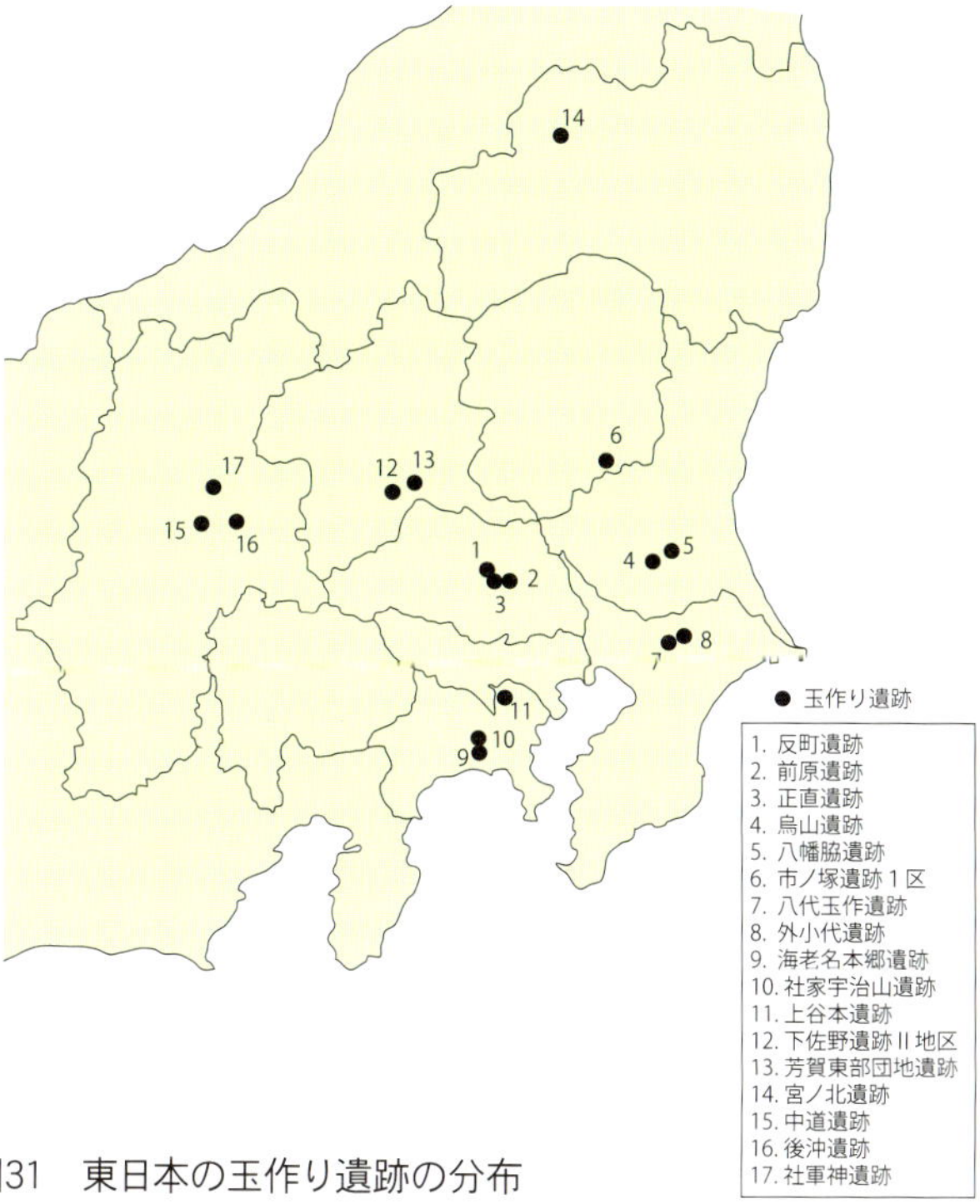

図31　東日本の玉作り遺跡の分布

るよりも早い時期から、関東の古墳に水晶製勾玉が副葬されていることからも、山陰から技術が伝わったとは考え難い。

滑石製玉類は古墳時代前期後半に利根川下流域の千葉県外小代《そとこだい》遺跡、茨城県烏山遺跡・八幡脇遺跡、群馬県下佐野《しもさの》遺跡Ⅱ地区、栃木県市ノ塚遺跡などで製作されている。これらの遺跡のなかでも、滑石製玉類、石製品類のみの製作を行う下佐野遺跡Ⅱ地区、緑色凝灰岩製管玉と滑石製玉類の製作を行う外小代遺跡、メノウ製勾玉、緑色凝灰岩製管玉と共に滑石製玉類を製作していた烏山遺跡、八幡脇遺跡、市ノ塚遺跡というように様相が異なっている。これは時期差によるものではなく、前述の通り、各地域の求める玉の種類の違いによるものであろう。なお、滑石製管玉は関東で先行して普及するという指摘もあり、滑石製管玉と滑石製の石製模造品《せきせいもぞうひん》や臼玉は、副葬や流通に際して異なる意味が付されている可能性がある。なお、古墳時代中期に入ると滑石製玉類、石製品を製作する遺跡は東日本

表2　東日本の玉作り遺跡一覧

県	市町村	遺跡名	緑色凝灰岩			水晶		メノウ	滑石		
			管玉	勾玉	その他	勾玉	丸玉	勾玉	管玉	勾玉	その他
埼玉県	東松山市	反町遺跡	○			○		▲	○		○
	桶川市	前原遺跡	○			○		○	▲		
	川島町	正直遺跡	○		○						
茨城県	土浦市	烏山遺跡	○					○	○	○	
		八幡脇遺跡	○					○	○		
栃木県	芳賀郡二宮町	市ノ塚遺跡1区	○		○			○	▲		
千葉県	成田市	八代玉作遺跡	○						○		
		外小代遺跡	○						○		
神奈川県	海老名市	海老名本郷遺跡	○		○						
		社家宇治山遺跡	○								
	横浜市	上谷本遺跡	○								○
群馬県	高崎市	下佐野遺跡II地区						▲	○	○	
	前橋市	芳賀東部団地遺跡	○								
福島県	会津坂下町	宮ノ北遺跡	○								
長野県	小県郡長和町	中道遺跡	○								
	北佐久郡望月町	後沖遺跡	○								
	上田市	社軍神遺跡	○	○	○		○		○	○	

の各地で多くみられるようになる。
図31は東日本の主な玉作り遺跡の分布を示している。また、**表2**はこれらの遺跡で製作されていた玉の石材と種類を示している。

◎各玉作り遺跡の詳細

ここでは、東日本各地の主だった玉作り遺跡をみていきたい。

埼玉県内の玉作り遺跡

反町遺跡は弥生時代中期〜平安時代にかけての複合遺跡であるが、なかでも古墳時代前期の大規模な集落跡が確認されてい

図32　前原遺跡第２号住居跡勾玉未成品出土状況

図33　埼玉県内の玉作り遺跡の位置

る（図33）。２８１棟の竪穴建物が調査されたが、遺跡全体の30％にしか調査が及んでいないことから、その規模は埼玉県で最大級であると推定されている。反町遺跡からは在地の土器だけではなく、東海、北陸、畿内、中国地方に系譜を求められる土器も多く出土していることから、遠く離れた他地域と交流が行われていたことがうかがわれる土器も多量に出土している。

反町遺跡では2棟の竪穴建物のなかから水晶製勾玉、緑色凝灰岩製管玉の未成品とメノウの剥片、玉類の素材となる原石、玉類を製作するための鉄針・砥石などの道具が出土しており、玉作り工房跡と考えられる。また、これらの工房跡とは異なる遺構からはガラス小玉の鋳型もみつかっている。

前原遺跡は古墳時代前期後半の竪穴建物が12棟検出されているが、そのなかの第2号建物跡、第4号建物跡、第5号建物跡の3棟から玉作り関連遺物が確認されており、玉作り工房跡と考えられている。これらの工房跡からは水晶・メノウ製勾玉と緑色凝灰岩製管玉の未成品と剥片、砥石などが確認されている。第2号住居跡では、水晶製勾玉未成品14点、メノウ製勾玉未成品1点が集中して出土した（図32）。どれも製作の途中のものであり、意図的にまとめて置かれたものと考えられる。

正直遺跡は、農業用送水管の埋設工事の際に発見された遺跡である。緑色凝灰岩製管玉の未成品１０５点と腕輪形石製品の未成品1点、片岩製の砥石などが出土したが、遺構は確認されなかった。

なお、埼玉県内の玉作り遺跡から出土した緑色凝灰岩の産地については、コラム（P70〜72）で詳細を述べているが東松山市葛袋《くずぶくろ》である可能性が高い。

東日本各地の玉作り遺跡

群馬県下佐野遺跡Ⅱ地区では、蛇紋岩と滑石を用いた玉作りを行っている。製作していたのは管玉と石製模造品であるが、蛇紋岩のなかでも黒っぽい色の部分を管玉に、緑色の強い部分を石製模造品に加工するように使い分けていたようである。碧玉の原石も出土しているが、碧玉製の玉類の未成品や剥片が確認されていないため、碧玉の加工は行っていなかったようである。なお、同じ遺跡のなかの７区３号方形《ほうけい》周溝《しゅうこう》墓《ぼ》と４号方形周溝墓では、西北隅付近から土器と混在した状況で、玉類の未成品が砥石と共に出土している（**図34**）。

茨城県烏山遺跡・八幡脇遺跡では、メノウ製勾玉、緑色凝灰岩製管玉、滑石製管玉・勾玉を製作していた。烏山遺跡は、霞ヶ浦に注ぐ花室川《はなむろがわ》の河口右岸の舌状《ぜつじょう》台地上に位置しているが、４棟の玉作り工房跡が確認されている。また八幡脇遺跡は、霞ヶ浦の土浦入《つちうらいり》北岸にあり、湖を望む台地上に所在している

図34　下佐野遺跡Ⅱ地区３号方形周溝墓管玉未成品出土状況

が、3棟の工房跡が確認されている。それぞれの遺跡の工房跡からは玉類の未成品、剥片のほかに結晶片岩製の内磨《うちみがき》砥石や筋《すじ》砥石、敲石《たたきいし》などの工具が出土している。なお『常陸国風土記《ひたちのくにふどき》』の久慈郡《くじのこおり》の項には青色のメノウが取れる玉川の記載がある。

神奈川県本郷《ほんごう》遺跡は、相模川の支流である目久尻川《めくじりがわ》の西岸の台地上に所在する。6棟の玉作り工房が確認されているが、ここでは緑色凝灰岩の管玉と腕輪形石製品、紡錘車形石製品、大型管玉などの石製品の未成品、工具類が出土した。神奈川県社家宇治山《しゃけうじやま》遺跡は、相模川左岸の自然堤防上に所在する。明瞭に玉作り工房と確認された遺構は3棟である。このうち、ＹＫ23号建物跡では、原石から荒割《あらわり》工程までの過程の未成品が集中して出土している。またＹＫ30・40号竪穴建物跡からは管玉の製作を行っていたことがうかがえる未成品が多量に出土している。こうした未成品の出土状況からは、集落内で玉作りの工程ごとに分業を行っていたことがうかがえる。

千葉県八代玉作《やしろたまつくり》遺跡は、印旛沼を見下ろす東岸の台地上に位置している。緑色凝灰岩製管玉と滑石製管玉を製作していた工房跡が7棟検出されている。外小代遺跡は、印旛沼と小橋川《こばしがわ》によって形成された樹枝状《じゅしじょう》台地上に位置しており、八代玉作遺跡とは約５００m離れている。発掘調査によって緑色凝灰岩製管玉、滑石製模造品を製作していた工房跡が7棟検出されている。

長野県社軍神《しゃぐじ》遺跡は、依田川《よだがわ》左岸の河岸段丘上に位置する。発掘調査によって47棟の竪穴建物跡を検出したが、このうち5棟が玉作り工房跡である。緑色凝灰岩製の管玉未成品、勾玉未成品、鏃形石製品、腕輪形石製品、紡錘車形石製品の未成品などが出土している。

◎玉の石材

玉作り遺跡の分布をみると、その近くに玉の材料となる石材の産地が確認できる。埼玉県反町遺跡では、同じ東松山市内の葛袋で緑色凝灰岩を産出している。また、神奈川県本郷遺跡・社家宇治山遺跡では丹沢《たんざわ》、長野県社軍神遺跡では太郎山《たろうやま》といった緑色凝灰岩の産地が知られている。このように、玉作り遺跡がある場所は、石材の産地と関連していることがうかがわれる。ただし、石材の産地のすぐ近くではなく、やや離れた、その地域の拠点となる集落のなかに工房を構えて玉を製作していた。

一方、茨城県内の久慈川上流ではメノウを産出することが知られているが、メノウ製の玉の製作は鳥山遺跡・八幡脇遺跡以外にも、反町遺跡・前原遺跡、市ノ塚遺跡でもメノウ製の勾玉を製作している。水晶製勾玉は反町遺跡、前原遺跡で製作しているが、埼玉県内に水晶の産地は知られていない。出土した水晶の肉眼観察からは、山梨県塩山市竹森《たけもり》産のものとされている。緑色凝灰岩と異なり、産地が限られているメノウや水晶などの石材は、産地から離れた場所にも原石のまま流通していたことがうかがえる。

なお、水晶製勾玉、メノウ製勾玉を製作していた遺跡からは結晶片岩製の内磨砥石（**図35**）が出土する。これは勾玉の抉りの部分を成形し、研磨するための板状の砥石である。結晶片岩は、三波川変成帯《さんばがわへんせいたい》で特徴的にみられる変成岩であるが、関東山地から九州

図35　前原遺跡出土結晶片岩製内磨砥石

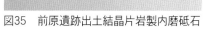

まで総延長1千㎞に及ぶ範囲に帯状に分布している。東日本では、群馬県藤岡市から埼玉県長瀞町《ながとろまち》・小川町周辺で産出する。内磨砥石の石材として適していたためか、東日本の水晶・メノウ製勾玉の製作遺跡からは必ず出土する。玉だけではなく工具についても、石材が広域に流通していたことがうかがえる。東日本のみならず、畿内や出雲の玉作り遺跡からもこの結晶片岩製内磨砥石が出土するが、おそらく各遺跡に近い結晶片岩の産地から採取したものを砥石として利用していたのであろう。ただ、玉作りに使用する工具の石材まで共通していたのは、結晶片岩が内磨砥石に適していたという理由以外にも、玉作りの工人の中で何らかの共通する意識や規範のようなものが存在した可能性が考えられる。

◎玉作り遺跡と古墳の分布

各地の玉作り遺跡で製作された玉類はどのように流通していたのだろうか。

反町遺跡から西側に約500m離れた高坂《たかさか》台地上に高坂古墳群が所在する。このなかの高坂8号墳は東西23・7m、南北20mの前方後方墳であるが、この埋葬施設から三角縁神獣鏡1面、捩文鏡《ねじもんきょう》1面と共に水晶製勾玉1点と緑色凝灰岩製管玉15点が出土した（図36・37）。緑色凝灰岩製管玉は1.2㎝前後の短い規格のものと2.3㎝の長い規格のものの2種類に分類される。一方、反町遺跡で出土した管玉未成品は1.5㎝前後の規格のものと2.8㎝前後の規格のものとに分類される。高坂8号墳出土品と反町遺跡出土品と淡緑色という色調も共通することから、反町遺跡で製作された玉類が高坂8号墳に供給された可能性が高い。

前原遺跡では、約3㎞南方に熊野神社《くまのじんじゃ》古墳が所在している。この古墳は径38mの円墳だが、筒形銅器《つつがたどうき》、巴《ともえがた》形石製品のほか、ヒスイ製勾玉4点、メノウ製勾玉2点、メノウ製棗玉1点、緑色凝灰岩製管玉67点、算盤玉1点、筒形石製品1点、腕輪形石製品6点、紡錘車形石製品4点、ガラス小玉10点などの豊富な玉類、石製品が出土している。遺物が発見された当初は鏡、刀剣類のほかに白い勾玉が数点あったと伝えられているが、これは水晶製勾玉であろう。前原遺跡で製作していたメノウ製勾玉、水晶製勾玉、緑色凝灰岩製管玉も含まれており、前原遺跡で製作された玉類が供給された可能性が指摘できる。

埼玉県以外でも、群馬県の下佐野遺跡の周辺には古墳時代前期後半に築造された倉賀野万福《くらがのまんぷく》寺《じ》古墳群や前期末〜中期初頭に築造された大山《おおやま》古墳、茶臼山古墳などの円墳群が所在する。千葉県の八代玉作遺跡・外小代遺跡の周辺には古墳時代前期中頃〜終末期（4世紀前半〜7世紀）まで造営が続く公津原《こうづはら》古墳群が所在する。栃木県の市ノ塚遺跡では、緑色凝灰岩製管玉を出土した山崎《やまざき》1号墳を含む山崎古墳群が北方約5㎞の位置に所在する。

一方で、玉作り工房が検出された遺跡のなかから、同時期の方形周溝墓群が検出されている例も多い。反町遺跡・前原遺跡、社家宇治山遺跡、下佐野遺跡、市ノ塚遺跡などで確認されている。これらの方形周溝墓群の主体部から副葬品として玉類が確認された例はないが、前述した通り下佐野遺跡Ⅱ地区7区3号方形周

図36　高坂8号墳出土玉類

溝墓の周溝から土器と共に玉の未成品と砥石が出土したことが特筆される。

こうした状況からは、古墳時代前期の東日本では、古墳が築造され、埋葬時の祭祀に使用する玉が必要になった時に、その古墳に近い集落に玉作の工人が招集されて玉作りが行われていたという状況を想定できる。古墳への副葬品として玉類を製作していたが、方形周溝墓への玉の副葬がみられないことから、埋葬時の祭祀に玉を使用することに一定の規制のようなものが働いていた可能性がある。また、熊野神社古墳に副葬されたような、在地で製作された種類以外の玉類や石製品については、工人が移動して製作する方法とはまた別に、さらに広域な流通によってもたらされたものと考えられる。

ここまでに述べた玉作り遺跡以外にも、東日本各地で、古墳時代前期後半の玉の未成品や原石が出土する遺跡が確認されていることから、玉は埋葬時の祭祀を行うために重要なものと考えられ、玉作りは活発に行われていたのであろう。北陸や山陰、畿内の玉作りと比較すると、東日本では一つ一つの遺跡で行われた玉作りは小規模なものであるが、古墳時代の流通や、埋葬時の祭祀を解明する上で非常に大きな意味を持つものであると言えよう。

図37　高坂８号墳副葬品の出土状況

５　玉作りの二大拠点

―古墳時代中期の大和と出雲―

◎大和の玉作り

大和における古墳時代の玉作り遺跡は、27遺跡知られている。決して多い数ではないが、このなかで全国的にみても最大級の規模を誇る玉作り遺跡が曽我遺跡である（図38）。

曽我遺跡は奈良盆地の南部、奈良県橿原市に所在する。遺跡の南側には忌部の地名が残り、忌部氏の祖神《そしん》を祀る式内社《しきないしゃ》天太玉命《あめのふとたまのみこと》神社が鎮座する。１９８１年から翌年にかけて発掘調査され、南北３３０ｍの規模を有する玉作り専業集落であることが判明した。調査区はＡ、Ｂ、Ｃ１、Ｃ２、Ｄの5地区に分けられているが、北端のＡ地区を除く4地区からおびただしい量の製品、未成品、剥片、原石、工具が出土して

図38　曽我遺跡全景

おり、これらの遺物の総重量は約2.7t、総数は820万点にも及ぶ（図39）。

石材

各地区の使用石材をみると、比率の違いが認められ、遺跡内で分業体制が敷かれていた可能性や原石供給元が変化した可能性がある。主な使用石材は、滑石、碧玉、緑色凝灰岩、メノウ、水晶、滑石、片岩、ヒスイ、コハク、埋れ木で、そのほかに土、ガラスがある（図43・44）。このうち滑石および片岩で全体の約75%、碧玉と緑色凝灰岩で25%弱を占めている。これらの石材は大和では全く産出せず、当然ながら原石を含めて原産地から直接もたらされたものである。

図39　曽我遺跡出土玉作り関連遺物（製品・未成品・剥片・原石・工具）

製品

曽我遺跡で生産された主たる製品は滑石製臼玉で、全体の約88％を占める。滑石は臼玉のほかに勾玉、管玉、模造品の製作にもあてられており、汎用《はんよう》性が高い。碧玉と緑色凝灰岩の使用はほぼ管玉だけに限られており、勾玉には滑石のほかは少量のコハク、ヒスイが使用されるだけである。

遺構

遺跡内の遺構は土坑《どこう》、落ち込み、池沼《ちしょう》、流路《りゅうろ》がある。一般的な玉作り遺跡でみられる竪穴建物は検出されておらず、遺構から操業形態を復元するには至っていない。周辺調査を含めた今後の検討が必要である。

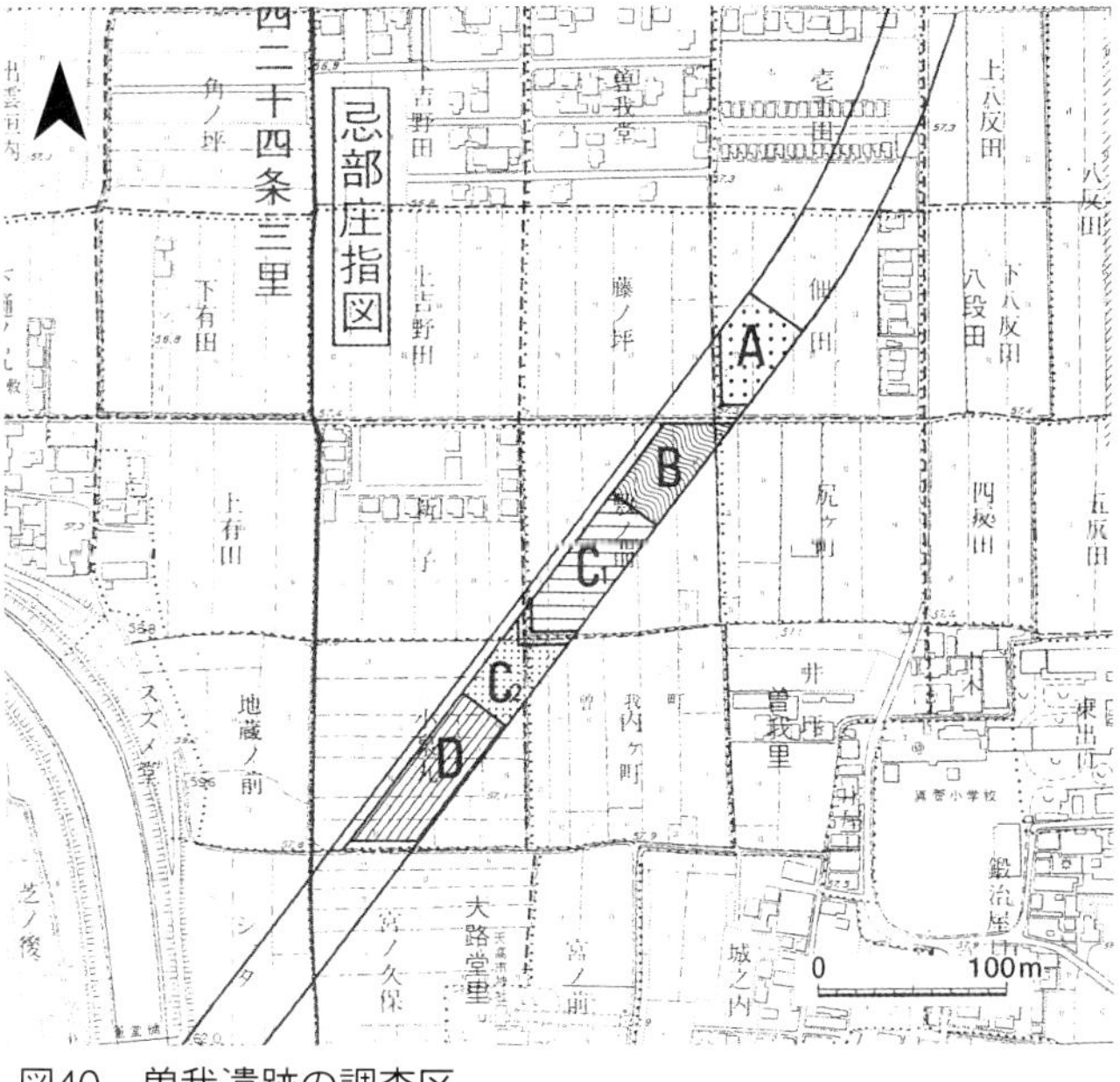

図40　曽我遺跡の調査区

生産の変遷

曽我遺跡で玉生産が開始されるのは、古墳時代前期後半である。Ｃ２地区・Ｄ地区の土坑などで、滑石、碧玉Ａ（花仙山産）、碧玉Ｂ（非出雲産）、緑色凝灰岩、片岩の製品・未成品が出土している**（図40）**。ただし滑石を主体とした少数の出土で、全体量からすれば中小集落内での玉生産とかわり映えがしない。

　中期前半（4世紀末〜5世紀前半）にはC2地区、D地区において同じ傾向で生産が続く。石材はコハクが新たに加わる。

　中期中頃（5世紀中頃）になると石材に水晶、ヒスイなどが加わり、曽我遺跡における玉生産の全容が整う。この時期の遺構からは、碧玉の円錐形《えんすいけい》チップ（へそ石）が出土しており、この段階において、出雲系技法である片面穿孔による碧玉製管玉生産が開始されたとみられる（**図41・42**）。へそ石は碧玉Aが大部分を占めるが、両面穿孔を主体とする碧玉Bにも一部認められる。碧玉Aのへそ石のサイズには大小があり、粗く加工した段階で穿孔するものと、おおよその形にした段階で穿孔するものの違いを示している。

　中期後半（5世紀後半）には玉類の出土数だけでなく、遺構の数も増加しており、生産の最盛期を迎える。この時期はD地区が生産の中心となって集約化がはかられている。そして後期前半（6世紀前半）にも大規模生産が継続するが、後期中頃（6世紀中頃）になるとD地区からB地区に生産拠点が移ると同時に急激に

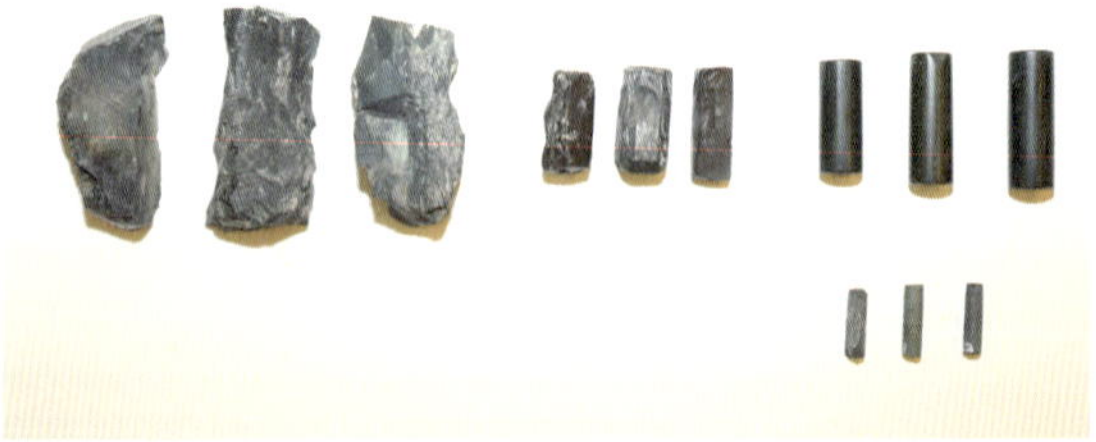

図41　碧玉製管玉の製作工程

図42　碧玉製管玉の未成品とへそ石

生産が縮小され、遺跡自体の終焉を迎える。

曽我遺跡の評価

曽我遺跡は、畿内中枢の玉作りに特化した専業集落である。曽我遺跡が玉作り生産の最盛期を迎える古

図43　曽我遺跡出土メノウ原石・剥片

図44　曽我遺跡出土水晶製玉類・未成品、水晶原石

墳時代中期後半は、まさしく雄略朝《ゆうりゃくちょう》に該当する。５世紀代の各種手工業の専業集落は、曽我遺跡以外には鉄器生産の大阪府大県《おおあがた》遺跡、馬匹《ばひつ》生産の大阪府蔀屋北《しとみやきた》遺跡、須恵器生産の陶邑古窯址《すえむらこようし》群などがある（図45）。王宮の所在地である奈良盆地東南部の「朝倉宮《あさくらのみや》」（脇本遺跡に想定）からはいずれも離れて点在しているのが特徴で、曽我遺跡はあくまでも畿内中枢の経営領域内にある一遺跡である（図46）。

玉生産以外はいずれも外来技術の導入によるもので、各遺跡からは朝鮮半島系土器が出土している。一方、在来技術である玉生産の曽我遺跡からは朝鮮半島系土器の出土が極めて少なく、外来技術を携えた工人が活動していた痕跡はない。

これらの専業集落は、古墳時代中期後半の曽我遺跡を筆頭に必ずしも雄略朝に創設されたものではない。しかしながら陶邑古窯址群以外の遺跡はいずれも中期後半に生産のピークを迎えており、雄略

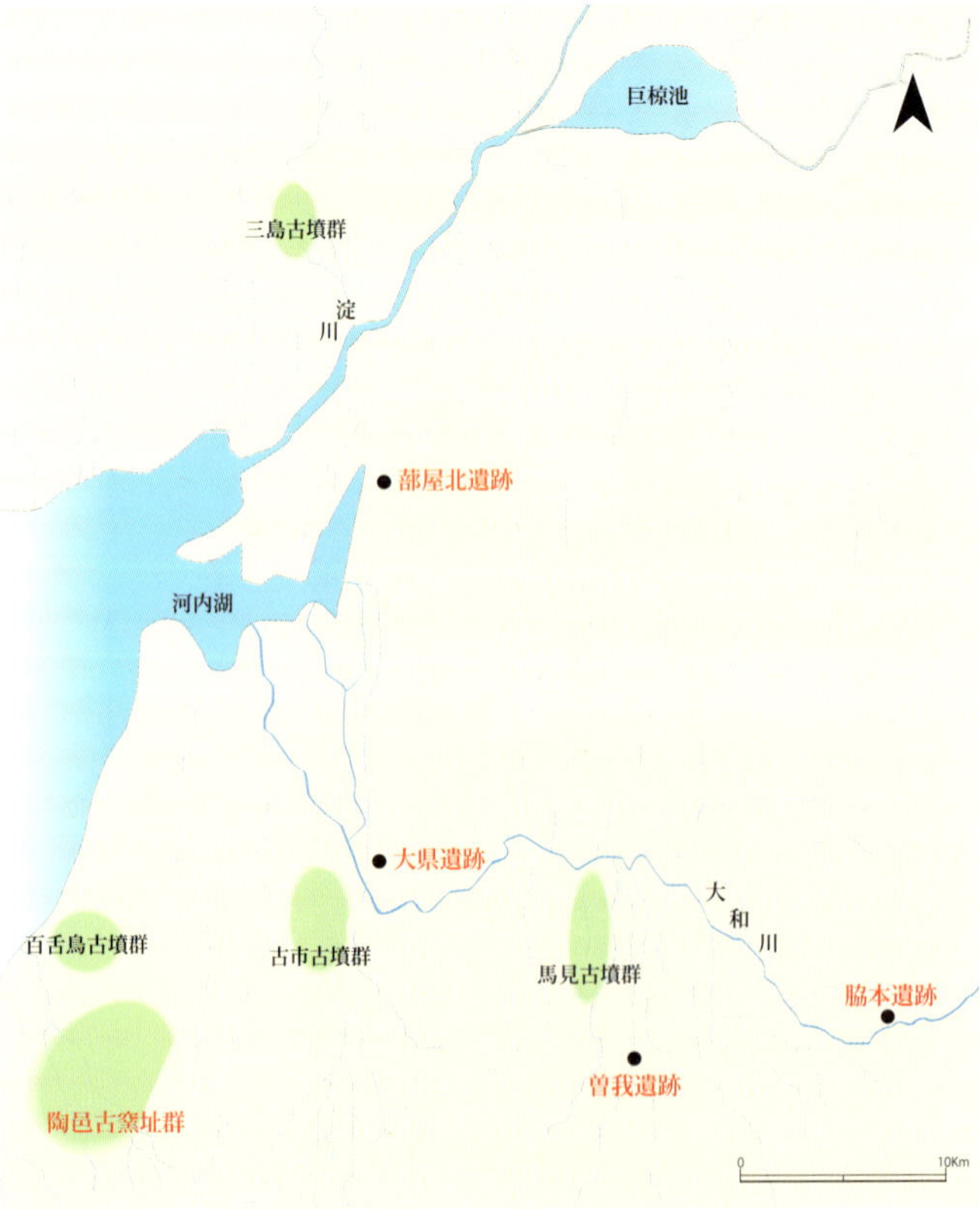

図45　古墳時代中期の畿内中枢の手工業専業集落

朝の強力なテコ入れがあったのは疑いないところであろう。

◎出雲の玉作り

出雲では、古墳時代前期後半に花仙山山麓周辺において碧玉、メノウ、水晶という3種類の石材を用いて玉生産を本格化していた（図47）。

古墳時代中期の出雲の玉作りは、前期とは異なる点が二つある。一つは、花仙山山麓周辺に集約して立地していた玉作り集落が、出雲東部の意宇郡《おうぐん》全域や嶋根《しまね》郡の一部（ほぼ現在の松江市域）、隣の伯耆国《ほうきのくに》汗入《あせり》郡（米子市周辺）まで広域に展開して玉作りを行うことである。これは、古墳時代中期の古墳築造状況とも合致する現象といわれる。宍道湖・中海沿岸では全長50m前後の首長墳が各所に散在し、特別に突出した規模の古墳はみられないため、同じぐらいの力を持った首長層による地域連合体が形成されていたともみられる。花仙山西麓の玉湯川《たまゆがわ》下流域には、玉作り集団の長《おさ》を葬ったと考えられる前方後円墳（扇廻《おうぎさこ》古墳、報恩寺《ほうおんじ》古墳）・円墳（極《ごく》

図46　曽我遺跡と脇本遺跡（上中央の耳成山の左側に曽我遺跡、下右側の谷間に脇本遺跡）

楽寺《らくじ》古墳、玉造築《たまつくりつき》山《やま》古墳)が連続して築造されており、宍道湖・中海沿岸首長連合体の一員として、配下の玉作り工人を必要に応じて、近隣豪族のもとに派遣し、生産・指導を行っていたと推定される。

　具体的には、安来市の大原《おおはら》遺跡(**図48**)、松江市の勝負《しょうぶ》遺跡、四ツ廻《よつざこ》Ⅱ遺跡、原《はら》の前《まえ》遺跡などのほか、今回の研究による再検討によって鳥取県米子市の百塚《ひゃくづか》第一

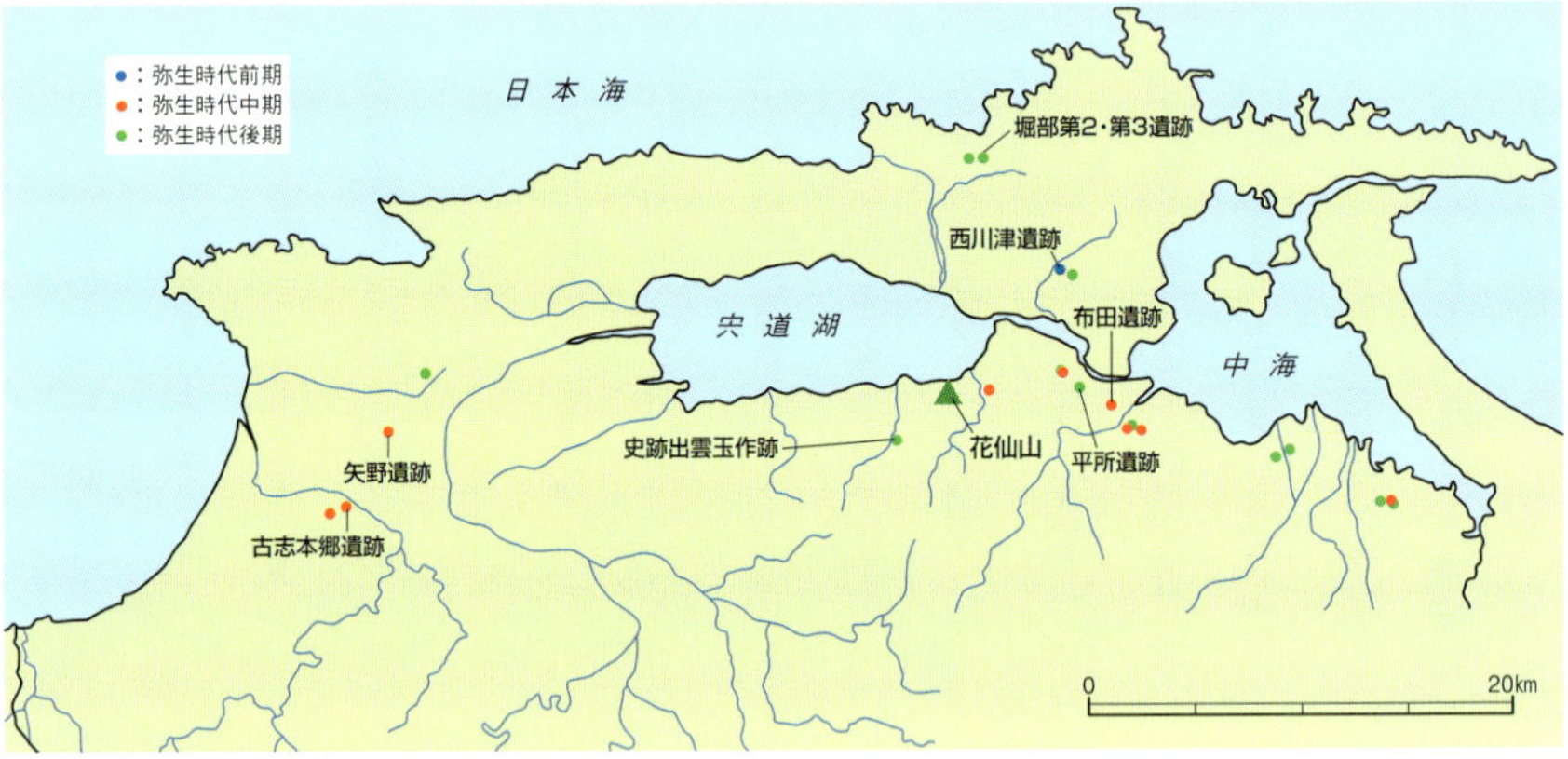

弥生時代前期～中期の玉作り遺跡
(前期の玉作り遺跡は西川津遺跡のみだが、中期になると平野部で9遺跡に増える。)

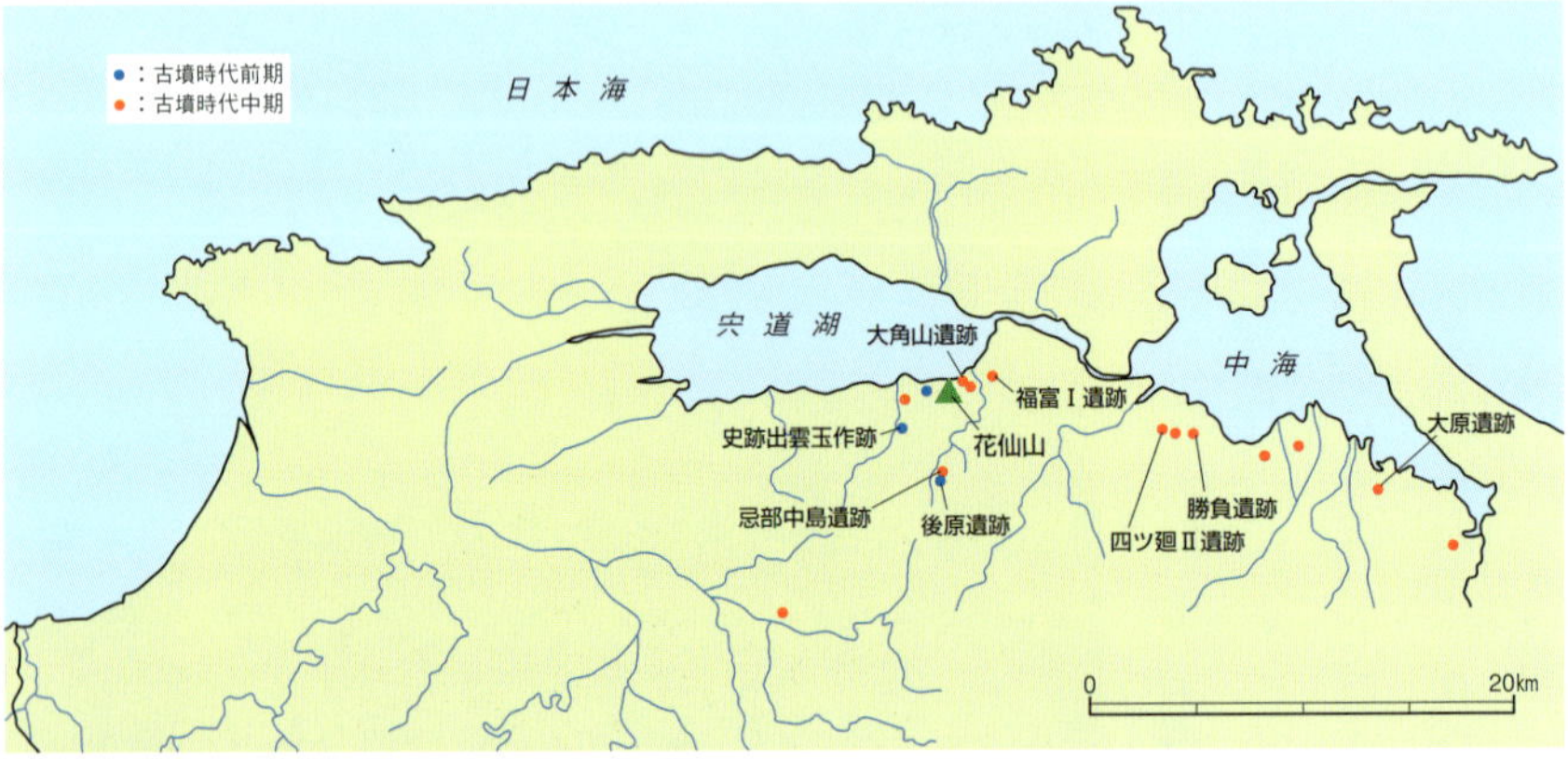

古墳時代前期～中期の玉作り遺跡
(古墳時代前期になると、弥生時代までみられた宍道湖・中海沿岸部の玉作り遺跡が姿を消し、花仙山周辺に3遺跡が集まる。そして中期には再び中海南岸域や山間部に玉作りが拡大する。)

図47　出雲の玉作り遺跡の分布域変化

遺跡がこの時期の玉作り遺跡として確認された。これらの玉作り遺跡では、和歌山・徳島県で産出する結晶片岩を砥石として導入しており、新規の工具・技術を導入していることも特徴である。

そして、松江市の美保神社境内《みほじんじゃけいだい》遺跡や大田市の平ノ前《ひらのまえ》遺跡では、古墳時代中期〜後期前半ごろの祭祀に伴う玉作り跡がみつかっており、玉作り工房以外の玉作りのあり方を示す希少な例も知られるようになった。特に平ノ前遺跡は、花仙山から70㎞あまり離れた石見国《いわみのくに》東部まで、玉作り工人が石材を伴って出かけていることが重要である。

当時、花仙山を含む出雲東部と、西方の出雲平野を中心とした出雲西部の勢力は分化の兆しをみせており、花仙山山麓の玉作り工人が出雲西部を回避して、さらに西側の石見国東部に出張生産していることは、出雲西部包囲網的な勢力形成が進んでいた可能性も暗示する。

もう一点は、大和の曽我遺跡の玉作り集落に玉の素材になる石材と共に玉作り工人を派遣したことにある。大和に派遣された出雲の玉作り工人は、曽我遺跡内で玉生産をリードするとともに、その時々の王権が

図48　大原遺跡の玉作り関連遺物

求める最新スタイルの玉類を考案し、そのための製作技術をいち早く身に着けていた。玉作り工人たちは、出雲に帰郷した時に、曽我遺跡で培った最新の技術や情報を地元での玉作りに還元したと考えられるのである。古墳時代中期後半、出雲系玉作り工人は従来のものよりも、太めで寸の短い（直径8㎜、長さ2.5㎝前後）碧玉製管玉を規格化し、大量生産を開始した。この管玉は工程削減のために、孔をあける工程を「片面穿孔」に徹していることが特徴である（図49）。この管玉製作技術や結晶片岩砥石の使用は、大和の曽我遺跡と出雲の花仙山山麓の玉作り集落で相前後して出現していることから両者の連携の強さはここでも確認できるのである。

北陸の玉作りが衰退した古墳時代中期においては、玉作りの技術基盤は大和の曽我遺跡と出雲の花仙山周辺に拠点を持つ出雲系工人が掌握《しょうあく》するところとなったのである。

図49　大原遺跡の玉作り工房復元模型

コラム

科学の目と人の目の融合①
―実体顕微鏡観察と比重測定―

玉石材の原産地を抱える北陸にとって、原産地と玉作り遺跡の関連を解明することは重要な課題である。その手段として、科学分析は人の目ではみえない多くの情報を数値化してみせてくれる画期的な方法と言える。しかし一方で、専門的な機器が必要となるため、出土品全点を分析することは難しく、かつ未発見の原産地が多い現状にあっては、様々な前提や制約もある。そのため、石川県では現在、膨大な出土量の未成品を含む玉類を石材分類する上で、より簡易的な方法によって有効な情報を得るため、「実体顕微鏡《じったいけんびきょう》観察」と「比重《ひじゅう》測定」を用いて、石材鑑定を進めている。

実体顕微鏡観察は20～１００倍程度の倍率で、含まれる鉱物の種類や岩石の構造を観察する方法である。比重測定は、非破壊による測定のため真比重ではないものの、水を入れたタッパーと上皿天秤《てんびん》を用いて、アルキメデス法による水の重量変化から体積を求めるものである。

この方法で石川県片山津玉造遺跡の石材をみていくと（**図50**）、碧玉は比重が2.5前後を示し、細粒《さいりゅう》、均質で緻密《ちみつ》質《しつ》な部分が主体となり、岩の裂け目にマグマ由来の熱水が流れ込んだ際の一種の流理構造《りゅうりこうぞう》が確認できた。この特徴は、石川県滝ヶ原碧玉原産地遺跡の原石および産状《さんじょう》と酷似しており、肉眼観察で類似性が指摘されていた両者を結び付ける有力な根拠となる（**図51**）。一方、緑色凝灰岩は微細な間隙《かんげき》（穴）が比較的多くみられ、比重が1.5～2.0を示し、斜長石《しゃちょうせき》や軽石《かるいし》を含むものもみられるなどバラツキが認められた。緑色凝灰岩の原産地は未発見ながら、こうした状況は、複数箇所の原石採取地が想定でき、今後の解明が期待される。このほか、同石材の特徴として、表面上かなり軟質にみえる状態は、顕微鏡下の小さな間隙に水が入り込むことで風化が進んだ埋没時のメカニズムによるもので、工人たちが製作していた当時は、現在の見た目以上に硬質な石材であったことが明らかとなった。

　北陸で生み出された様々な玉類は、日本海沿岸特有の火山活動によって形成されたグリーンタフ地帯という地質的特徴の賜物である。玉の素材となる石がどこから、どのように遺跡へと持ち込まれたのか、石材の原産地と採取地を探り、その来歴を明らかにすることは、当時の工人たちの行動や交流範囲、製品としての玉類の流通システムを知る上で重要なポイントと言える。そのためにも、様々な手法によって蓄積されたデータに基づく「科学の目」と、工人がつくり出した玉類に残る情報を紐解く「考古学研究者の目」を融合させていくことが、歴史の扉を開く「鍵」となるのである。

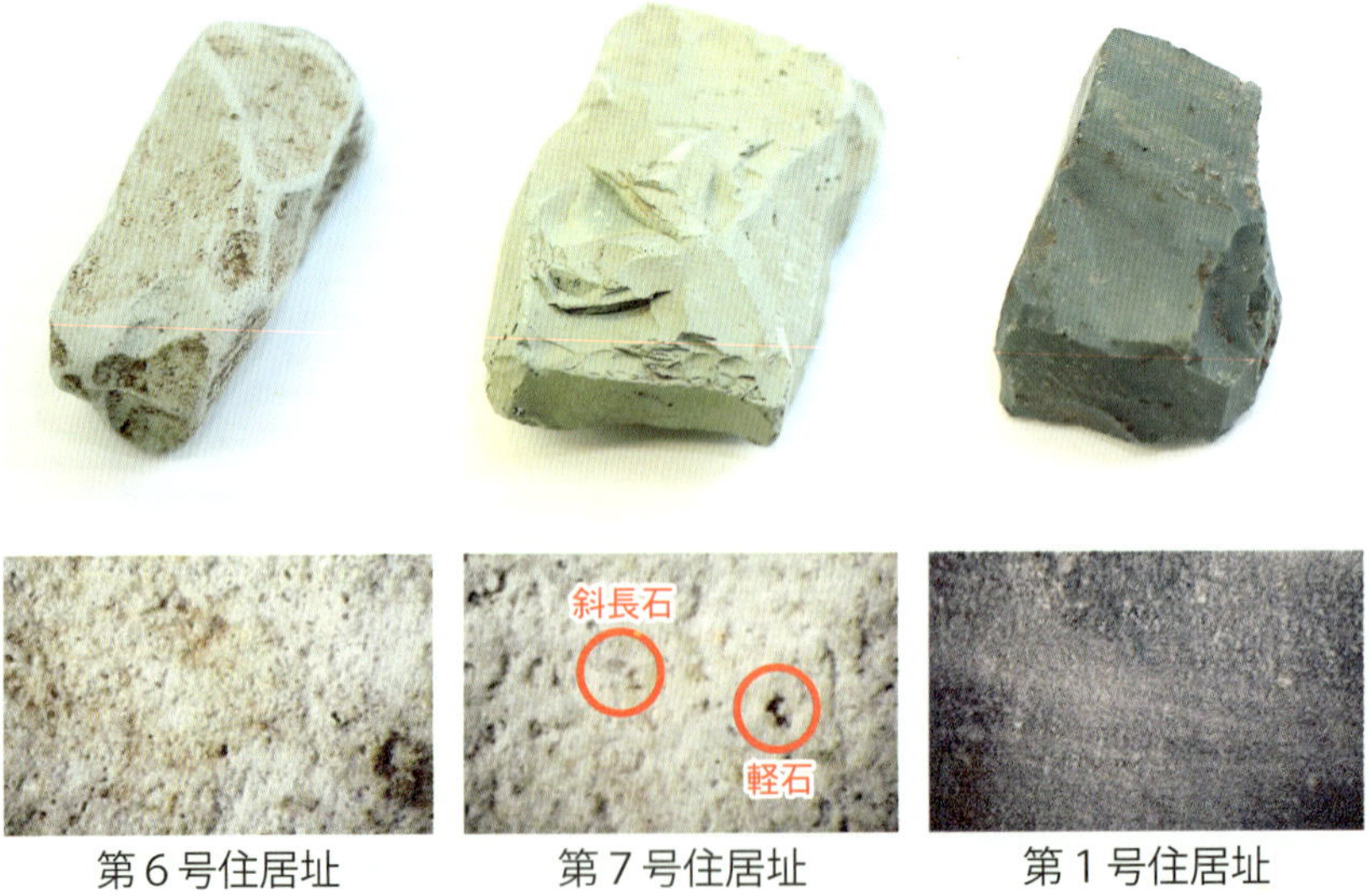

	緑色凝灰岩 ⟷ 碧　玉
色　調	明緑灰色 ⟶ 濃緑色
比　重	小さい（1.5〜2.0） ⟶ 大きい（2.5前後）

図50　片山津玉造遺跡の緑色凝灰岩・碧玉と顕微鏡写真

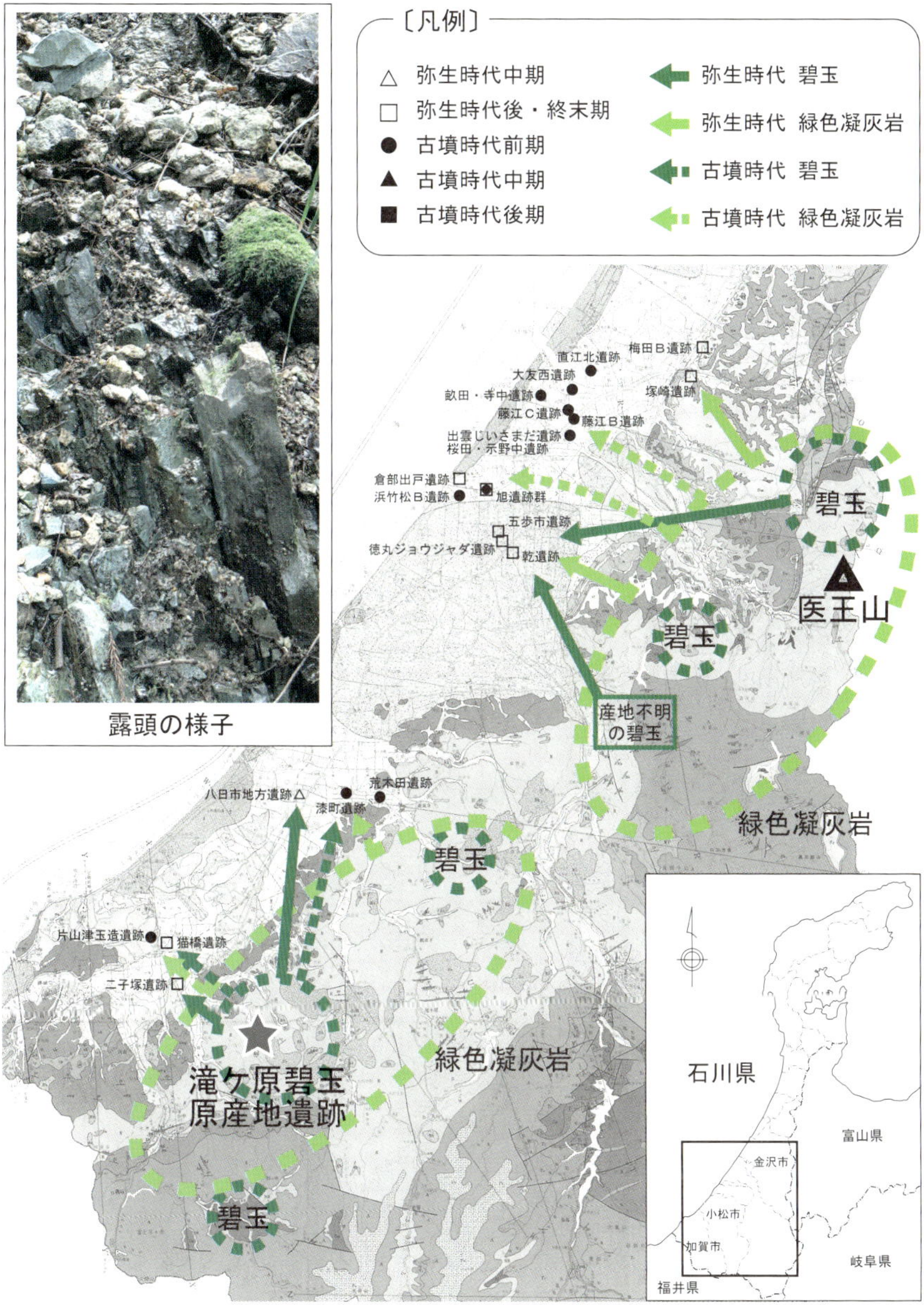

図51　石材鑑定から想定される原石の動き

コラム

科学の目と人の目の融合②
―X線回折による石材分析―

埼玉県内では東松山市反町遺跡、桶川市前原遺跡、川島町正直遺跡から、緑色凝灰岩製管玉を製作していた工房跡が確認されている。これらの遺跡で玉の原石として用いられた石材の産地を明らかにすることは、石材の流通を解明する手掛かりとなる。

一方、埼玉県内の緑色凝灰岩の産地として東松山市葛袋地区が知られている（図52）。葛袋地区は関東山地東縁に位置する岩殿《いわどの》丘陵の北東端に当たり、この周辺に分布する中新統《ちゅうしんとう》の都《と》幾川《きがわ》層群中の神戸《こうべ》層のなかに緑色の珪長質《けいちょうしつ》凝灰岩の円礫《えんれき》が多量に含まれている。この石材を用いて玉作りが行われていたのではないかということを検証するために、X線回折による石材分析を行った。

X線回折は、角度を変えながら資料にX線を照射し、角度ごとに回折されたX線の強さを測定して、国際的に蓄積されている膨大なデータと照合して、資料のなかに含まれる鉱物種を同定し、ピークの強さからおおよその含有量の多寡《たか》を推定するものである。X線回折は、対象となる資料を微細な粉末として、その平坦な面を対象として行うことが前提となっているが、今回対象とした出土資料は破壊して粉末とすることができないため本来得られるはずの回折線に比べて、角度がずれていたり、ピークが理想的な大きさを示さないことがある。また、回折されるX線

図52　葛袋の礫岩中の緑色凝灰岩

の強さは鉱物の粒径《りゅうけい》によって大きさが左右される。しかし、鉱物は種類によって硬度が異なり、資料は多くの場合に多種類の鉱物の混合物であるため、各資料を同一の粒径に調整することは困難である。

また、緑色凝灰岩は火成岩《かせいがん》である黒曜石《こくようせき》のように、岩体《がんたい》ごとにほぼ同一の原料から形成されているものではなく、変成作用を受けた堆積岩であるため、岩体のなかでも組成差《そせいさ》が生じている可能性が高い。さらに、緑色凝灰岩は多孔質《たこうしつ》であり、製品として加工された後に、表面の風化が鉱物組成に影響を与える可能性が高い。

これらの理由から、今回行った分析は、鉱物と遺物を厳密に対比して詳細な産地を決定したものではなく、鉱物の種類の傾向から原石と出土遺物との関係を大まかに推定したにすぎない。

さて、反町遺跡、前原遺跡、正直遺跡の出土品については、肉眼観察を行い、色調、質感、含有物などから分類を行った。反町遺跡の出土品は肉眼観察によって、色調、質感からA、Bの２グループに、前原遺跡の出土品は１グループ、正直遺跡の出土品は２グループにそれぞ

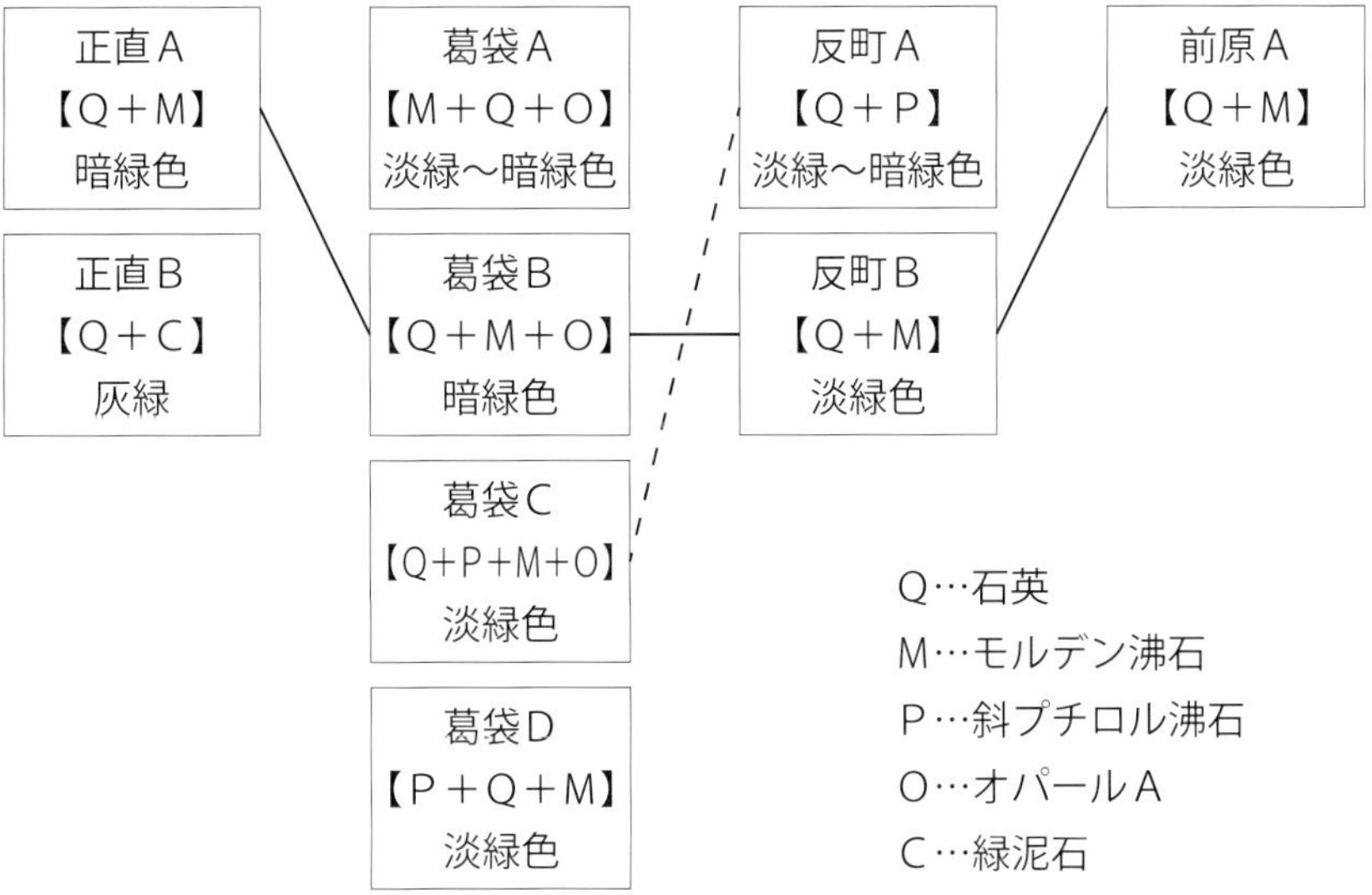

図53　鉱物組成の対比模式図

れ分類された。そしてグループごとに数点ずつ抽出してX線回折を行った。その結果、グループごとに特徴的な鉱物のピークを得ることができた。

葛袋から採取した原石は、任意の10点を抽出して分析した結果、A～Dの4グループに分類された。なお、葛袋から採取した原石は、組成による4グループの分類と、色調・質感の差異は合致していない。

葛袋A～Cグループからはオパール A が検出されている。凝灰岩円礫の外側が風化して淡色化した部分と内側の濃い色の部分とを分析すると、内側からのみオパールAを検出することから、風化によってオパールAは溶出《ようしゅつ》した可能性が高い。出土遺物からオパールAが検出されていないのは、製作されてから1500年程比較的表層に近い部分に存在していたことから、雨水の浸透などによりオパールAが溶出したためと考えられる。

こうした点をふまえて鉱物組成を対比した結果が**図53**である。石英とモルデン沸石《ふっせき》を含むグループ（正直A・葛袋B・反町A・前原A）の存在が指摘できる。また、石英と斜プチロル沸石を含む反町Aと石英、斜プチロル沸石、モルデン沸石、オパールAを含む葛袋Cが類似している。正直遺跡、反町遺跡、前原遺跡の立地から、原石の採取地として葛袋が最有力と言えよう。なお、正直遺跡の遺物Bグループは石英と緑泥石によって特徴づけられるが、同様の組成の凝灰岩が神戸層に存在していないか確認が必要である。神戸層に存在していなければ、ほかから搬入された石材である可能性が高い。

今回の分析では、沸石が特徴的に含まれる緑色凝灰岩が見出されたが、ほかの地域でも、それぞれ特徴的な鉱物の組み合わせがみられる可能性がある。未だ分析例は少ないが、佐渡から新潟県、石川県にかけてはマイクロカリン（カリ長石）を含む凝灰岩が、島根県周辺では雲母属を少量含む特徴的な凝灰岩がみられる。X線回折による鉱物組成で、大まかな岩石の原産地域の推定の可能性を提示できたのではないだろうか。

6　古墳時代後期の玉作り

◎生産地の集約と工房

古墳時代中期に出雲東部の広域に展開していた玉作り集落は、中期末～後期初頭に再び花仙山山麓に集約される。発掘調査などで具体的な様子が判明している遺跡としては、西麓の史跡出雲玉作跡、堂床《どうとこ》遺跡、平床《ひらどこ》Ⅱ遺跡と、北麓の面白谷《おもしろだに》遺跡などである（図54）。

畿内中枢の直営工房であった奈良県曽我遺跡での玉生産は古墳時代後期前半～中頃に発展的解消に向かうのに対し、曽我遺跡に派遣されていた出雲系の工人は、出雲花仙山山麓に帰還して、出雲での玉生産をこれまで以上に加速する。後期の玉生産の中核地となった出雲花仙山周辺の様子をみてみたい。

玉作り工房は、古墳時代中期までは竪穴建物を使用していた。玉作り工房と通常の竪穴建物は構造上共通しており、建物遺構だけみれば住居と工房の違いはほとんどない。玉生産の痕跡として、未成品、石材剥片、原石、チップや砥石、穿孔具としての鉄錐などが伴っていれば玉作り工房と認定できる。後期後半になると集落内の住

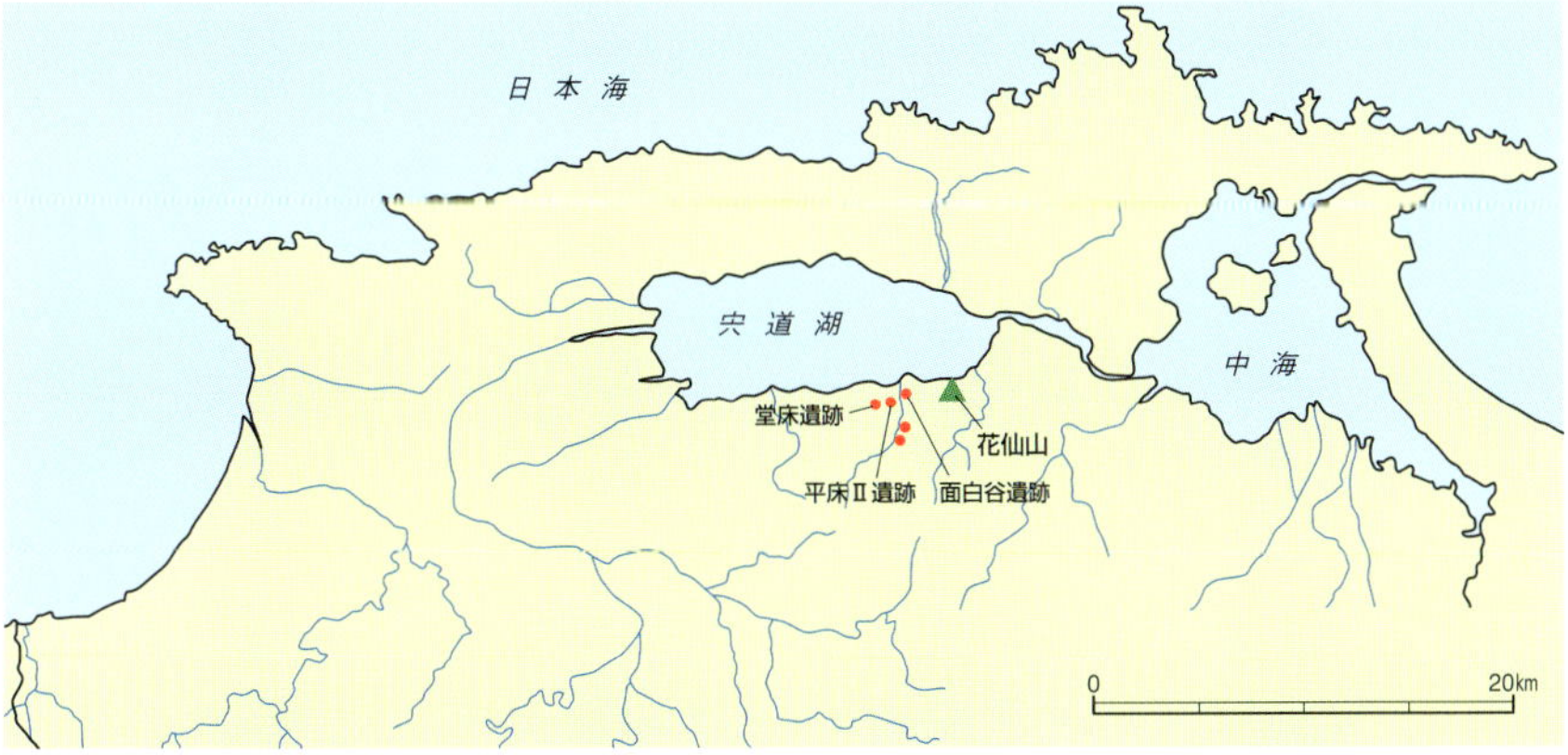

図54　花仙山周辺地域の玉作り遺跡位置図

居建築は掘立柱建物に移行していく。玉作り工房も同様に竪穴建物から掘立柱建物内での操業に変化していくことが知られている。

集落内の工房の在り方も前代とは大きく異なっている。堂床遺跡では、碧玉・メノウ・水晶・滑石を使用した玉生産を行っているが、すべての工房で同じ比率で石材を使用しているわけではない。例えば碧玉製品が多く出土するといったような、完全な「分業」とまでは言えないまでも、「分担」と言える体制で生産を行っていたようである。また同時期に活動していた工房群のなかには、時期をこえて継続する中心的な工房と、一時期だけの補助的な工房が存在していた。さらに工房と住居は立地を

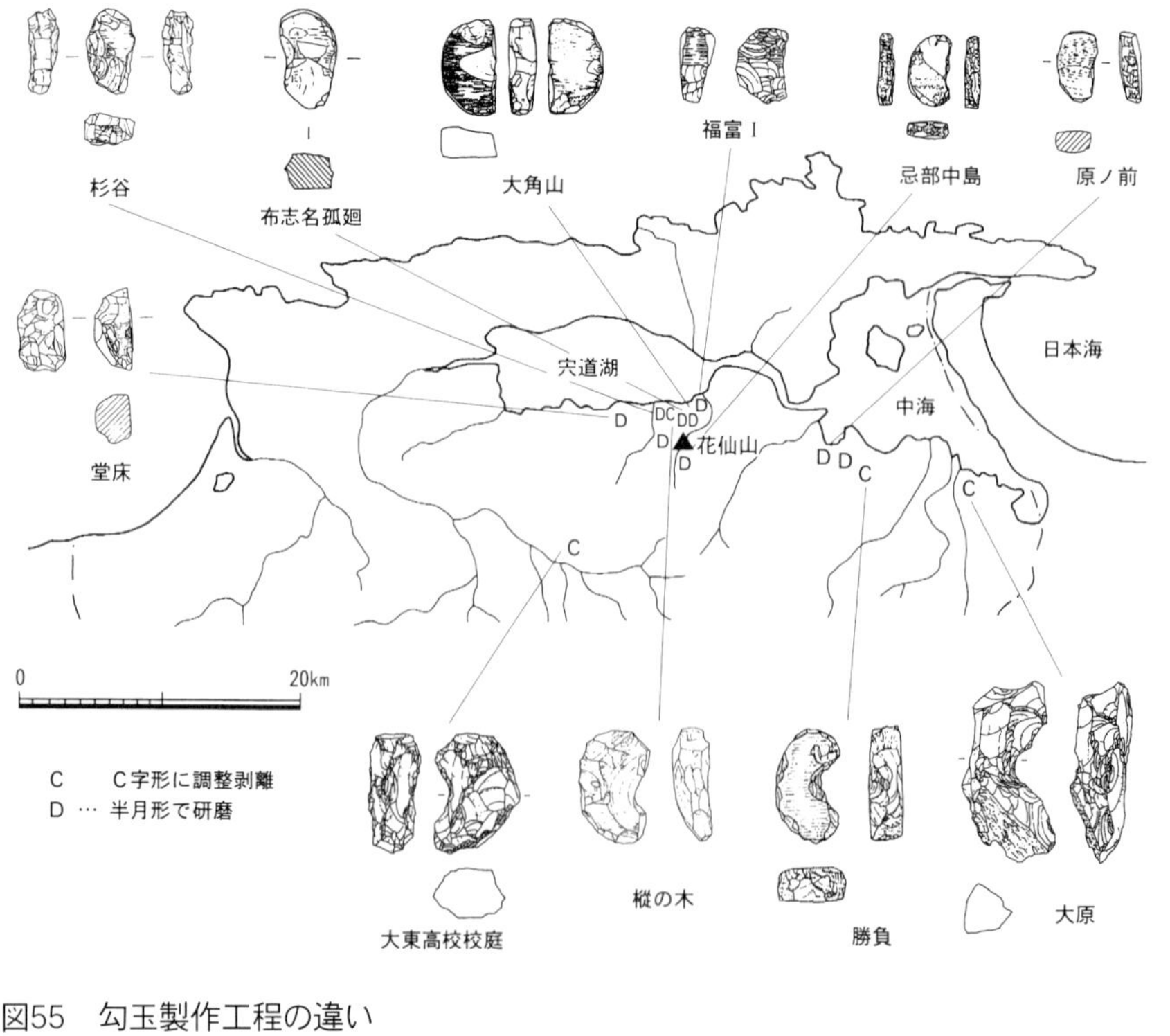

図55　勾玉製作工程の違い
（勾玉の腹部を剥離調整でつくり出すC字技法は安来地域、半月形未成品を研磨することによりつくり出すD字技法は花仙山周辺の特徴だ。）

違えて完全にすみ分けており、当初から組織的に編成されていたと言える。

また碧玉・メノウ製勾玉の製作工程の違いから、玉作り工人の再編成が行われたことがうかがえる。これは勾玉をつくる際の腹部の凹みをどのようにつくり出すかによって分けられ、C字技法は安来地域（中海南岸地域）、D字技法は花仙山山麓周辺に多いことから、これらの違いは工人集団の差と解釈する説がある（**図55**）。堂床遺跡では玉生産開始当初（古墳時代後期前半）はD字技法のみが行われ、もっとも生産規模が拡大する後期後半にC字技法が出現し、D字技法と併存している。ただしそれぞれの製作技法は同一工房では併存せず、それぞれ集落の東側と西側というように分かれている。想像をたくましくすれば、生産拡大期に安来地域の玉作り工人たちが堂床遺跡へと移動してきたためと推測され、これは中期の玉作り遺跡の拡散とその後の花仙山山麓への集約という遺跡単位の変遷と軌を一にしたものと理解でき、後期後半に玉作り組織の再編成が行われたとも考えられる。つまり、堂床遺跡は出雲の玉作りを掌握する首長によって、工房の立地から工人の編成に至るまで、計画的につくられた「ムラ」であったと考えられる。

◎生産の内容 ―メノウ・碧玉・水晶の玉類―

古墳時代後期の玉作り工房で主に生産されていたのは、碧玉製管玉・勾玉、メノウ製勾玉、水晶製勾玉・切子玉・丸玉、滑石製臼玉が中心で、遺跡によっては碧玉やメノウ製の丸玉や平玉、水晶製三輪玉が加わる。水晶製とメノウ製の勾玉は、前期後半には既に登場していたのであるが、後期では、勾玉以外の様々な形態の玉を、花仙山で産出するメノウ、碧玉、水晶を自在に組み合わせて生産を行ったのが最大の特徴である。いずれの器種も、基本的には鉄錐による片面穿孔によってつくられ、これら「出雲産」の証を持つ玉は、各地の古墳に副葬品として納められた。

後期における生産量の増大は、中期の中心的な生産地であった曽我遺跡の単純な肩代わりではなく、消費地での需要の増加と密接に関わっている。これまでにも、後期における造墓階層の拡大により古墳が爆発的に増加すること、それに伴い副葬品としての玉類の需要が増加することは指摘されてきた。飛躍的に増加した玉類の需要を補うべく、出雲の玉作り遺跡はフル稼働で生産を行ったと考えられる。そのため「粗製濫造《そせいらんぞう》」とも言うべき、充分に磨きあげないままの状態で出荷された。各地の古墳からこういった状態の玉類が出土することから、消費する側も完成度の高さを求めていなかったことがうかがえる。

このように、古墳時代後期の玉作りは「花仙山山麓への集約」が大きなポイントではあるのだが、実は出雲以外でも玉生産を行っていた。生産遺跡が確認できるものは少ないが、東海を中心に出土する蛇紋岩製の勾玉や丸玉、東日本を中心とするコハク製玉類などは出雲では産出しない石材を用い、異なる技法でつくられている。また埼玉県薬師堂東《やくしどうひがし》遺跡からは、ガラス小玉の鋳型片が完形品を含め１００点以上出土している（**図56**）。飛鳥時代前半〜中頃（7世紀前半〜中頃）にかけて、ガラス小玉を大量に生産する工房が存在したことがうかがえる。そして出雲における玉作りは飛鳥時代中頃に休止する。その後、奈良時代（8世紀）に入ってから再開するものの、生産品目やそれをつくる技術などは古墳時代のものとは大きく異なっていた。

図56　薬師堂東遺跡出土ガラス玉鋳型

ここに連綿と続いてきた出雲玉作りの伝統は断絶したと言ってよいだろう。

◎水晶製三輪玉の生産

三輪玉は、「玉」とは名が付くものの、「玉」の定義上でもっとも重要な孔がないことから、日本考古学草創期から「玉」の仲間とは少し異質なものとして扱われてきた。孔のある玉が人体装飾用であるのに対し、三輪玉が大刀《たち》・鉄剣の護拳帯《ごけんたい》装飾に用いられるという用途の違いも区別される原因かもしれない（図57）。

しかし、出雲の玉作り遺跡では勾玉や管玉などを製作している工房内で水晶製三輪玉の未成品が出土する。このため水晶製三輪玉も「玉」の仲間として研究することの必要性が高まったのである。

石製三輪玉は古墳時代中期後半に碧玉製のものが先行して登場するが、後期前半（継体朝《けいたい》）になると新しい政権の威信財《いしんざい》として水晶製三輪玉が登場する。

図57　坊主山《ぼうずやま》古墳出土金属製三輪玉
（京都府・古墳時代後期前半）

図58　升田山《ますだやま》15号墳出土三輪玉
（兵庫県・古墳時代後期後半）

図59　島田池《しまだいけ》遺跡Ⅰ区２号横穴墓出土三輪玉
（島根県・古墳時代終末期初頭）

特にこの時期の製品は透明度の高い水晶を素材として使用し、仕上げの研磨も極めて丁寧である。

後期前半の水晶製三輪玉付装飾大刀は、継体大王と深い関わりのある地域・古墳から出土することが多く継体朝の威信財とみることができる。

後期後半になると水晶製三輪玉は素材となる石材が透明度の低い石英に近いものに変化して白色となる。これは、継体朝から欽明《きんめい》朝への時代の変化を体現した志向の変化であり、水晶製三輪玉の生産地の変化を伴うものと考えられる。つまり、後期前半は畿内やその周辺で生産されたものが、後期後半には花仙山山麓に移行したことを示すものと考えられる（図58・59）。

◎古代氏族と玉作り

古墳時代中期後半～後期は、文献古代史研究で言うところの氏族制の社会であり、玉生産に従事した氏族も存在した。古墳時代の玉類の研究史からみると、この氏族制社会における玉生産（文献史料上は主に「玉作」と表記される）が、古代社会全体の玉生産を意味する学術用語になっているというのが現状である。

玉生産に関係すると考えられている氏族を具体的にみていきたい。

忌部氏

奈良県橿原市忌部町（大和国高市《たけち》郡）の天太玉命神社周辺を本拠地とした氏族で姓《かばね》は首《おびと》、天武天皇の時に連《むらじ》、さらに宿禰《すくね》となる。平安時代には斎部の文字を用いる。奈良時代には中臣《なかとみ》氏と並んで朝廷の祭祀に携わった。本拠地は曽我遺跡の近くであり、この遺跡の生産管理者であったと考えられる。天太玉命は忌部氏の始祖神《しそしん》であり、『古事記』『日本書紀』では天《あま》の岩戸《いわと》の神話で、岩戸に隠れた天照大神《あまてらすおおみかみ》を誘い出すため、鏡・玉・木綿などが取り付けられた祭具を準備したとされる。このことからわかるように、忌部氏は玉を含む祭具の生産を統括し、祭祀に携わった氏族であったと考えられる。この天太玉命が率いて天降った神に櫛《くし》明玉命《あかるたまのみこと》があり、この神が出雲玉作の祖とされている（『古語拾遺』）。櫛明玉命は『日本書紀』にも登場するが、それは出雲を支配していた首長、出雲《いずも》国造《こくそう》氏に関連する出雲大社の創始伝承（神代下第九段一書の二）のみであり、この忌部氏による玉生産への関与では、出雲が重要な位置を占めたと考えられる。第2章5（P57〜66）で記されているように、古墳時代中期後半以降、曽我遺跡→出雲での玉作りに関わる氏族と言える。ただし、出雲玉作りが配置された出雲国忌部神戸（松江市玉湯町）は、出雲の首長である出雲国造氏の本拠地にも近く、実際には出雲国造を介して玉生産者の掌握が行われたと考えられる。

玉祖氏

大阪府八尾市の神立《こうだち》周辺（河内国高安《たかやす》郡玉祖《たまのおや》郷）が本拠地で、姓は連→宿禰。山口県防府市にも式内社玉祖神社がある。防府市は滑石の産地であり、玉作り遺跡の近傍で、河内の玉祖郷の近くには玉作り遺跡が確認されている。

玉作部

畿内中枢で統率した氏族の不明な地方在住の玉作り関連氏族で、現在のところ滋賀県（近江国《おうみのくに》）、静岡県浜松市（遠江国《とおとうみのくに》敷智《ふち》郡）、同静岡市（駿河国《するがのくに》駿河郡・城飼《きこう》郡）、千葉県（下総国《しもうさのくに》）、高知県安芸市（土佐国《とさのくに》安芸郡）などに分布している。これらのうち、高知県の事例については古墳時代の玉作り遺跡は知られておらず、氏族が移住したなどと考えるほかないが、東海では、古墳時代後期にこの地方を中心に流通する蛇紋岩製玉類（生産遺跡は不明）の生産に関与したものであろうか。また、下総の玉作り地名などは、古墳時代中期の滑石製玉類生産遺跡との関連性が指摘されている。

玉作り関連氏族と玉作り遺跡

これら玉作り関連氏族と玉作り遺跡の関係でもっとも明瞭な事例は、忌部氏と出雲の玉作りである。出雲では弥生時代以降、一貫して玉の生産が行われるが、生産上の大きな画期となったのが、古墳時代中期後半〜後期前半にかけて曽我遺跡で碧玉製管玉など出雲系玉類の生産が行われたことで、これと前後して出雲系玉類の技法的特徴である片面穿孔も定着する。そして曽我遺跡の玉生産が終焉する前後に、出雲での玉生産は堂床遺跡などにみられるように、極めて集約的になる。文献史学からみると、中期後半はまだ氏族制社会は確立しておらず、その祖形となるような集団が存在していたと考えられる。この集団は「○○人」と表記されることから、人制《ひとせい》と呼ばれているが、玉作り集団にも「作玉人《さくたまにん》」「作玉者《さくたましゃ》」がいたことが知られている（『古事記』垂仁段・『日本書紀』神代下第九段一書の二）。人制とは関係者が畿内中枢に赴いてそこで実務を行う（上番《じょうばん》という）ことを特徴としており、出雲の玉作り工人が曽我遺跡＝後の忌部氏の拠点に赴いて玉作りを行い、それを契機に後の忌部氏—出雲玉作の関係が生じたとみられる。また、曽我遺跡で全国の玉作り工人が集約され生産に従事するという状況が、職能集団としての出雲玉作の成立を促進させたのであろう。これ以後、出雲での玉作り遺跡は極めて集約的な状態となる。これは『出雲国風土記』で「玉作《たまつくり》」という地名となってあらわれており、職業村が形成されたとみられる。玉祖氏も同様に古墳時代中期からの滑石製玉生産に関与した集団が後に玉祖氏となった可能性があるだろう。地方の玉作部はやや複雑で、５世紀頃畿内中枢に派遣されたグループが後に玉作部《たまつくりべ》となった事例もあれば（千葉県）、東海の事例は王権には直接関係しない地域生産者集団が玉作部とされたものと考えられる。

これらの事例に対し、古墳時代前期の玉作り遺跡のある北陸一帯には、玉作り関係氏族の分布は知られていない。この時代の玉生産は中期以降の氏族制社会とは原理を異にしており、連続していないのではないかと推測される。

第3章　玉飾りの世界

―玉の装い・流通・信仰を探る―

1　古墳時代の玉飾り

◎古墳時代の装いの変遷

古墳からは埋葬施設を中心として、被葬者の装身具、あるいは副葬品・祭祀具として数多くの玉類が出土している。すべての古墳にみられるわけではないが、古墳時代前期（3世紀中頃～4世紀後半）～終末期＝飛鳥時代（7世紀）まで、古墳時代を通じて玉類が出土している。古墳時代の玉飾りは、弥生時代以来の器種・素材を踏襲してはじまり、徐々に多種多彩になっていく。ここでは古墳時代の玉飾りの組み合わせの推移を前期・中期（4世紀末～5世紀）・後期（6世紀）に分けてみていきたい。

古墳時代前期――碧《あお》い玉の時代

古墳時代前期の玉類の組み合わせは、鮮緑色半透明のヒスイ製勾玉、緑色の碧玉製管玉、青色透明のガラス製小玉が主体となる。この彩りは、岡山県楯築墓《たてつき》のような弥生時代後期後半（2世紀後半）の大型墳墓出土玉類を踏襲して碧を基調としているが、この組み合わせが古墳時代に入って顕著になってくるのは、前期前半でもやや新しい段階（3世紀末～4世紀初頭）である。碧玉ないし緑色凝灰岩製の腕輪形石製品の登場と時を同じくし、奈良県桜井茶臼山古墳・下池山古墳《しもいけやま》といった畿内中枢に所在した古墳にみられる（図60・61）。大型倭製鏡《わせいきょう》などとともに新たな副葬品のアイテムとしてこの段階に整えられたのであろう。背景には、各地腕輪形石製品とヒスイ製勾玉と碧玉ないし緑色凝灰岩製管玉の産地である北陸から畿内中枢を介して、の古墳がこれらを受容する流通機構が整備されたことが考えられる（**表3**）。

前期後半（4世紀中頃〜後半）には、碧い玉の組み合わせに異なる色彩が加わる。「出雲ブランド」と称

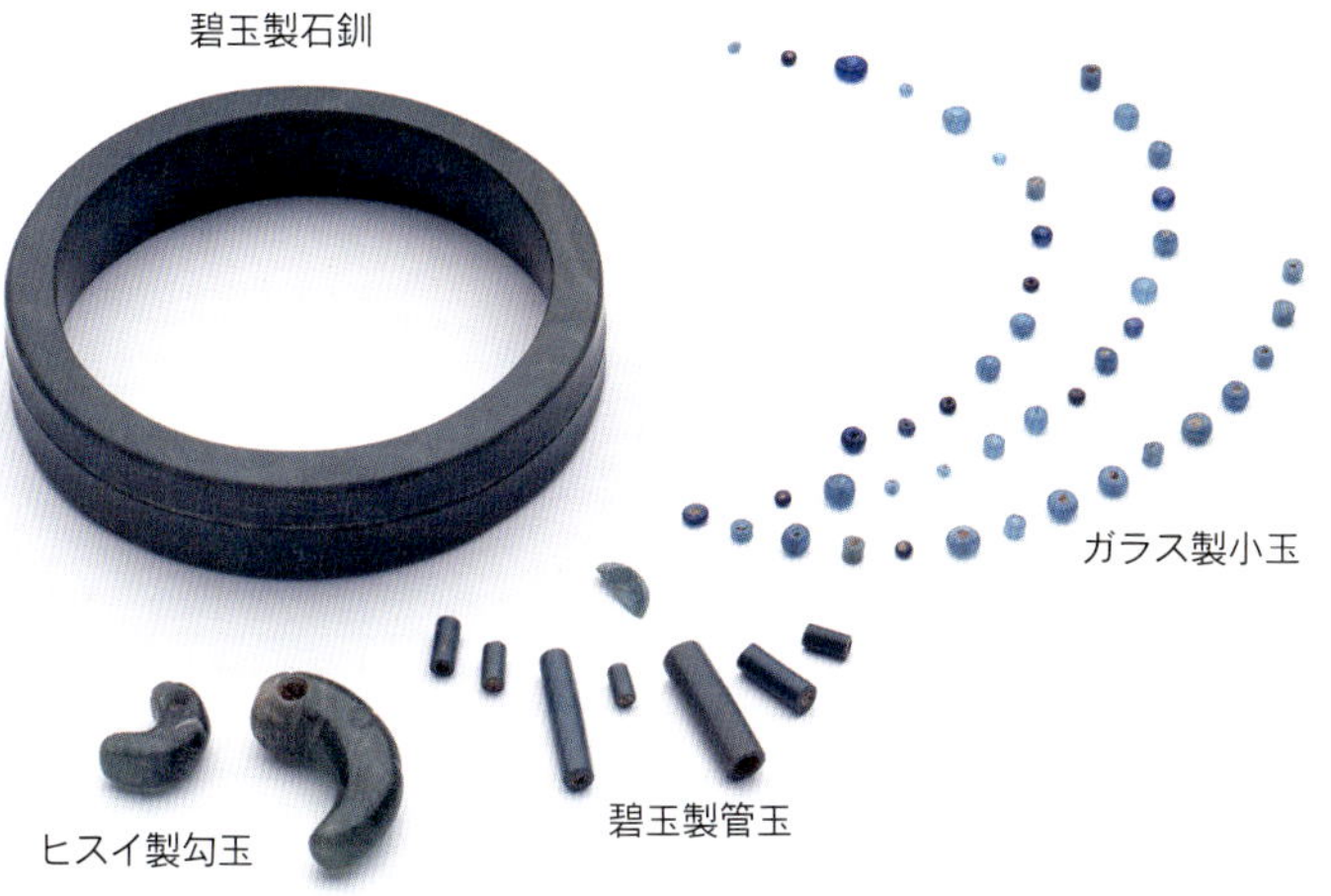

図60　下池山古墳出土玉類と石釧

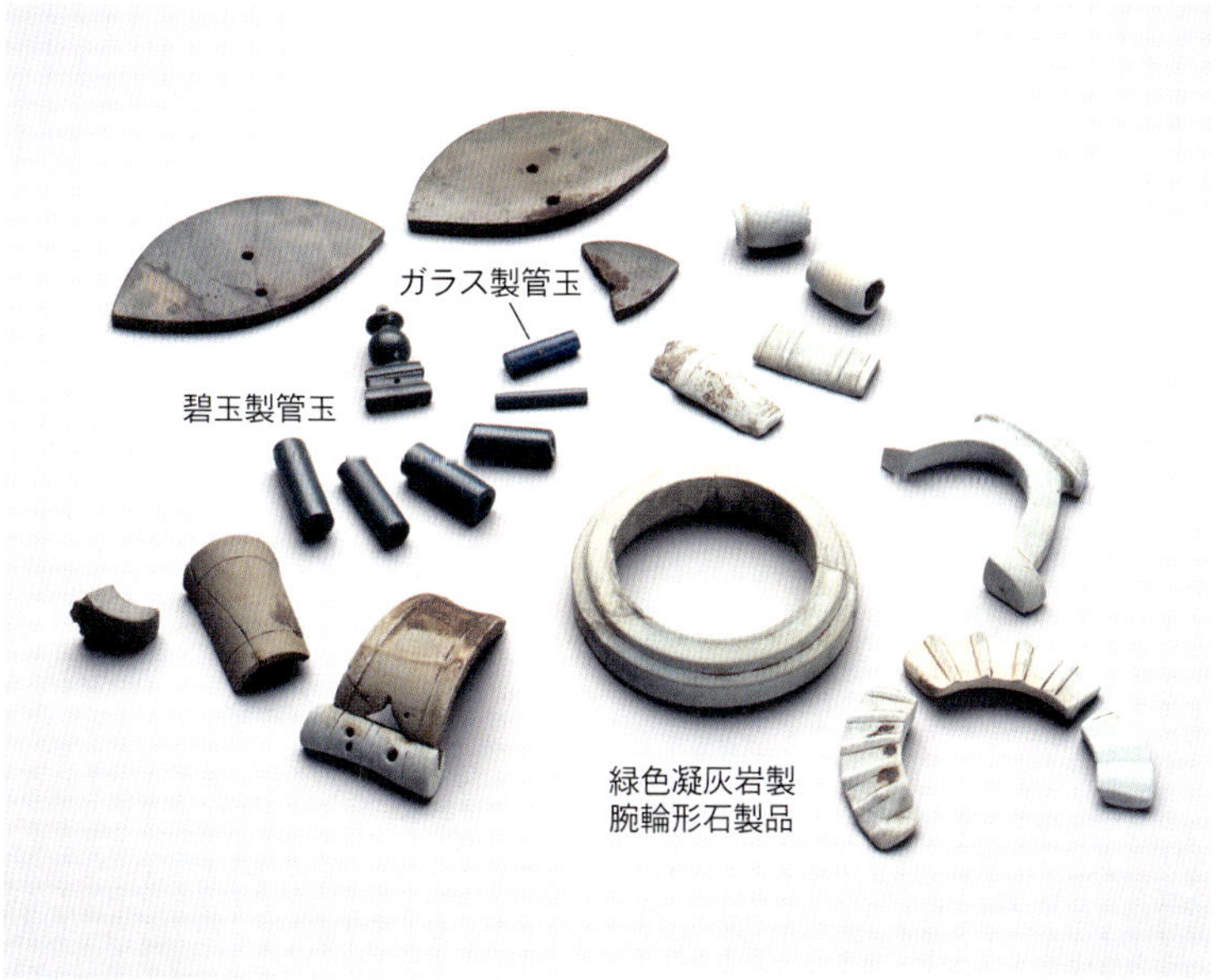

図61　桜井茶臼山古墳出土玉類と腕輪形石製品

表３　古墳時代前期玉類副葬開始段階の様相（古代歴史文化協議会14県集成から）

県名	古墳名	出土遺構	時期	材質	器種	点数	使用法
埼玉県	小仙波4丁目遺跡2号方形周溝墓	主体部	前期前半	ガラス	小玉	3	
				碧玉	管玉	1	
石川県	国分尼塚1号墳	埋葬施設（割竹形木棺）	漆町7群（前期前半）	ヒスイ	異形勾玉	1	
				碧玉	管玉	10	
	和田山9号墳	主体部	集成1期（前期前半）	ヒスイ	勾玉	1	
				碧玉	管玉	138	
福井県	花野谷1号墳	第1埋葬施設	前期	ヒスイ	勾玉	1	連、頸飾り
				碧玉	管玉	25	
				メノウ	小玉	1	
				ガラス	小玉	146	
三重県	志氏神社古墳	不明	前期後半	ヒスイ	勾玉	1	
				碧玉	管玉	2	
				ガラス	小玉	4	
	八重田1号墳	西木棺	前期後半	ヒスイ	勾玉	1	
				碧玉	管玉	3	
兵庫県	龍子三ツ塚1号墳	竪穴式石槨	3世紀後半	ヒスイ	勾玉	1	装身具
				緑色擬灰岩	管玉	1	
				碧玉	管玉	5	
	森尾古墳		前期	硬玉	勾玉	1	
				ガラス	勾玉	2	
				碧玉	管玉	25	
				ガラス	小玉	13	
奈良県	下池山古墳	竪穴式石室	前期前半	ヒスイ	勾玉	2	
				碧玉	管玉	7	
				ガラス	小玉	44	
	桜井茶臼山古墳	竪穴式石室	前期前半	ヒスイ	勾玉	1	
				ヒスイ	棗玉	1	
				碧玉	管玉	13	
				ガラス	管玉	2	
				ガラス	小玉	12	
和歌山県	下里古墳	竪穴式石室	前期	碧玉	玉杖	1	
				碧玉	管玉	7	
				ガラス	小玉	56	
鳥取県	六部山46号墳	第１主体	前期	ヒスイ	勾玉	1	
				碧玉	管玉	9	
				緑色凝灰岩	管玉	3	
				ガラス	小玉	10	
	馬の山4号墳	第１主体部（竪穴式石室）	前期	ヒスイ	勾玉	1	
				碧玉	管玉	17	
島根県	五反田１号墳	第１主体	前期末	ヒスイ	勾玉	2	
				碧玉	管玉	1	
				緑色凝灰岩	管玉	17	
岡山県	殿山11号墳	第4主体部	古・前・Ⅰ～Ⅱ（前期前半）	ヒスイ	勾玉	2	連、頸飾り
				碧玉	管玉	1	
				緑色凝灰岩	管玉	11	
				ガラス	管玉	2	
	用木4号墳	第11主体（土坑墓）	古墳初頭	ヒスイ	勾玉	2	連、頸飾り
				碧玉	管玉	8	
				ガラス	小玉	2	
広島県	尾ノ上古墳	竪穴式石室	4C	ヒスイ	勾玉	2	
				緑色凝灰岩	管玉	11	
				ガラス	小玉	186	
	大迫山第１号古墳	竪穴式石室	4C中頃	ヒスイ	勾玉	1	
				碧玉	管玉	7	
				ガラス	小玉	21	
福岡県	那珂八幡古墳	第二主体部（木棺墓）	前期	硬玉	勾玉	1	
				碧玉	管玉	2	
				ガラス	小玉	1	
	光正寺古墳	第一主体部（箱式石棺）	3世紀後半～末	ヒスイ	勾玉	2	
				碧玉	管玉	2	
				ガラス	小玉	1	
佐賀県	西一本杉遺跡ST009	木棺直葬	4C後半	ヒスイ	勾玉	1	
				碧玉	管玉	14	
				ガラス	小玉	40	
	小隈古墳	1号箱式石棺	前期	ヒスイ	勾玉	1	
				ヒスイ	勾玉	1	
				碧玉	管玉	10	
宮崎県	西都原13号墳	粘土槨	4世紀中頃～後半	ヒスイ	勾玉	2	
				碧玉	管玉	34	
				ガラス	小玉	149	

される島根県花仙山周辺で産出する碧玉・メノウ（赤色半透明）・水晶（白色透明）でつくられた勾玉である。奈良県新沢千塚《にいざわせんづか》５００号墳から、その古い事例である複数のメノウ製・水晶製勾玉がヒスイ製勾玉とともに出土している（**図62**）。メノウ製・水晶製勾玉はいずれもヒスイ製勾玉にみられる丁字頭にはせず、孔が小さく、鋭利な鉄製穿孔具で片面側から貫通させたものである。基調となっていた碧い玉に赤と白（透明）の玉が加わって色彩豊かになり、次項でみる中期の玉類に引き継がれていく。

古墳時代中期 ―多彩な玉の時代

中期の玉類の組み合わせは、器種における勾玉・管玉・小玉のセット関係は踏襲されるが、勾玉の材質の主体は、ヒスイ製から前述の碧玉製またはメノウ製へ、さらにこの段階で増加する滑石製（灰色）など多様化する。加えて金・銀などの金属製玉類、緑色・黄色・赤褐色などの色調豊富なガラス玉が出現する。また中期後半（５世紀後半）にはコハク製玉類（黄褐色）も増加する（**図68**）。滑石製玉類は、加工しやすい石材であるため、勾玉以外に、管玉、臼玉、棗玉、算盤玉など多様な器種に用いられる。中小規模の古墳だけではなく、奈良県島《しま》の山《やま》古墳・室宮山《むろみややま》古墳などの巨大前方後円墳にも大量に副葬されている（**図63・64**）。用途も拡大し、装身具のほかに、古墳築造から埋葬の過程での様々な場面で用い

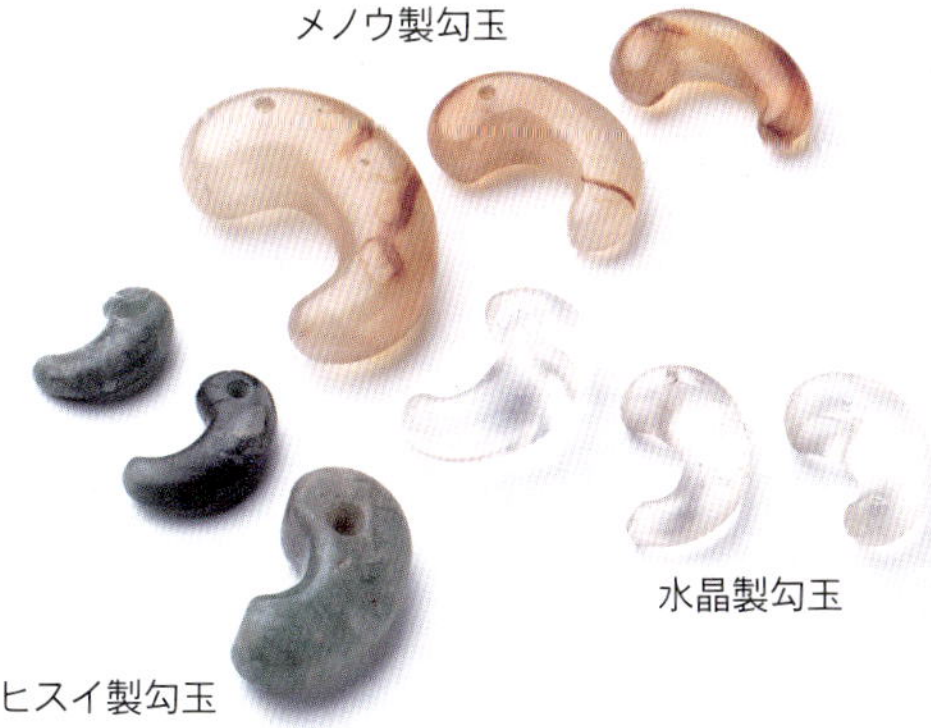

図62　新沢千塚500号墳出土玉類

られる。金属製玉類は、朝鮮半島由来の馬具や垂飾品製作のような金工技術によるものであり、古墳時代中期前半～中頃（5世紀前半～中頃）に金・銀製空丸玉がまず出現する。当初は奈良県赤尾熊ヶ谷《あかおくまがたに》3号墳例や兵庫県宮山《みややま》古墳例のように、石製・ガラス製玉類の連のなかのアクセントとして加わるようである（**図67**）。一方で、新沢千塚126号墳例のように多数の銀製空丸玉を連ねたものがあり、後期古墳にみられるこのよ

図63　島の山古墳前方部粘土槨被覆粘土中の滑石製勾玉

図64　室宮山古墳後円部石室内外から出土した滑石製勾玉と滑石製工具形石製品

うな事例の先駆的存在である（図65・66）。

中期は石製玉類、ガラス製玉類の色彩の多様化が顕著になるとともに、新沢千塚１２６号墳例にみられる

図66　新沢千塚126号墳出土金製空丸玉（中央左の２点）、銀製空丸玉復元品

図67　赤尾熊ヶ谷３号墳出土玉類

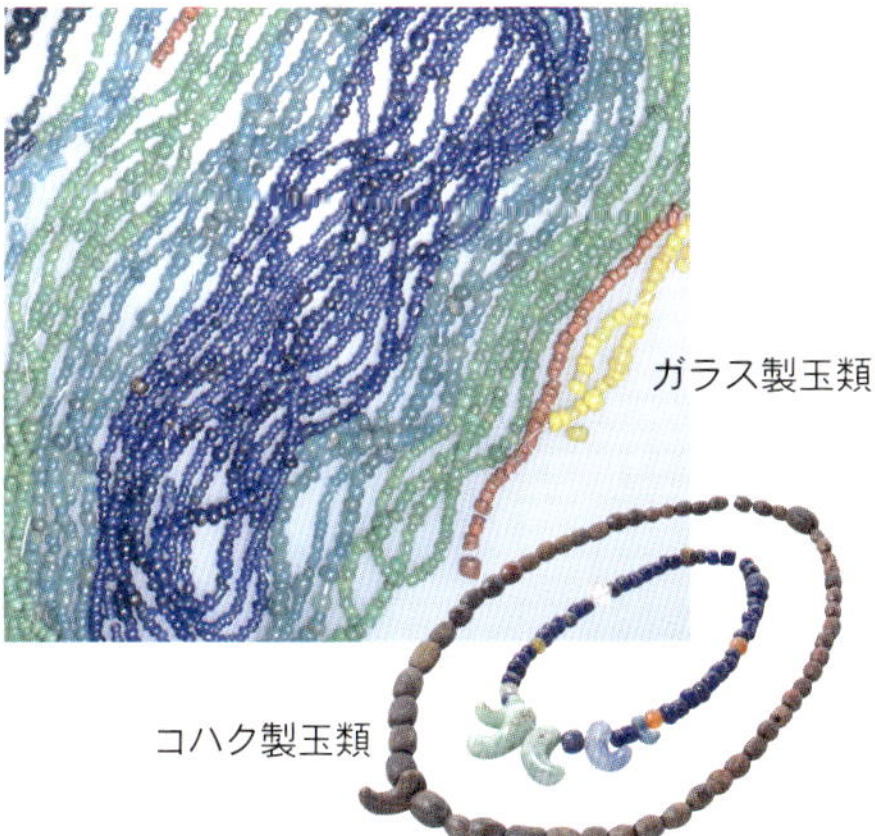

図68　赤尾崩谷《くずれだに》1号墳出土玉類（奈良県）

図65　新沢千塚126号墳埋葬施設復元イメージ

表4　古墳時代の金属製玉類（古代歴史文化協議会14県集成から）

県名＼材質	金製	銀製鍍金	金銅製	銀製	銅製	その他	小計	時期
埼玉県	勾玉1、平玉35	—	三輪玉3、空玉1	空玉3	空玉2	—	45（3古墳から）	後期
石川県	—	—	空玉12	空玉2	—	—	14（3古墳から）	中期中頃（金銅製空玉12）、終末期（銀製空玉2）
福井県	—	—	三輪玉6、空玉3	空玉1	—	—	10（4古墳から）	中期（金銅製三輪玉5）、ほかは後期
三重県	—	—	空玉4	空玉37、小玉8、平玉5、梔子玉1	小玉7	錫丸玉1	63（14古墳から）	後期～終末期
兵庫県	空玉28	梔子玉39	空玉4	空玉23、梔子玉2、	勾玉1、三輪玉1	—	98（15古墳から）	中期前半（金製空玉）、ほかは後期～終末期
奈良県	空玉12	勾玉127、丸玉71、梔子玉54、有段空玉48	空玉18、梔子玉12	空玉201、半球形空玉57、有段空玉25、ガラス装飾付勾玉7、梔子玉6、棗玉3	三輪玉2	材質不明11	654（42古墳から）	中期前半（銀製空玉3）、中期中頃（金製空玉2、銀製空玉40）、ほかは中期末～終末期
和歌山県	勾玉1、丸玉1	梔子玉25、丸玉1	—	空玉29、梔子玉8、六角形空玉1、車輪形空玉2	勾玉1、丸玉1	—	70（13古墳から）	中期後半（金製勾玉1）、ほかは後期
鳥取県	—	—	三輪玉3	—	—	—	3（1古墳から）	後期
島根県	—	—	空玉32、棗玉21、梔子玉2、三輪玉4	—	—	—	59（5古墳から）	中期中頃（金銅製空玉3）、ほかは後期
岡山県	—	—	—	空玉28	空玉2	—	30（5古墳から）	中期末～後期
広島県	—	—	丸玉2、三輪玉1	梔子玉1	—	—	4（3古墳から）	中期後半（三輪玉1）、ほかは後期
福岡県	—	—	空玉10、三輪玉12	空玉101、梔子玉12、鈴玉26	空玉4	銅地銀張空玉1、鉛空玉4、鉄製空玉2	172（44古墳から）	中期中頃（金銅製三輪玉6、銀製空玉13）、ほかは中期後半～終末期
佐賀県	—	—	—	小玉4	—	丸玉1	5（2古墳から）	後期
宮崎県	—	—	—	空玉4	—	—	4（1古墳から）	不明

渡来系文物が豊富な被葬者の装身具として金・銀の玉類とともに垂飾付耳飾り、冠、帯金具などがあり、玉類を基調とした装身具に変化があらわれはじめた段階と評価される。

古墳時代後期—金色の玉の時代

古墳時代後期においては、中期では点的な分布であった金属製玉類がより広範に普及する（**表4**）。碧玉製管玉とガラス製小玉のセットに金属製玉類（空丸玉）が組み合うものが比較的多くみられる。奈良県の事例ではここに勾玉はあまり組み合わず、金属製空丸玉が親玉（ペンダントトップ）となっていた可能性がある（**図69**）。このような金属製玉類のセットに影響されたのか、勾玉を用いず、ガラス製小玉・丸玉、碧玉製管玉、水晶製切子玉・丸玉、土製丸玉、コハク・埋れ木製棗玉、あるいは勾玉以外のメノウ・碧玉製玉などの組み合わせで構成される連もみられる（**図71**）。これらがこの段階の

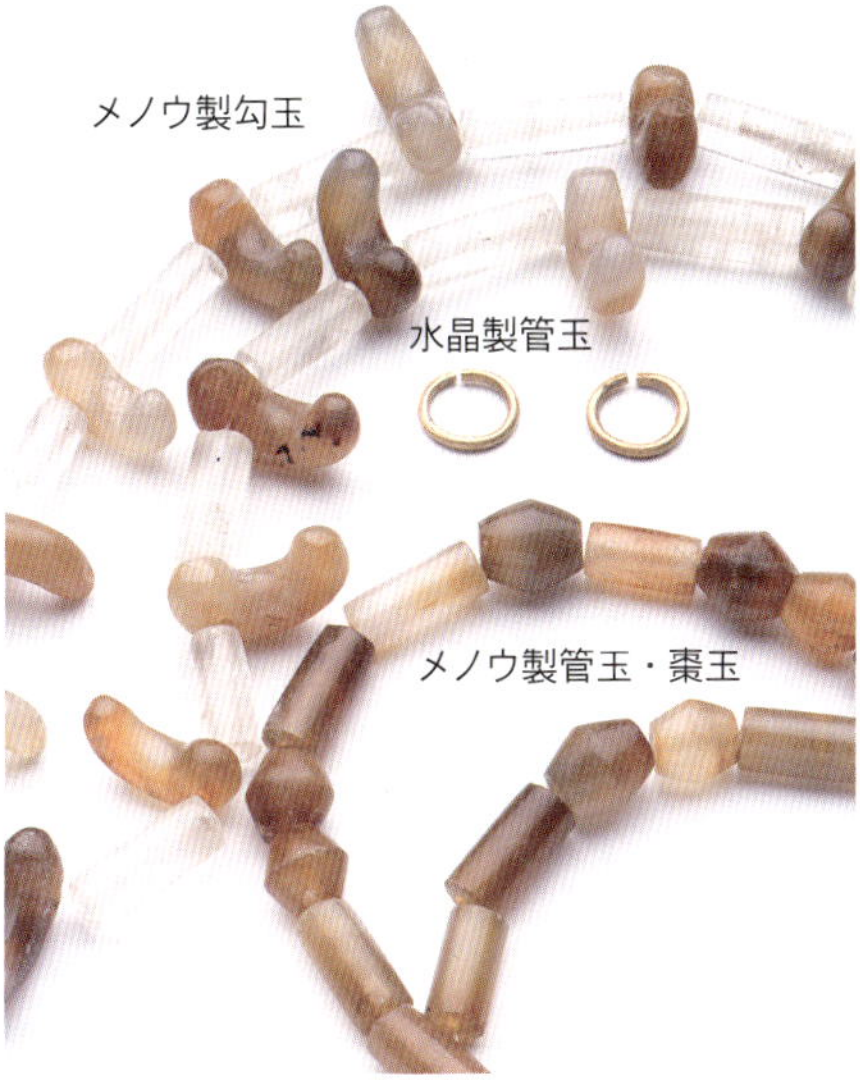

図70　新沢千塚323号墳出土玉類

図69　新沢千塚272号墳出土玉類

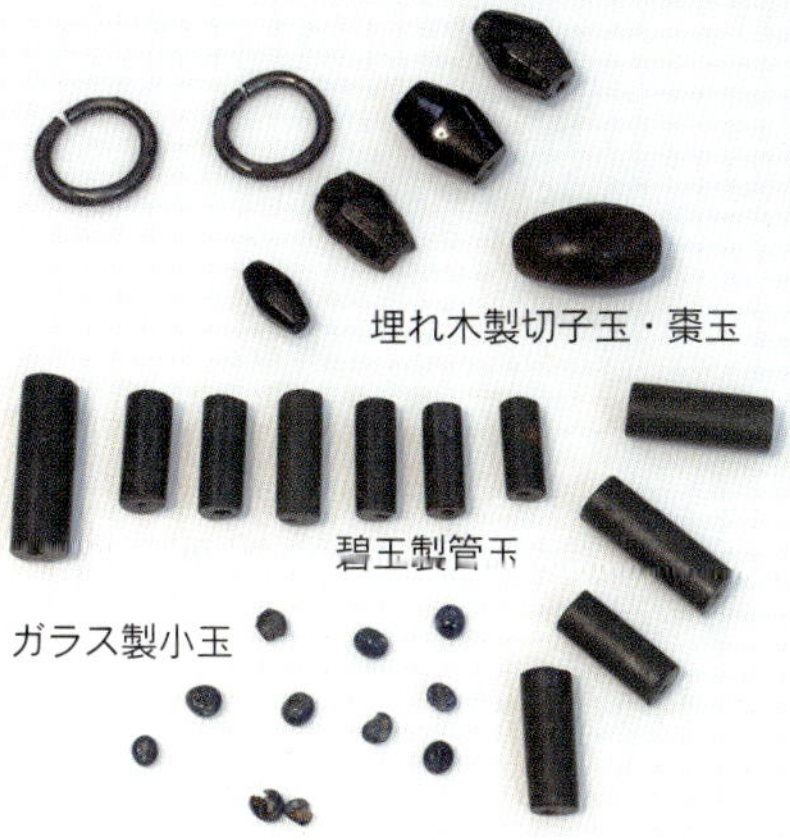

図71　割塚《わりづか》古墳出土玉類（奈良県）

最新モードになっていた可能性がある。一方で中期から継続して、多様な材質の勾玉、碧玉製管玉、ガラス製小玉の基本セットに水晶製切子玉・算盤玉、コハク製棗玉、土製丸玉などが加わり、基本セットプラスαの組み合わせのバリエーションがもっとも豊富にみられる時期となる（図70）。これは群集墳の活発な造営に伴って玉類を副葬する古墳が増加し、多様な組み合わせが展開していったからだと考えられる。ただしこれらに滑石製玉類が加わることはほとんどなくなり、古墳副葬において急速に衰退する。後期後半（6世紀後半）には西日本の有力古墳から石製の玉が消滅し、奈良県藤ノ木《ふじのき》古墳・牧野《ばくや》古墳のように金属製玉類とガラス製玉類のみ用いられる（図72～76）。また群集墳からも徐々に石製の玉は減少していくようである（図77・78）。

後期には、石製玉類の器種・材質がより多様化し、より広範に古墳に副葬されるようになる一方で、藤ノ木古墳例のように石製玉類を持たずに金属製玉類とガラス製玉類のみ多用され、さらにほかの金属製装身具が伴う事例がみられる。古墳時代中期には朝鮮半島との関係が色濃い古墳にのみ限定的にみられた金属製玉類が、後期には首長間の階層性を示す装身具へと変容していることがうかがわれる。

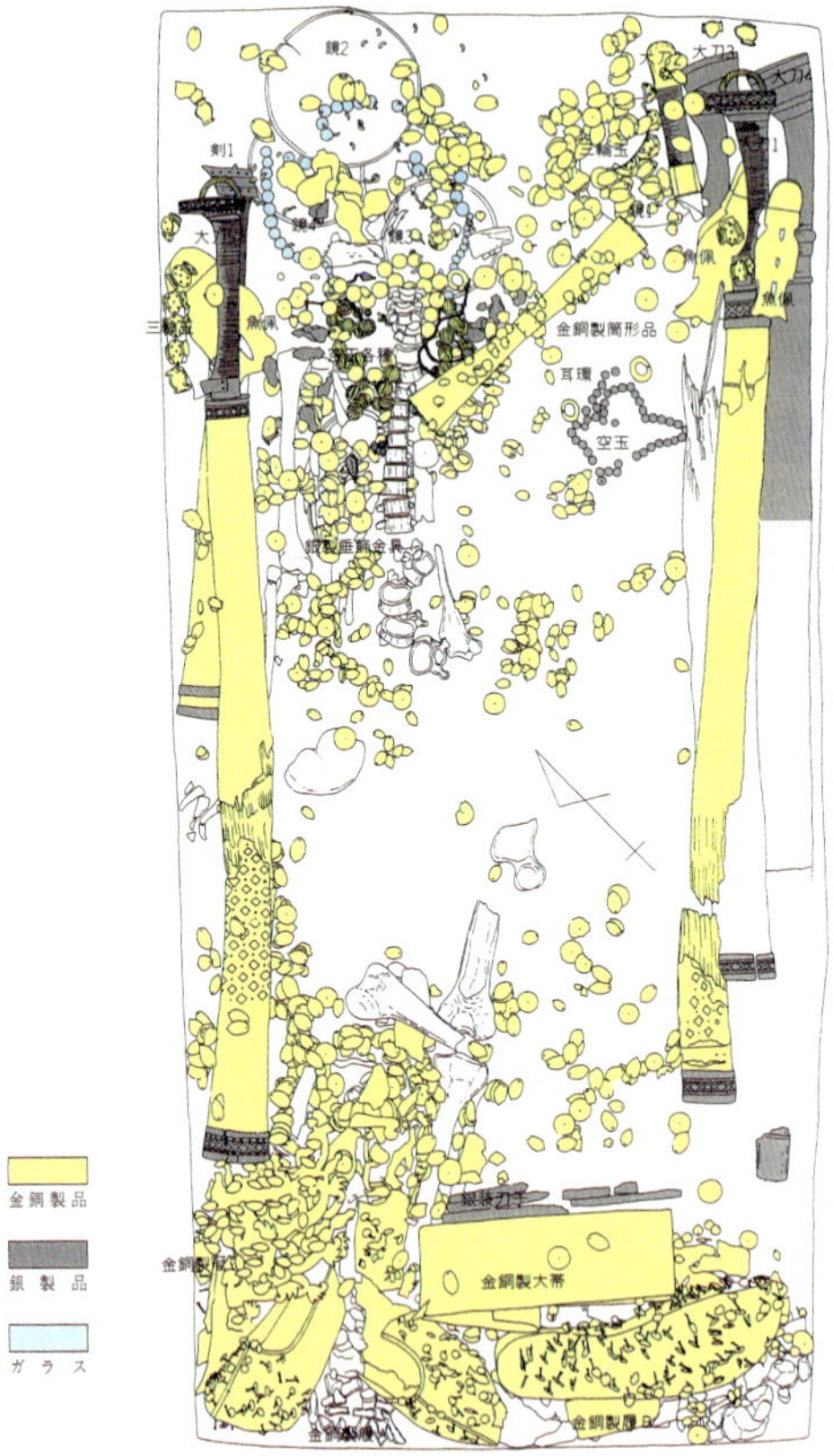

図72　藤ノ木古墳石棺内遺物出土状況

図75　牧野古墳出土金銅製空梔子玉

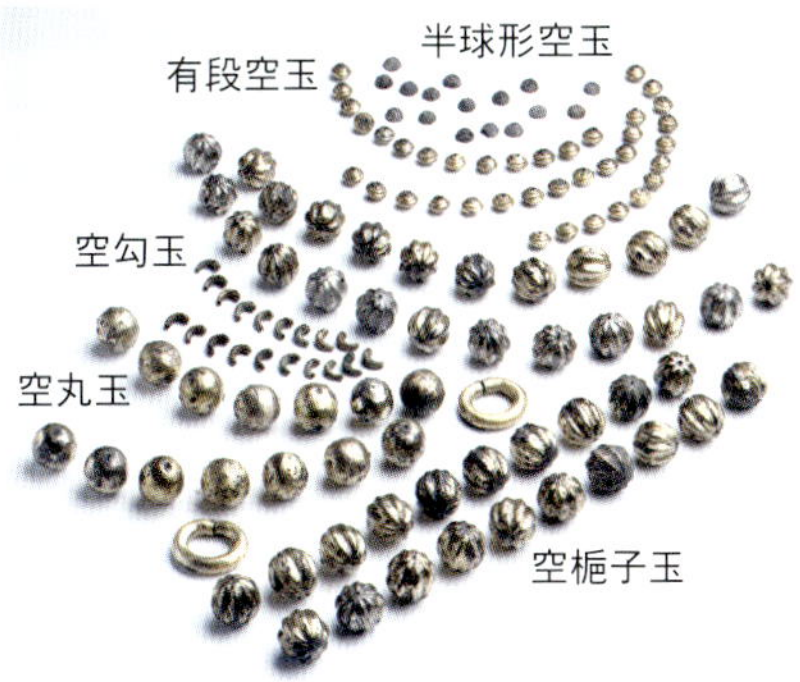

図73　藤ノ木古墳北側被葬者の金属製玉類

図76　牧野古墳出土ガラス製玉類

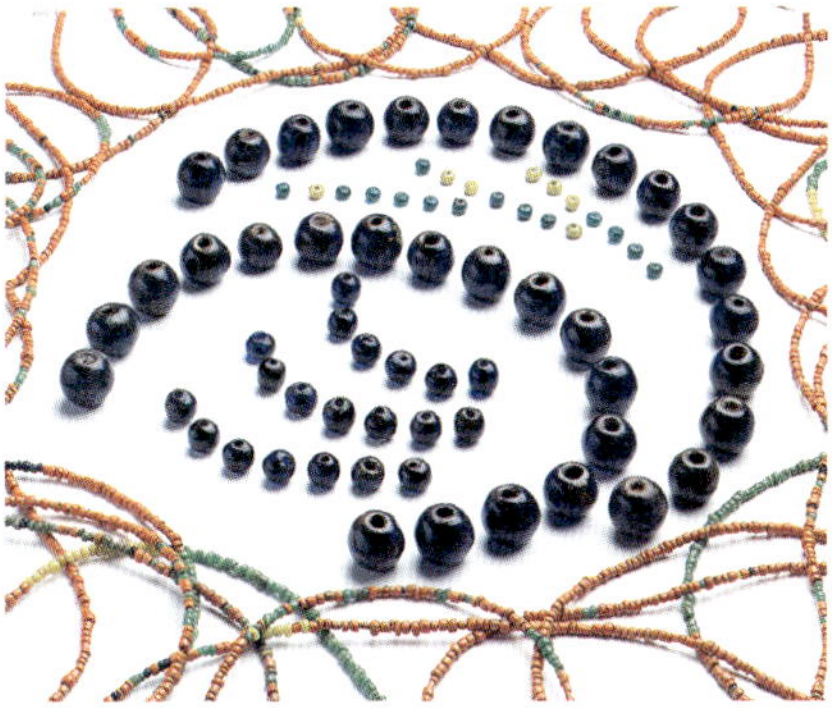

図74　藤ノ木古墳北側被葬者のガラス製玉類

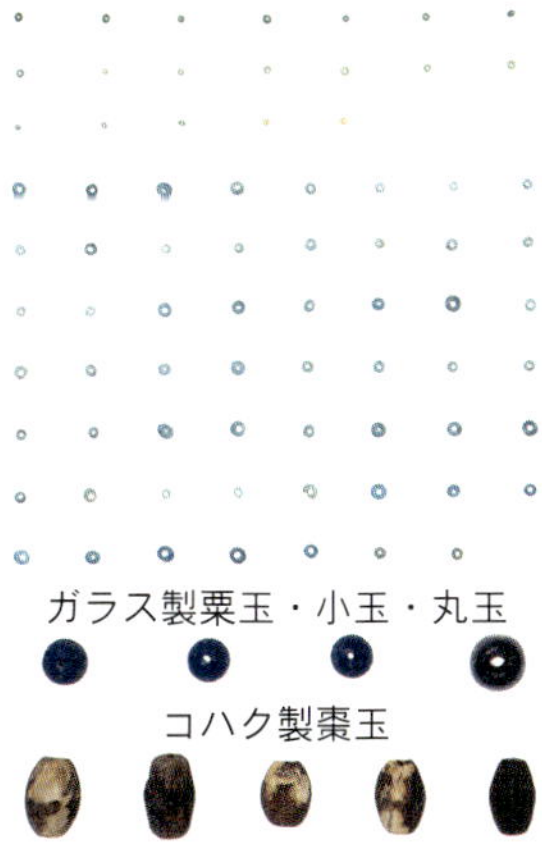

図77　小山《こやま》２号墳出土玉類（奈良県）

図78　上《かむら》５号墳出土玉類（奈良県）

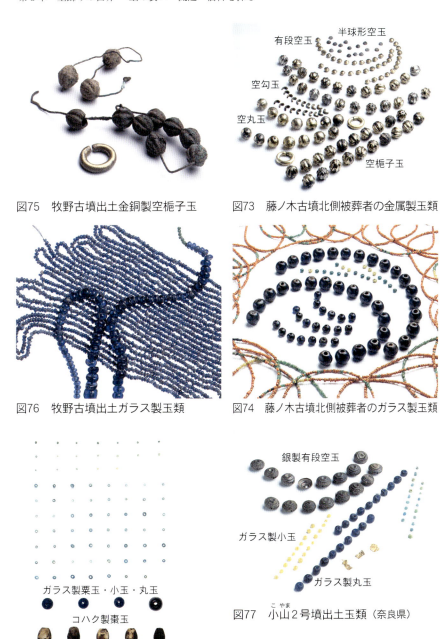

2　玉を飾る人々

◎様々な玉飾り

玉飾りは、弥生時代（紀元前4世紀〜後3世紀前半）には既に各種のものがあり、頭飾り、頸飾り、手飾りといった装身具のほか、銅剣の鞘《さや》や土器に玉をはめ込んだ事例もみられる。古墳時代になっても、玉類は装身具や古墳の副葬品、祭祀具としてだけでなく、刀や冠のような器物を部分的に装飾するなど様々な場面で使用されたようである。

未盗掘の古墳を発掘調査すると、頸飾りは頸から胸部周辺で、手飾りは手首周辺でみつかるため、人々がどのように玉類で身を飾っていたのかを知ることができる。ここでは、弥生時代〜古墳時代にかけて飾られた様々な玉類をみていきたい。

頭飾り

頭部の装身具は、玉類を鉢巻き状に装着する事例と、玉

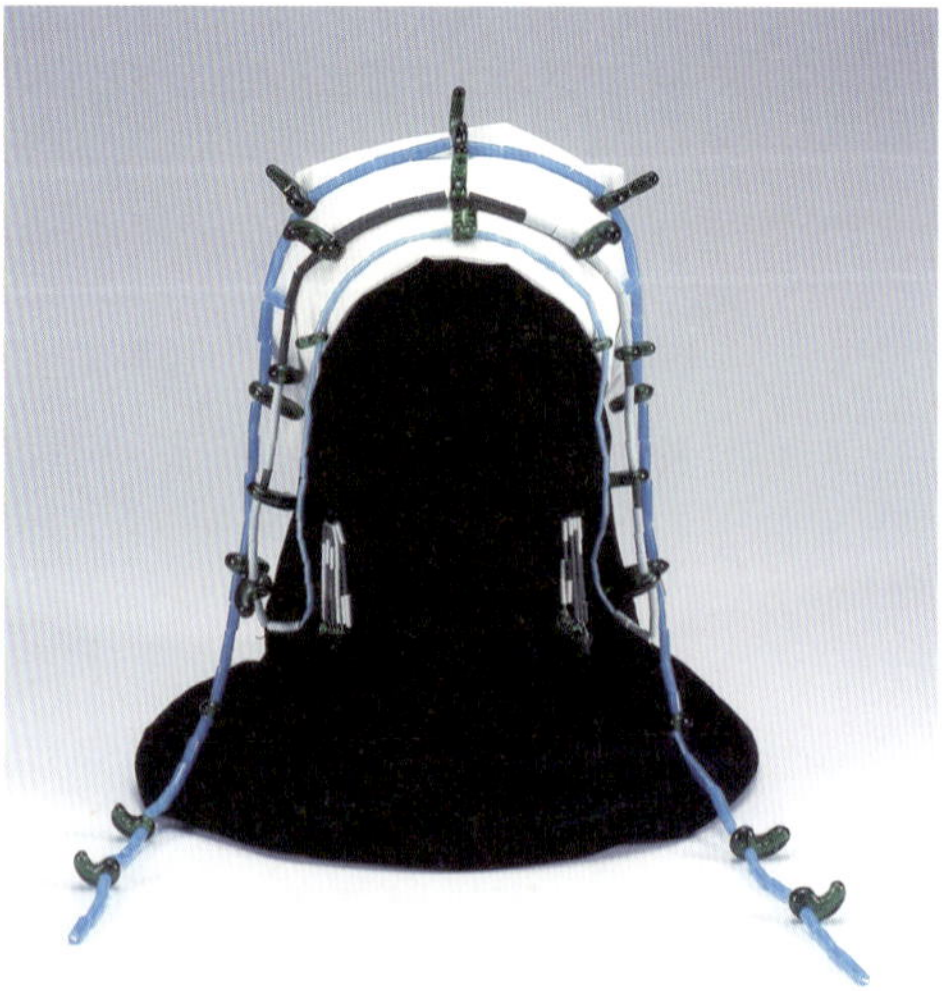

図80　赤坂今井墳丘墓出土頭飾り（復元品）

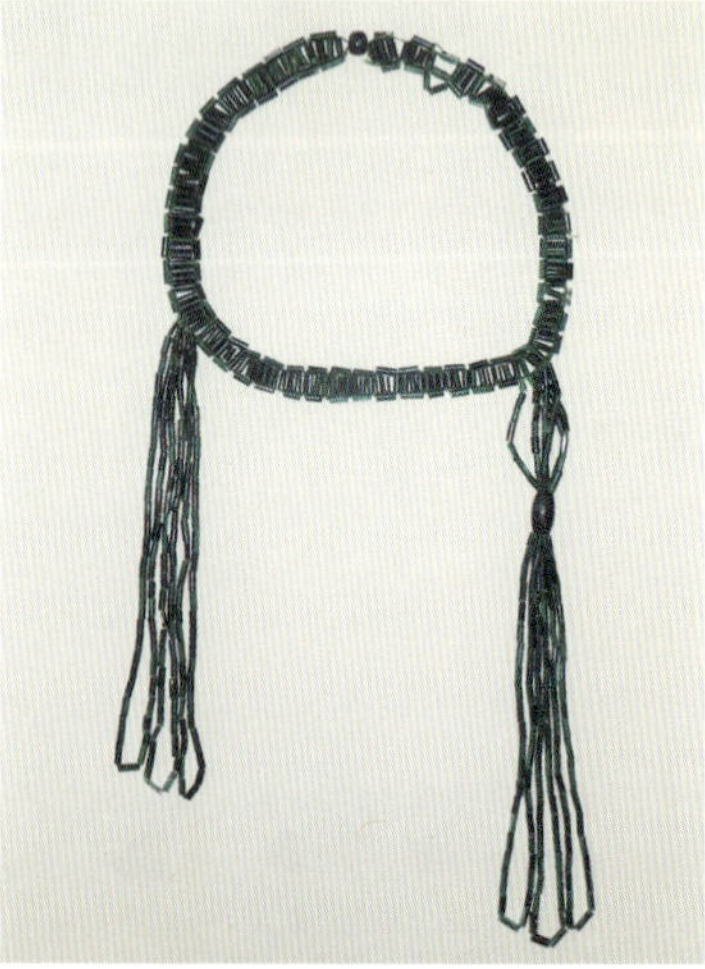

図79　立岩遺跡28号甕棺墓出土頭飾り（復元品）

類をスパンコール状に散りばめた布を被る事例がある。

　玉類を鉢巻き状に巻き付ける頭飾りは弥生時代からみられ、福岡県立岩《たていわ》遺跡では、弥生時代中期後半（紀元前1世紀~後1世紀中頃）の甕棺墓から、碧玉製やガラス製の管玉などを用いた頭飾りが出土している（図79）。また、弥生時代後期末（3世紀前半）の京都府赤坂今井《あかさかいまい》墳丘墓例は、ガラス製勾玉やガラス製小玉を連ねた鉢巻き状の頭飾りである（図80）。古墳時代前期前半（3世紀後半~4世紀初頭）の兵庫県権現山《ごんげんやま》51号墳においても、同じような頭飾りが確認される。

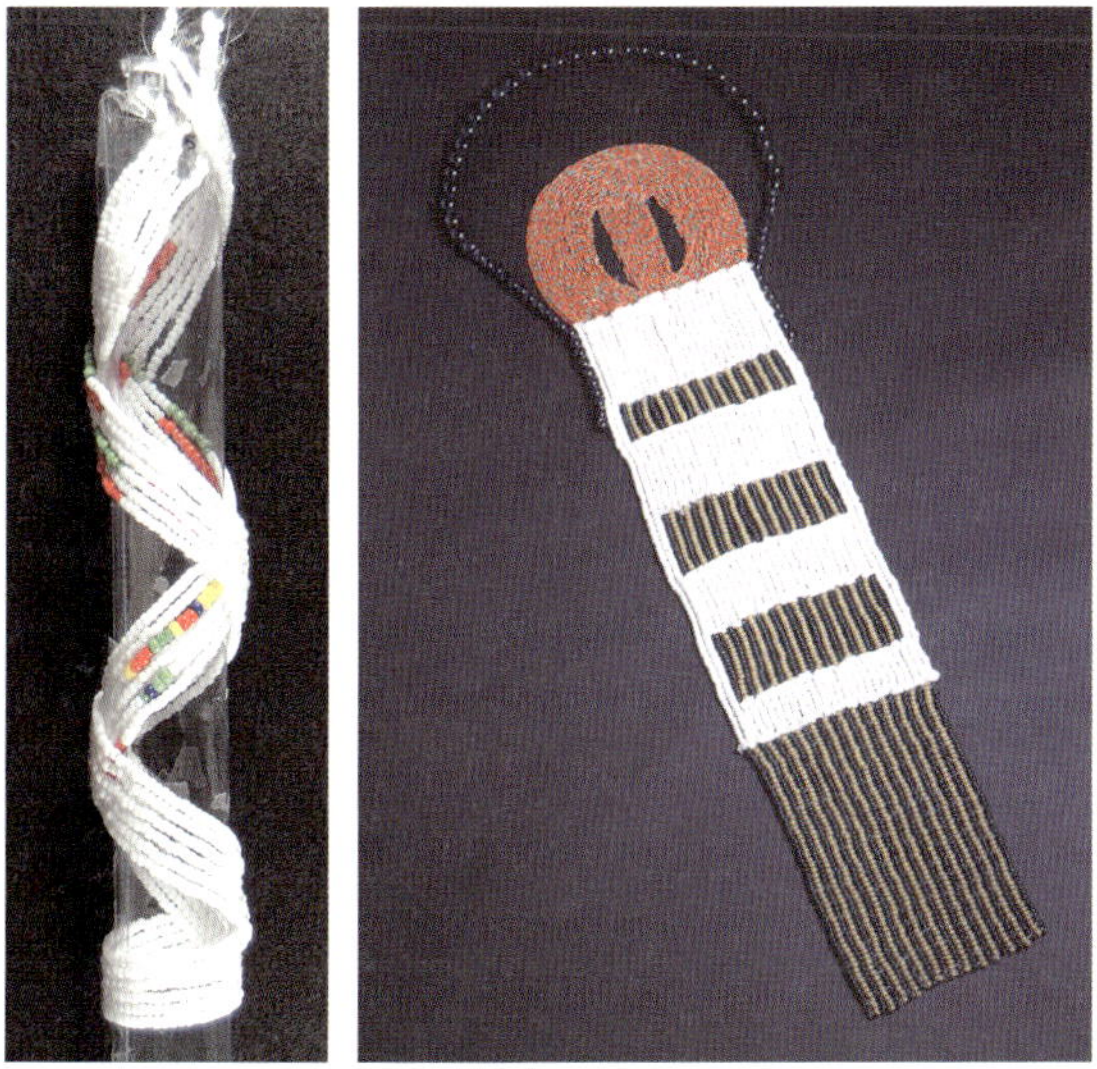

図81　藤ノ木古墳出土玉簾状ガラス製品（右：復元品）、美豆良飾り（左：復元品）

図82　藤ノ木古墳北側被葬者の装身具着装復元

一方、玉をあしらった布を頭部に装着するタイプは、弥生時代後期末に福岡県平原《ひらばる》方形周溝墓で、古墳時代には後期後半の奈良県藤ノ木古墳で確認される。藤ノ木古墳では、北側被葬者の頭部から1千点をこえるガラス製小玉がみつかり、これらは頭部を覆う玉簾《たますだれ》状の被り物か、頭部の下に置かれた玉枕《たままくら》と考えられている。**（図81右）**また、頭髪の美豆良《みずら》にガラス玉を巻きつけ、美豆良の束帯部からガラス製小玉と銀製剣菱《けんびし》形飾り金具を直線状に垂らした飾りをまとっていたことが想定されている**（図81左・82）**。

頸飾り

頸にさげるネックレス状の装身具で、頸から胸にかける垂飾《たれかざ》り式（一連で40～80㎝程度）と、頸まわりに巻き付ける頸巻き式（一連で40㎝程度）がある。垂飾り式は、胸部に飾りがくるため胸飾りとも言えるもので、大型の勾玉や垂飾りが親玉として配置される場合が多いようである。

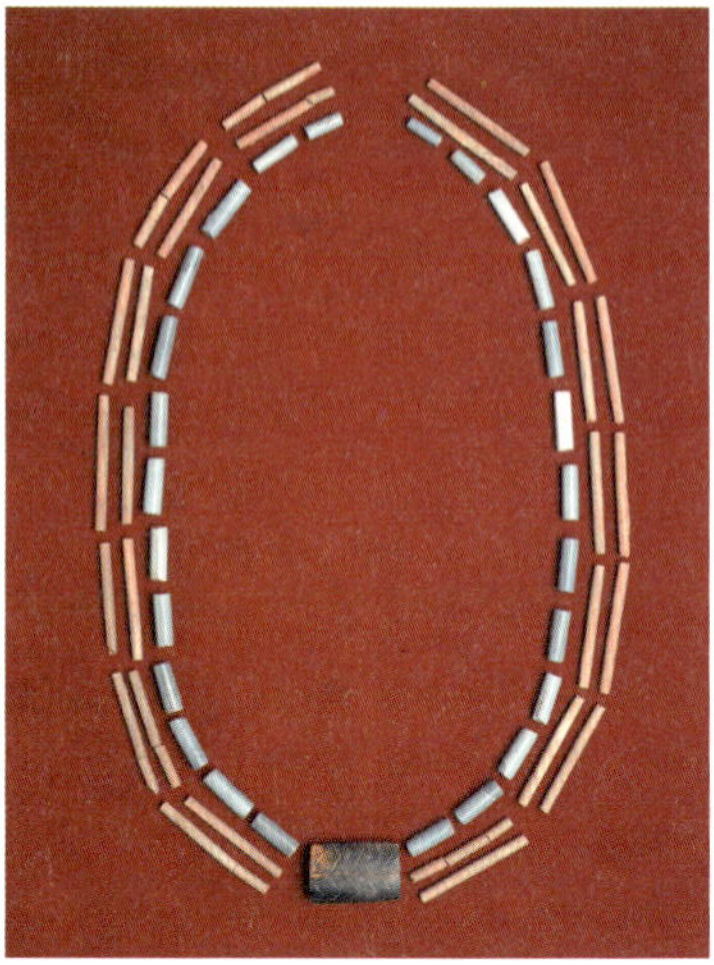

図83　島の山古墳出土頸飾り（碧玉製六角柱・緑色凝灰岩製管玉）

図84　下大谷1号墳出土頸飾り（青銅製勾玉・碧玉製管玉・ガラス製丸玉）

図85　下大谷1号墳出土頸飾り（碧玉製管玉とメノウ・ガラス製丸玉の2連。）

頸飾りは、垂飾り式、頸巻き式ともに一連もしくは複数連を重ねることがあり、人物埴輪に表現された頸巻き式のタイプには、一連と二連どちらの事例も確認される。古墳時代前期末～中期初頭に築造された奈良県島の山古墳例は、管玉が三連に対して六角柱形の碧玉を親玉とする（図83）。後期の兵庫県下大谷《しもおおたに》1号墳では、二つの埋葬施設から一連の頸飾りと二連の頸飾りがそれぞれ出土しているが、その差は被葬者の性別によるものとし、二連の頸飾りを身に着けた被葬者は女性と推測されている（図84・85）。

耳飾り

耳飾りに使用された玉類は、主にガラス製小玉である。基本的には両耳に装着していたようで、緒に通した小玉を耳に巻き付けるタイプ、もしくは緒に通した小玉を耳環に装着するタイプがある。古墳時代中期の福井県天神山《てんじんやま》7号墳例では、金製

図86　天神山7号墳出土装身具
（耳飾りは金製垂飾付耳飾りにガラス製小玉の組み合わせ。）

図87　富木車塚古墳出土装身具
（耳飾りは耳環にガラス製小玉の組み合わせ。）

垂飾付耳飾りと緑色のガラス製小玉がセットでみられる（**図86**）。後期の大阪府富木《とのき》車塚《くるまづか》古墳例は、金属製の耳環とともにガラス製小玉が出土し、耳環から垂らしたか、耳に巻き付けたものである（**図87**）。また、ガラス製小玉が金属製垂飾付耳飾りの装飾の一部として使われている事例もある。

手飾り（手玉）

弥生時代や古墳時代前半には貝《かい》釧《くしろ》や銅釧《どうくしろ》など、貝製の手飾りが多くみられる。

玉類を用いる場合は、両手首にブレスレット状に巻き付けられる事例が多い。島の山古墳例は、両手首に二連ずつ装着される（**図88・89**）。後

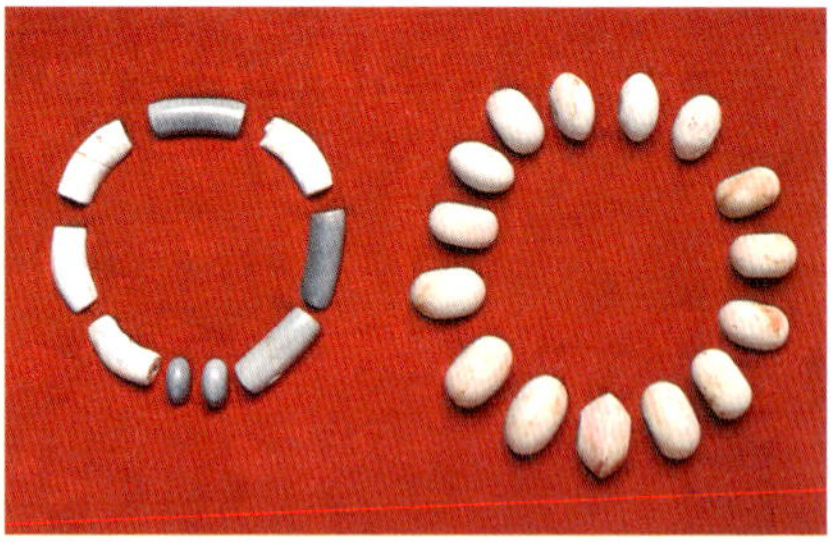

図88　島の山古墳出土手飾り
（緑色凝灰岩製管玉ほか）

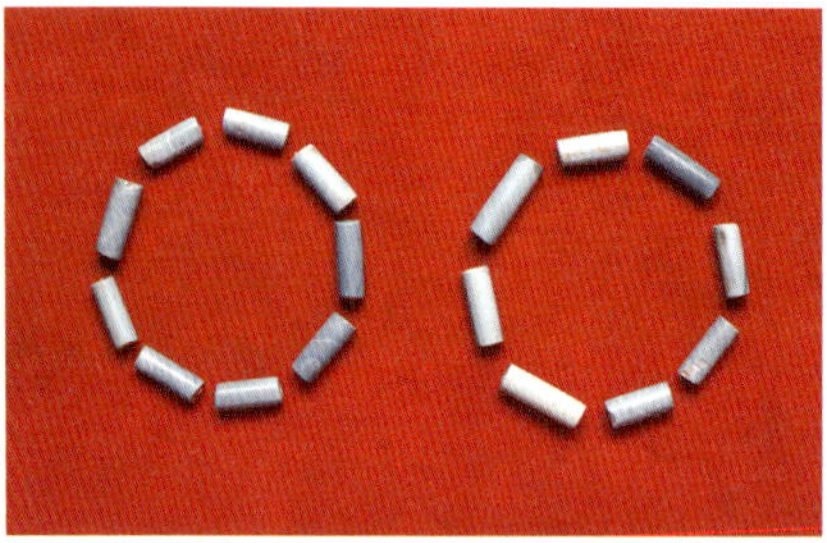

図89　島の山古墳出土手飾り
（緑色凝灰岩製管玉ほか）

図90　東条1号墳出土頸飾り・手飾り（頸飾りはヒスイ製勾玉、碧玉製管玉、ガラス製勾玉、ガラス製管玉、手飾り（左）はガラス製丸玉、手飾り（右）はメノウ製勾玉、ガラス製丸玉・小玉、銅釧。）

期の富木車塚古墳例では、複数の埋葬施設で、ガラス製小玉の手飾りが両手に一連ずつみられる。同じく後期の三重県東条《ひがしじょう》1号墳例は、右手にはガラス製丸玉を三連に巻き付けた手飾り、左手にはメノウ製勾玉を親玉としたガラス製丸玉・小玉の手飾りと銅釧を組み合わせている（**図90**）。

足飾り（足玉）

発掘調査時の出土状況から、足首に玉類を装着していたことが判断できる事例は少ない。しかしながら、巫女《みこ》形の人物埴輪には足飾りの表現があり、文献資料としては『日本書記』や『万葉集』などに「手玉・足

図91　天神山７号墳出土足飾り（ガラス製小玉）

図92　宮山古墳３号主体出土足飾り（ガラス製小玉）

図93　藤ノ木古墳南側被葬者の足飾り（ガラス製丸玉）

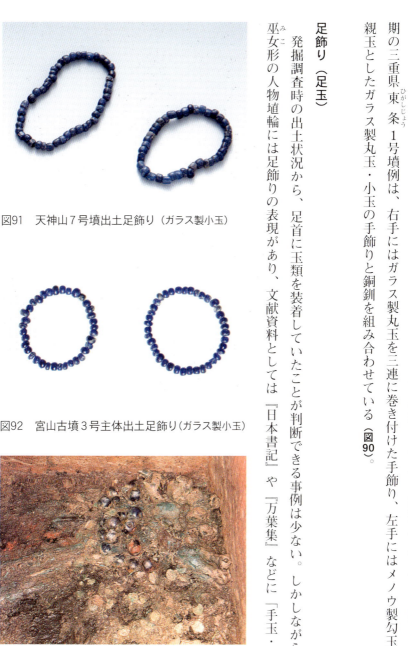

玉」の記述がみられる。したがって、足首に直接巻くタイプの装身具や、服の裾をしばる足結《あゆ》いの玉飾りが想定される。天神山7号墳（図91）、中期の兵庫県宮山古墳（図92）、藤ノ木古墳（図93）では、濃紺色のガラス製小玉ないし丸玉を左右に装着した事例である。

器物飾り

古墳時代後期以降、主に朝鮮半島からの影響のもと、玉飾りにも大きな変化があらわれる。頸飾りや手飾

図94　藤ノ木古墳出土大刀柄頭（復元品）

図95　藤ノ木古墳出土龍文飾り金具（ガラス小玉）

図96　十善の森古墳出土金銅製装身具

りには金属製の玉が用いられるようになり、武具や飾履《しょくり》、冠帽《かんぼう》といった金属製器物にも玉類が装飾されるようになる。

刀装具《とうそうぐ》の飾りには、小玉や三輪玉が用いられる。三輪玉とは、大刀の柄《つか》部分に装着する特殊な形状の玉のことで、材質は金銅のほか、水晶・碧玉・緑色凝灰岩などがある。藤ノ木古墳では、三輪玉やガラス製小玉を装具とした大刀（図94）のほか、馬具の鞍《くら》の把手《とって》付金具飾りや、龍文飾《りゅうもんかざり》金具の眼部分にもガラス製小玉が使用されている（図95）。

冠帽や飾履、布帛に使用する事例としては、古墳時代中期末の福井県十善《じゅうぜん》の森《もり》古墳から、ガラス製小玉をちりばめた冠帽と想定される金銅製装身具が出土している（図96）。また、後期の奈良県牧野古墳では、布帛にガラス製小玉を縫い付けて枕や冠帽としていたことが想定される。さらに、飛鳥時代の大阪府阿武山《あぶやま》古墳からは、銀線で青と緑のガラス製小玉が綴られた玉枕が出土している（図97）。このように、古墳時代後期～飛鳥時代にかけて、玉類はアクセサリーというよりも、馬具や冠帽、花形飾りなどの装飾として使われていたようである。

図97　阿武山古墳出土玉枕・冠帽（復元品）

◎権威を示す玉飾り

古墳に副葬された玉は単なる装飾品ではなく、何らかの形で被葬者の権威をあらわしていると考えられる。例えば、個々の玉の石材や大きさ、出土した玉全体の数や組み合わせ、出土場所、あるいは生産された場所（入手ルート）などにあらわれると考えられ、これら様々な要素が複雑に絡んでいると想像される。ここでは、副葬された玉類に被葬者の階層性がどう反映しているかをみてみたい。

ただし、被葬者の階層性をみる時、ある地域のなかで大きな古墳と小さな古墳を比較すれば、大きな古墳に埋葬されている被葬者の方が、階層的には上位であることが容易に想像される。しかしなかには大きな古墳がつくられない地域がある点には留意したい。こうした地域においても、階層性は存在しており、それは玉類などの副葬品などにあらわれると考えられる。すなわち、広い地域のなかで、単純に古墳の大きさを指標に階層性をみていくと、小さな古墳しかつくれない

表5　広島県の前期古墳・墳墓出土の玉類

地域	遺跡名	墳形	墳丘規模	勾玉					管玉		小玉	その他
				ヒスイ	メノウ	コハク	碧玉	水晶	碧玉	緑色凝灰岩	ガラス	
広島湾岸	中小田第1号古墳	前方後円墳	28.5m	○					○		○	勾玉（紫水晶），算盤玉（水晶），車輪石（緑色凝灰岩）
	神宮山第1号古墳	前方後円墳	28m	○					○		○	算盤玉（水晶），管玉（メノウ）
	中小田第2号古墳	円墳	20m						○			
	大明地遺跡第1号古墳	方墳	15×15m							○	○	石釧（凝灰岩）
	上安井古墳	円墳	15m						○		○	
	成岡A地点遺跡第3号古墳	楕円墳	9×7m						○		○	
	芳ヵ谷第1号古墳	方墳	8×8m				○			○	○	
安芸南部（東広島）	才が迫第1号古墳	方墳	11.2×9.5m	○	○				○		○	
	入野中山遺跡第2号古墳	方墳	5×7m	○					○	○		
安芸北部	中出勝負峠第8号古墳	円墳	15m						○		○	
備後南部	尾ノ上古墳	前方後円墳	60m	○						○	○	
	石鎚山第1号古墳	円墳	20m	○		○			○			
	城山B遺跡第2号古墳	楕円墳	12.5×8m						○		○	
	山の神第1号古墳	円墳	12m					○	○		○	
	山の神第3号古墳	方墳	8.2×7.7m						○		○	
	加茂倉田遺跡	墳墓							○		○	
	才町茶臼山遺跡	墳墓		○					○		○	
	門田A遺跡	墳墓							○		○	
備後北部	辰の口古墳	前方後円墳	77m						○			
	大迫山第1号古墳	前方後円墳	45.5m	○					○		○	

地域のなかにおける階層性がみえてこないおそれがある。そこで、ある程度地域を区切って、古墳の大きさと出土した玉類について概観してみたい。

広島県にみる古墳時代前期の副葬された玉類の階層性

表5は、玉類が副葬された広島県の前期古墳・墳墓である。これをみると、管玉・ガラス小玉はほぼすべての古墳・墳墓で出土しているが、勾玉は径20m程度の円墳（当地域での首長墓）で主に出土している（**図98**）。そこまで大きな古墳が築かれない県南

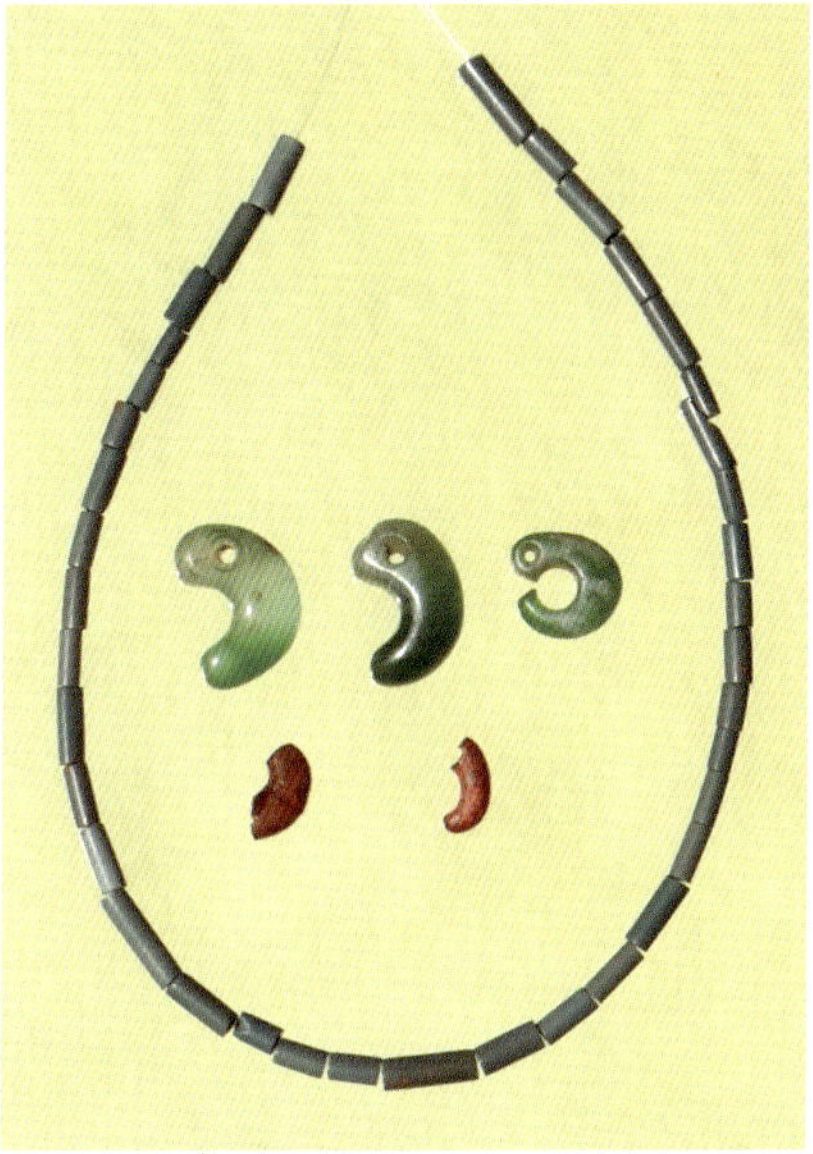

図98　石鎚山《いしづちやま》第1号古墳出土玉類（広島県）

図99　広島県の玉類が出土した前期古墳・墳墓

部の東広島市地域においては、畿内系の土師器などが出土した当地域の首長墓とされる才《さい》迫《さこ》第1号古墳でもヒスイ製勾玉が出土しており、階層性は勾玉にあらわれることがわかる。勾玉の石材は、一部でメノウ・水晶・碧玉製などがあるが、ヒスイ製勾玉がもっとも多くみられることから、大きな古墳の被葬者はヒスイ製勾玉を選択的に入手していたことがうかがえる（図99）。

こうした傾向が、畿内中枢でもみることができるか、次に奈良県を例に検討してみたい。

奈良県にみる古墳時代前期のヒスイ製勾玉のあり方

弥生時代の近畿中央部では、墳墓に玉類はほとんど副葬されていない。もともと被葬者に玉類を副葬しない伝統は古墳時代前期初頭（3世紀中頃）まで続いたと思われ、纒向古墳群のホケノ山古墳、柳本《やなぎもと》古墳群の黒塚古墳、大和《おおやまと》古墳群の中山大塚《なかやまおおつか》古墳など、この地域の首長墓では、玉類副葬が一般化していない状況をみることができる（図100）。こうしたなかでいち早く玉類副葬をはじめたのは、奈良盆地東南部地域の桜井茶臼山古墳、下池山古墳、赤尾熊ヶ谷2号墳、東山間部宇陀《うだ》地域の見田《みた》・大沢《おおさわ》2号墳、同4号墳などで、前期前半のなかでも前述の出現期の古墳からはやや遅れた時期（3世紀末〜4世紀初頭）にあたり、ヒスイ製勾玉（見田・大沢2号墳はコハク製）・碧玉ないし緑色凝灰岩製管玉・ガラス製小玉が出土している。

奈良盆地東南部の桜井茶臼山古墳、メスリ山古墳などの前期の巨大前方後円墳から出土している玉類で注目すべきは、大型のヒスイ製丁字頭勾玉がみられる点である。その一方で、周辺の前期の中・小型の古墳をみると、池ノ内《いけのうち》1号墳（円墳：13×11ｍ）、赤尾熊ヶ谷2号墳（方墳：14×16ｍ）では、ヒスイ製勾玉はあるが、丁字頭を持たないもしくはやや小型であり、池ノ内5号墳（円墳：17ｍ）、双築《なみつき》1号墳（円墳：30ｍ）

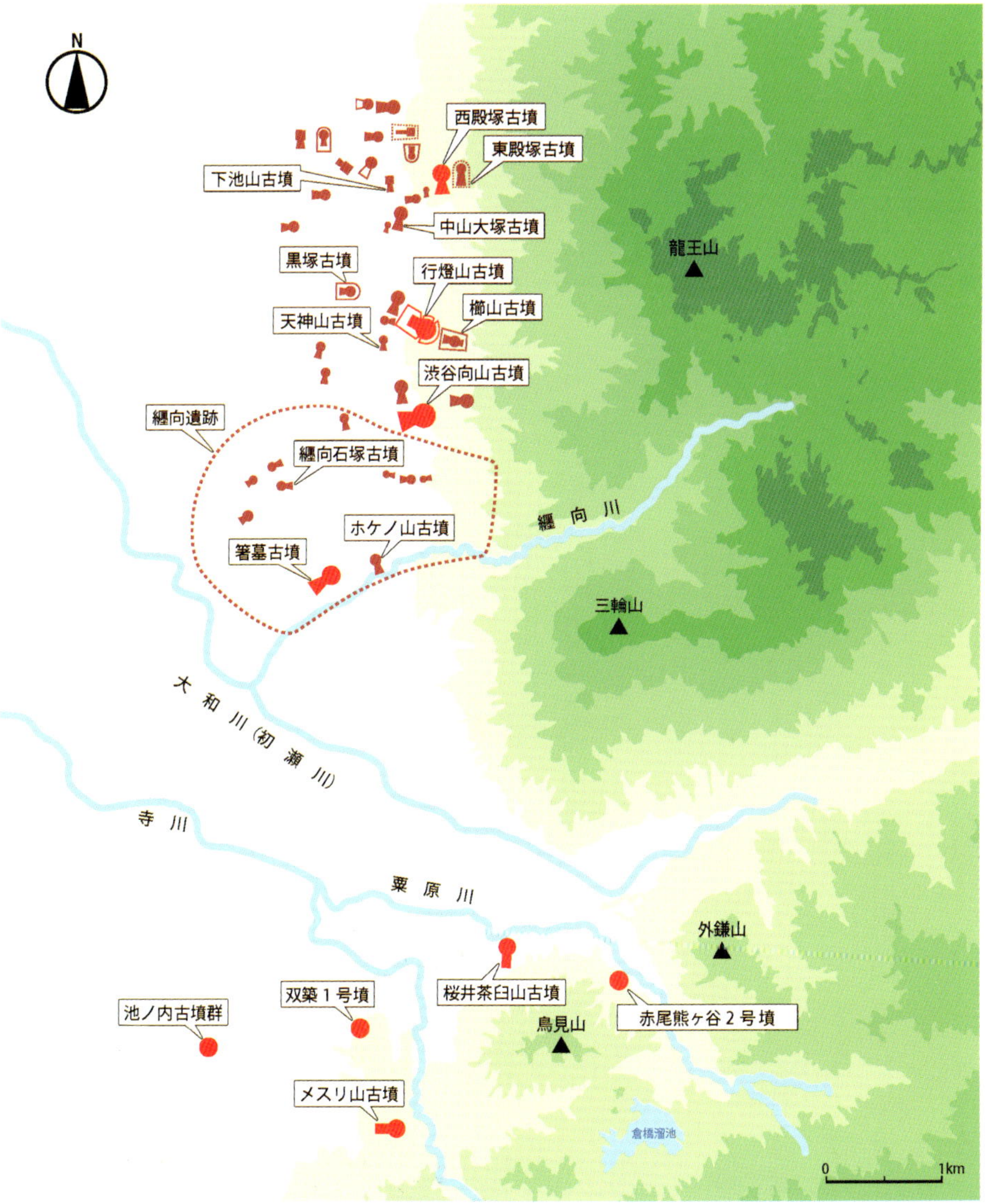

図100　奈良県（奈良盆地東南部）の古墳時代前期の主要古墳

表6　奈良県の古墳時代前期中頃〜後半の主な首長墓と玉類の副葬状況

古墳名	地域	古墳群	墳形	墳長(m)	勾玉				丁子頭の有無
					翡翠	水晶	メノウ	滑石	
メスリ山古墳	盆地南東部		前方後円墳	250	○				○
東大寺山古墳	盆地東部	櫟本古墳群	前方後円墳	140	○				○
新山古墳	盆地西部	馬見古墳群	前方後方墳	137	石材不明				○
佐味田宝塚古墳	盆地西部	馬見古墳群	前方後円墳	111	○			○	○
富雄丸山古墳	盆地北西部		円墳	90					×
新沢千塚500号墳	盆地南部	新沢千塚古墳群	前方後円墳	62	○	○	○		○
鴨都波1号墳	盆地南西部		方墳	19×14	○				○

では、ヒスイ製勾玉自体がない。奈良盆地各所では、前期中頃〜後半（4世紀前半〜後半）にみられる首長墓からヒスイ製丁字頭勾玉が出土している状況が認められる（表6）。

このように、古墳時代前期の奈良盆地内では、勾玉はヒスイ製のものが選択され、なかでも丁字頭のものが首長墓に副葬される傾向がある。

丁字頭勾玉

丁字頭勾玉は、弥生時代中期〜後期（紀元前2世紀〜後3世紀前半）にかけて、北部九州などの地域で盛行し、ヒスイ製とガラス製のものを中心にみることができる。また、瀬戸内では、弥生時代後期後半に岡山県楯築墓から、丁字頭のヒスイ製勾玉・土製勾玉が出土している。弥生時代の丁字頭勾玉の意味について木下尚子《きのしたなおこ》氏は、勾玉頭部の孔を中心に放射状に施した刻み目が紐を掛けたような表現となっていることに注目し、「何かを縛り込めることへの呪術性」を読み取っている。この意味が古墳時代に受け継がれたかどうかは明らかではない。北部九州で盛行した丁字頭勾玉は古墳時代になると下火となる一方、畿内の首長墓で新たに採用されるようになる（図101）。その背景については、今後の

図101　鴨都波1号墳出土ヒスイ製丁字頭勾玉（奈良県）

課題である。

古墳時代中期に石材が多様化する丁字頭勾玉

古墳時代中期にどのような玉類が権威を表象していたかは、この時期の首長墓の発掘調査例が少なく明らかではない。ただ、特徴の一つとして、前項でみたような前期に権威の象徴であった丁字頭勾玉については、ヒスイだけでなく滑石や碧玉など多様な石材が用いられるようになる点があげられる。

ヒスイ以外の石材で、権威を表象しているものとしては、奈良県巣山《すやま》古墳出土の滑石製の大型勾玉をあげることができる。巣山古墳は全長約２１０ｍの前方後円墳で、ほかにも勾玉・管玉・棗玉（いずれも滑石製）や車輪石・鍬形石・刀子《とうす》形石製品などが出土しているが、いずれも盗掘品で、詳

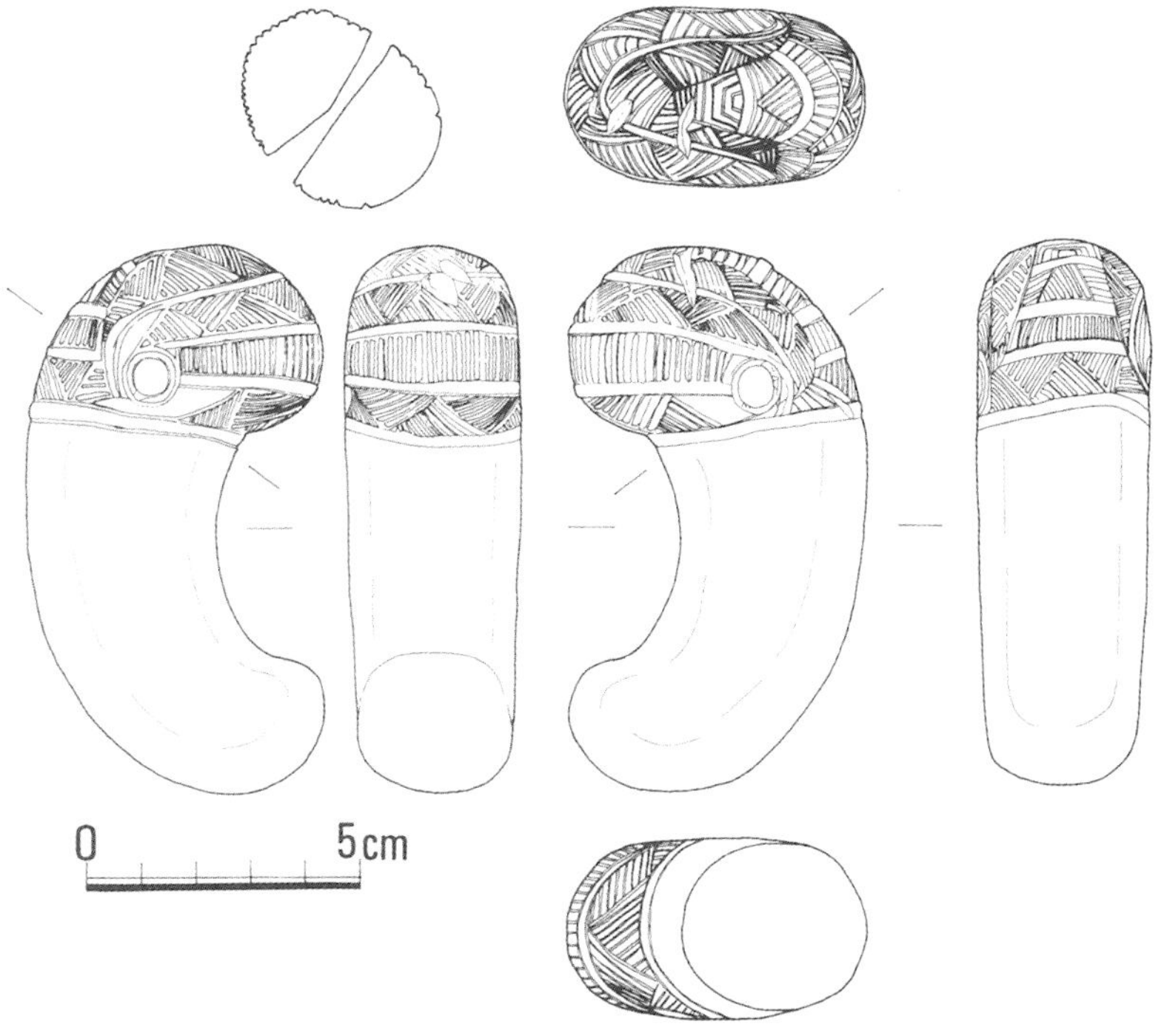

図102　巣山古墳出土滑石製大型勾玉実測図（S=1／2）

細な副葬の状況は不明である。滑石製の大型勾玉は長さ9.8㎝で、勾玉頭部の孔を中心に放射状に施した刻み目の間をさらに様々な模様で埋め尽くしており、丁字頭勾玉としては特異である（図102・103）。加工しやすい滑石を使用したことから、こうした複雑な造形が可能となったものだが、被葬者に対する何らかの想いが込められたことは容易に想像できる。

しかし、こうした勾玉はまれで、一般的には中期以降の丁字頭勾玉は、石材の多様化とともに小規模な古墳からも出土するようになる。例えば、ヒスイ製丁字頭勾玉が出土した広島県恵下《えげ》第1号古墳は、径10ｍに満たない中期の円墳もしくは方墳とみられ、決して首長墓に位置付けられる古墳ではない。こうした様相はこれまでの規範が崩れた結果と考えられ、その背景には勾玉入手ルートの多様化などが考えられる。

図103　巣山古墳出土滑石製大型勾玉

古墳時代中期～後期の石製勾玉と金属製玉類

中期以降、新たな権威の象徴となるのは、金製空玉などの金属製の玉類とみられる。金属製玉類の概要については、第4章5で詳細に説明されているので、ここでは石製勾玉から金属製玉類への変化について、特に後期の様相を畿内中枢（奈良県）と地方（広島県）とを比較する形でみてみたい。

奈良県で、後期の横穴式石室《よこあなしきせきしつ》で規模の大きなものから出土した遺物をみると、その多くが金属製玉類とガラス製玉類とで構成されている。もっとも、金属製玉類のなかにも、和歌山県車駕之古址《しゃかのこし》古墳出土の金製空勾玉のように、材質を金属製にしても勾玉を特別とする意識が感じられるものがある。また、藤ノ木古墳では、二人の被葬者の装身具とされた玉が多数出土しており、銀製鍍金空勾玉をはじめとする金属製玉類が357点、ガラス製の丸玉・棗玉・小玉などが16121点ある。金属製勾玉など各種金属製玉類を権威の象徴とみていたと思われる。ただ、藤ノ木古墳出土玉類のなかに石製のものは含まれていない。

石製勾玉に注目して奈良県の後期の古墳全体をみると、石製勾玉は全体の約14％（27／194遺跡）でしか出土しておらず、畿内中枢では石製勾玉の副葬は低調になっている様子がうかがえる。その一方で広島県では、金属製玉類が出土している古墳は3基しかなく、金属製玉類が地方では入手しづらい状況であったと考えられる。それに対して、約47％の古墳（84／177遺跡）から石製勾玉が出土していることから、いまだ石製勾玉が副葬品のなかで重要な位置を占めていたことがわかる。

畿内中枢では石製勾玉に対する権威自体がなくなり、その一方で、その中央で廃れた慣習が地方ではまだ残っている状況を示しているのではないだろうか。

◎玉飾りからみた男女

古墳時代の玉飾りが実際にどのように使用されていたのか、使用のされ方に男女差はあったのかということについて考える方法としては、人物埴輪に認められる玉飾りの表現から推定する方法や、人骨が残っている遺構での玉類の出土状況を検討する方法があげられる。

人物埴輪の玉飾り表現

まず、人物埴輪についてみていきたい。人物埴輪は古墳の墳丘裾や外堤《がいてい》などに配置された埴輪のうち人物を表現したもので、古墳時代中期後半～後期にかけて発達する。人物の表現は写実的で、髪型や服装、仕草などから男女の区別や職掌《しょくしょう》について類推する研究が古くから行われている。多様な人物埴輪の群像を配置する例も認められ、葬送儀礼《そうそうぎれい》の一場面を表現したとも考えられている。なお、人物埴輪に先行する時期の玉飾りを表現した造形品の事例として、弥生時代後期後半の岡山県楯築墓から出土した人形《ひとがた》土製品があげられる。複数出土した人形土製品のなかには線刻や刺突《しとつ》により頸飾りを表現するものがある（図104）。

人物埴輪に表現された玉飾りには頸飾り、手飾り、足飾り、耳飾りがある。頸飾りでは勾玉・丸玉・小玉・平玉・管玉・切子玉（もしくは棗玉）の表現が認められる。人物埴輪の頸飾りは男女問わず認められるものの（図105～111）、女子埴輪（巫女）の方が華やかな傾向があり（図109～111）、二連のものについては女子に限られる（図111）。手飾り・足飾りは丸玉（小玉）を連ねた表現で、一連のものと二連のものがある。これらは基本的に女子埴輪のみにみられる。耳飾りの玉類は男女問わず確認される耳環とは異なり、女子埴輪のみに確認されている。群馬県塚廻《つかまわ》り3号墳では多様な頸飾りの表現が認められ、これらが性別や職掌に対応すると考えられている。一方、千葉県山倉《やまくら》1号墳や栃木県　鶏塚《にわとりづか》古墳では男女・職掌の違いが

図104　楯築墓出土人形土製品

図106　石見《いわみ》遺跡出土椅子に座る男子埴輪（奈良県）（中央の勾玉１点と丸玉を組み合わせた１連の頸飾り。）

図105　舟山《ふなやま》古墳出土琴を弾く男子埴輪（埼玉県）（勾玉を連ねる1連の頸飾り。）

図108　伝埼玉古墳群出土甲冑を身につける男子埴輪（勾玉１連の頸飾り。）

図107　矢田野《やたの》エジリ古墳出土冠帽をかぶる男子埴輪（石川県）（丸玉１連の頸飾り。）

図111　岩屋後《いわやあと》古墳出土女子埴輪（島根県）（竹管文により２連となる頸飾りを表現。）

図109　常光坊谷《じょうこうぼうだに》４号墳出土女子埴輪（三重県）（丸玉１連の頸飾り。）

図110　月輪《つきのわ》54号墳出土女子埴輪（埼玉県）（勾玉と丸玉を交互に配する1連の頸飾り。）

あるにもかかわらず頸飾りの表現はすべて丸玉一連で統一されている。このように頸飾りの表現方法については古墳ごとに差異があったようだ。

人骨に伴う玉類の事例

　次に人骨が遺存した遺構から出土した玉類についてみていきたい。古墳の埋葬施設から被葬者の人骨が出土した時、残存部位によっては性別や年齢を推定できる場合がある。性別が判明した事例のうち、玉類が出土したものは男女ともに存在する。このことから玉飾りは男女の別なく使用されていたことがわかる。以下では代表的な事例についてあげていく。

権現山51号墳は墳長43ｍの前方後方墳で、古墳時代前期前半に位置付けられる。後方部墳頂で竪穴式石室《たてあなしきせきしつ》が確認され、棺内からは被葬者の頭部を囲むように配置された5面の銅鏡のほか、多様な鉄製品などの副葬品が出土した。玉類は約２２０点のガラス小玉で、頭部片側から出土した。人骨は壮年から熟年の男性かとされている。

図112　藤ノ木古墳石棺内遺物出土状況

岡山県月《つき》の輪《わ》古墳は直径約60 mの造《つくり》出《だ》し付の円墳で、中期前半の古墳である。墳頂部で二つの粘土槨が確認されている。中央の粘土槨には銅鏡1面、短甲《たんこう》1領《りょう》や多数の鉄製武器が副葬されているほか、頭部周辺から碧玉製の勾玉と管玉が出土した。被葬者は老年男性とされる。もう1基の南側の粘土槨では棺内から銅鏡1面、石釧1点、漆塗りの櫛などの副葬品が出土している。玉類は頭部付近で碧玉製勾玉・管玉、メノウ製勾玉などが出土したほか、滑石製の臼玉約1千点も出土している。被葬者は熟年女性かと推定されている。

藤ノ木古墳は古墳時代後期後半に築造された直径50 mの円墳で、発掘調査により横穴式石室内に未盗掘の家形石棺が確認された。石棺のなかからは二人分の人骨のほか、金銅製の冠や飾履《しょくり》、装飾付大刀をはじめとする多様な副葬品とともに玉類が出土している（図112）。玉類は金銅製空勾玉、銀製鍍金梔子玉・丸玉やガラス製丸玉・小玉などで、北側被葬者はガラス小玉を編み合わせた玉簾状の装身具や美豆良飾りをまとってい

図113　藤ノ木古墳北側被葬者装身具復元模型

た（図113）。被葬者は北側被葬者が20歳前後の男性、南側被葬者が壮年男性とされる。なお、南側被葬者については、ガラス製丸玉からなる足飾りを伴うことから女性とみる見解もある。

飛鳥時代の天武・持統両天皇の合葬陵とされる奈良県野口王墓《のぐちおうぼ》古墳は、文暦《ぶんりゃく》２（１２３５）年に盗掘により荒らされた際に作成された記録である『阿不幾乃山陵記《あおきのさんりょうき》』から内部の様子を知ることができる。これによると、天武天皇のものと考えられる棺のなかには種々の玉で飾られた器物が収められていた。このことからも高貴な人々は男女問わず玉飾りを所有していたことがうかがえる。

古墳の埋葬施設以外の事例として、火山灰のなかから複数の人骨が発見された群馬県金井東裏《かないひがしうら》遺跡がある。成人女性と考えられる3号人骨の頸部周辺から碧玉製管玉12点とガラス小玉70点が出土しており、一連の頸飾りと考えられている（図114）。時期は古墳時代後期前半（6世紀前半）と考えられる。

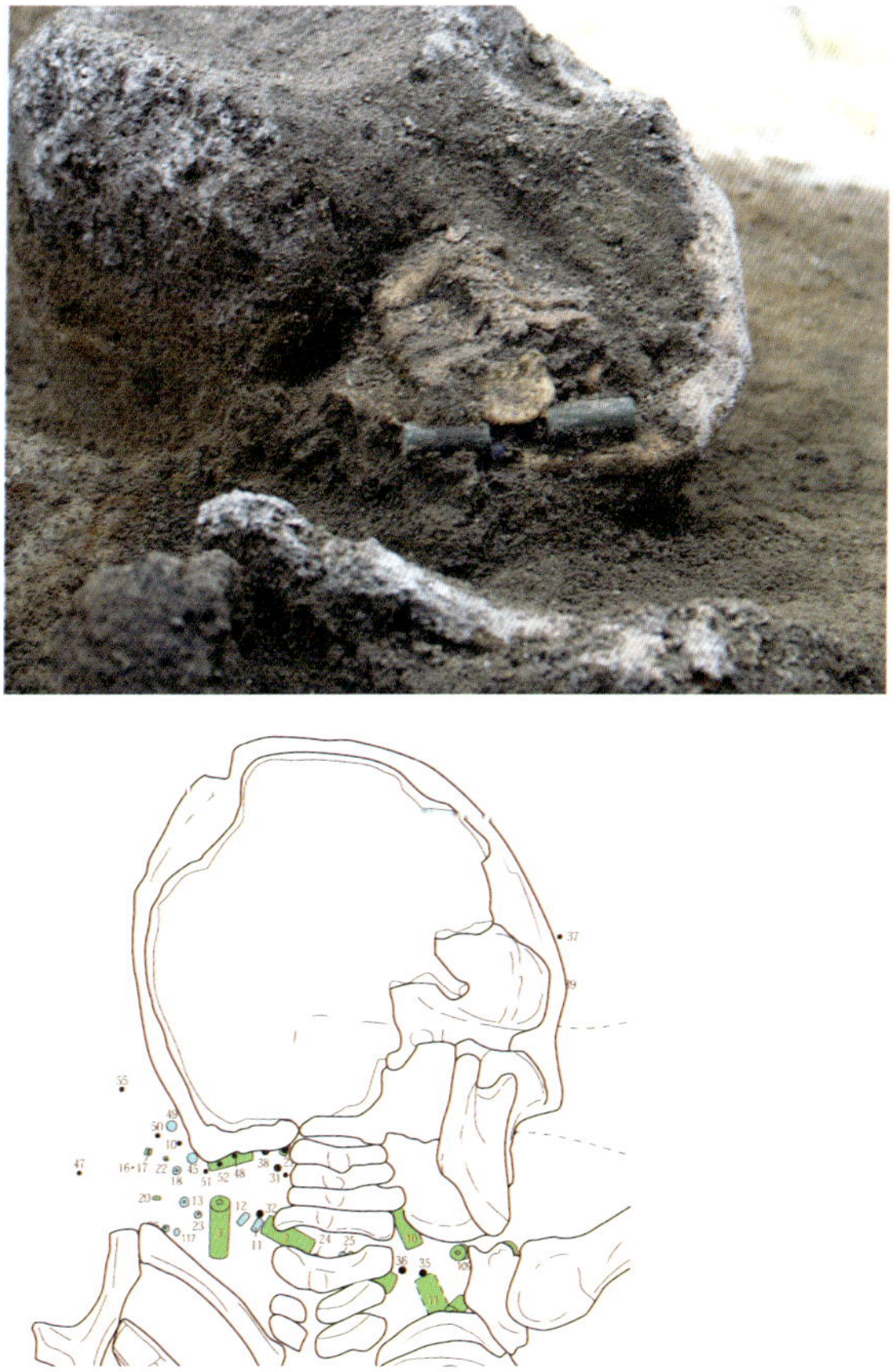

図114　金井東裏遺跡３号人骨玉類出土状況

3　どこで飾りに仕立てたか
―玉の流通にみる王権の関与と地域の独自性―

◎玉類の石材と地域性

古墳時代の玉類は、様々な素材でつくられており、用いられる素材は、古墳時代を通じて時期ごとに増減し、地域ごとに異なる特徴を示している。特に、勾玉石材の時期的な増減に着目すると、地域の特徴が顕著である（図115）。

ヒスイ製勾玉

畿内中枢の奈良県や近隣の和歌山県、鳥取県では、古墳時代前期の副葬数がもっとも多く、中期〜後期にかけて減少する。一方、兵庫県、岡山県、島根県などでは、古墳時代前期の出土数がもっとも多い点は共通するが、中期に減少した後に、後期に再び増加傾向に転じる。また、北部九州の福岡県、佐賀県では、前期の出土数がもっとも少なく、後期に大幅に増加し、古墳時代を通じて最大数となる。

メノウ製・水晶製・碧玉製勾玉

メノウ製勾玉は、生産地での動向と連動して、多くの地域で古墳時代後期に副葬数が激増し、中期段階と比べて数倍から数十倍まで出土量が増加する。その一方で、石川県、奈良県では、中期の出土数が最大で、後期になるとやや減少する。この傾向は、同じく出雲で生産された可能性が考えられる碧玉製や水晶製勾玉

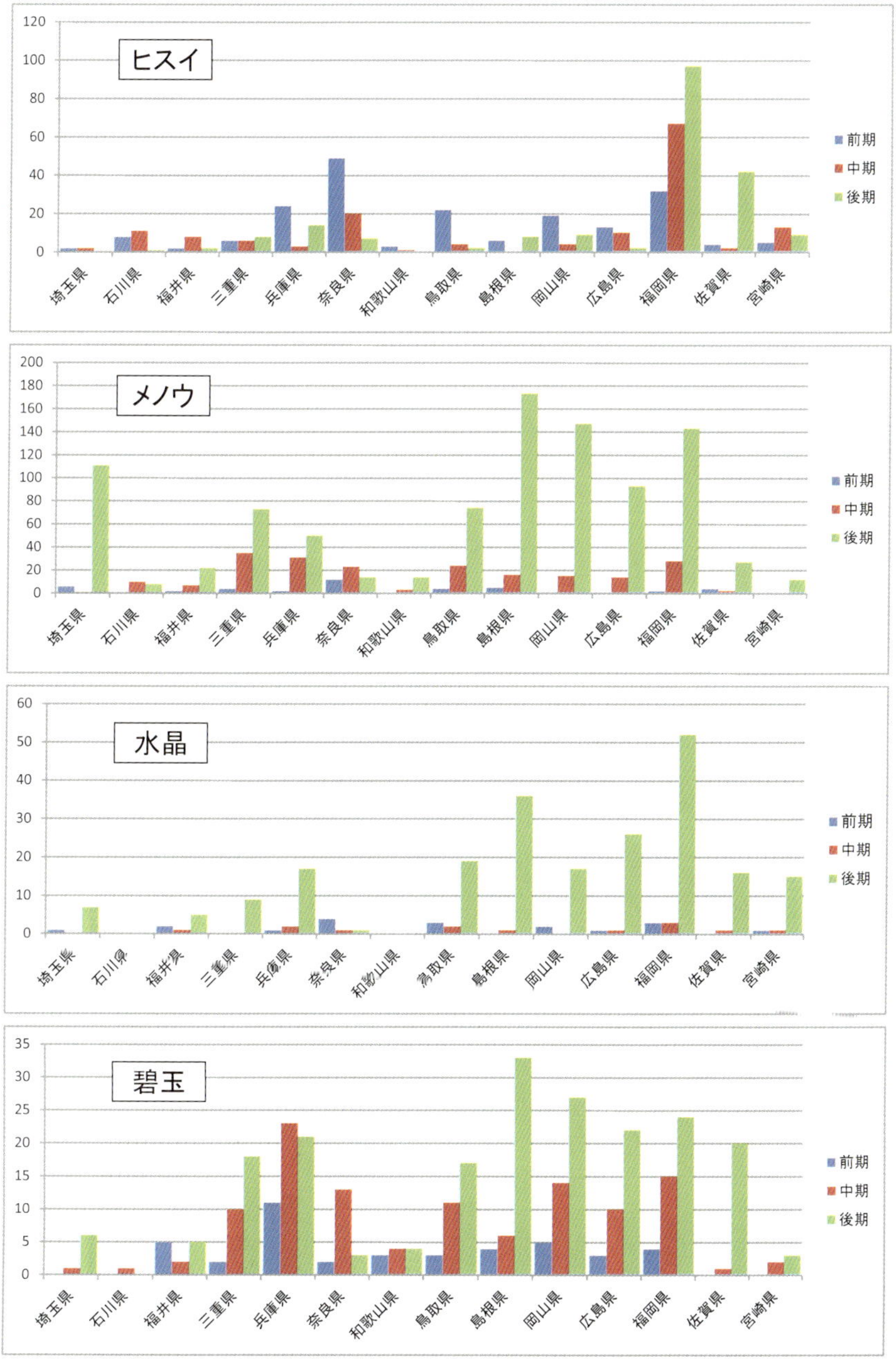

図115　勾玉石材の時期別推移

についても同様の傾向を示しており、玉類石材の嗜好性《しこう》だけでなく、生産から流通、消費に至る経緯が、地域によって異なっていた可能性を示している。

このほかに、ガラス製勾玉は和歌山県や福岡県で多く出土し、土製勾玉は佐賀県、福岡県で古墳時代前期の集落遺跡での出土が多くみられるなど、素材に応じて地域的、時期的にも偏りが存在する。古墳時代前期に畿内中枢で再創出されたとされるヒスイ製丁字頭勾玉などの一部の玉類を除いては、流通を掌握するような明確な拠点は確認できない。特に後期古墳の段階になると、その地域性は顕著であり、古墳時代を通じて各地域間で行われていた活発な交流のなかで構築されたネットワークをベースとして、玉類が流通した可能性が想定される。

◎玉類の組み合わせ

古墳時代の玉類は、勾玉、管玉などの各玉類が各地域において様々な形で組み合わされ、一つの「連」となって装身具として利用される。古墳から出土する玉類は、極めて多種多様であるが、奈良県赤尾崩谷1号墳例にみるように、頸飾りや手飾り、足飾り

図116　赤尾崩谷1号墳出土玉類

などの装身具として、一つの連を構成するなかでの玉類の種類は比較的限定的である（図116）。このように玉類本来の組み合わせを知るには、出土状況が良好で、一つの連を構成する可能性が高い資料を基に検討をする必要がある。ここでは、14県の集成結果をもとに、出土状況から連の組み合わせのわかる資料（１６５古墳２５６連）を抽出し、それぞれの連のなかでの器種と石材の対応関係について検討する。

勾玉の石材と組み合わせ

勾玉は、ヒスイや碧玉、緑色凝灰岩などの碧（緑色）系の石材を基本とし、メノウや滑石、ガラス、コハクなどの素材でもつくられる。頸飾りなどの装身具としては、１～２種類の素材で構成されるものが多く、広島県金田《きんで》第２号古墳のように３種類以上の素材を含む事例は少ない（図117）。棺蓋《かんぶた》上でまとまって出土した奈良県兵家《ひょうげ》５号墳や須恵器短頸壺《たんけいこ》のなかに一括して出土した岡山県北山《きたやま》１号墳のように、装身具以外の出土状況を示す事例には、３種類以上の勾玉を含む事例が散見される。

このうち、碧（緑色）系石材の３種は、一つの連のなか

図117　金田第２号古墳出土玉類

で共伴する例は極めて少なく、三重県横山《よこやま》13号墳、同14号墳で確認されているほかは、いずれも排他的な出土状況を示している（図118）。このことは、玉類を組み合わせる際に、碧（緑色）系の3石材が区別されていた可能性を示している。また、メノウ製勾玉は、碧（緑色）系石材と共伴する事例が一定の割合で確認される一方で、滑石製勾玉は碧玉とは共存するものの、ヒスイとは共存しないなど、石材ごとに組み合わせが異なっている。このような差異は、生産地、消費地のいずれでも共通したものであり、地域をこえて共有されていた玉飾りのルールであった可能性が考えられる。

管玉の石材 ―碧玉と緑色凝灰岩―

古墳時代の管玉石材は、碧玉製もしくは緑色凝灰岩製が主体を占める。出土状況が明確な事例のうち、碧玉製は93例、緑色凝灰岩製は22例で、両者が共伴する事例はわずかに7例のみである。報告書によっては、両者の区別が必ずしも明確ではない部分もあるが、少

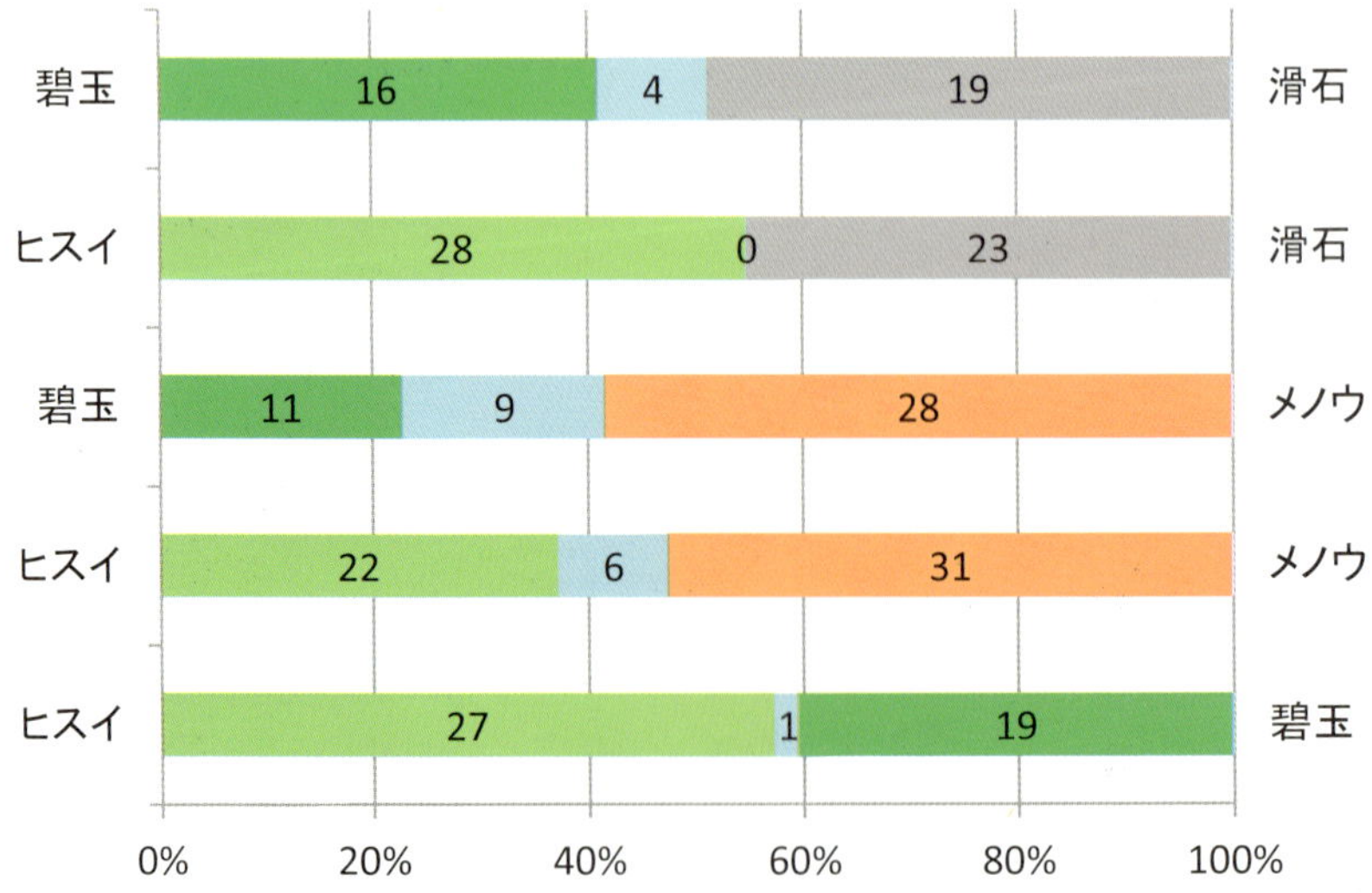

図118　勾玉石材の共伴数（数字は、勾玉を含む連の事例数。中央の水色部分は、共伴事例）

なくとも一つの連のなかで異質な石材の管玉を含む事例は多くはなく、それぞれが異なるものとして区別して認識されていた可能性が考えられる。

限定された器種と石材

出雲で生産された水晶製や碧玉製の切子玉のみで構成される連が、佐賀県牛原前田《うしわらまえだ》遺跡ＳＴ１６０３号墳（図119）や同上野古墳第２主体などで出土している。特定の石材（もしくは形態）を意図的に選択して連を構成したか、あるいは特定の石材と形態を一つのまとまりとして生産地から直接搬入した可能性が考えられるが、いずれにしても、極めて限定的な出土状況を示している。

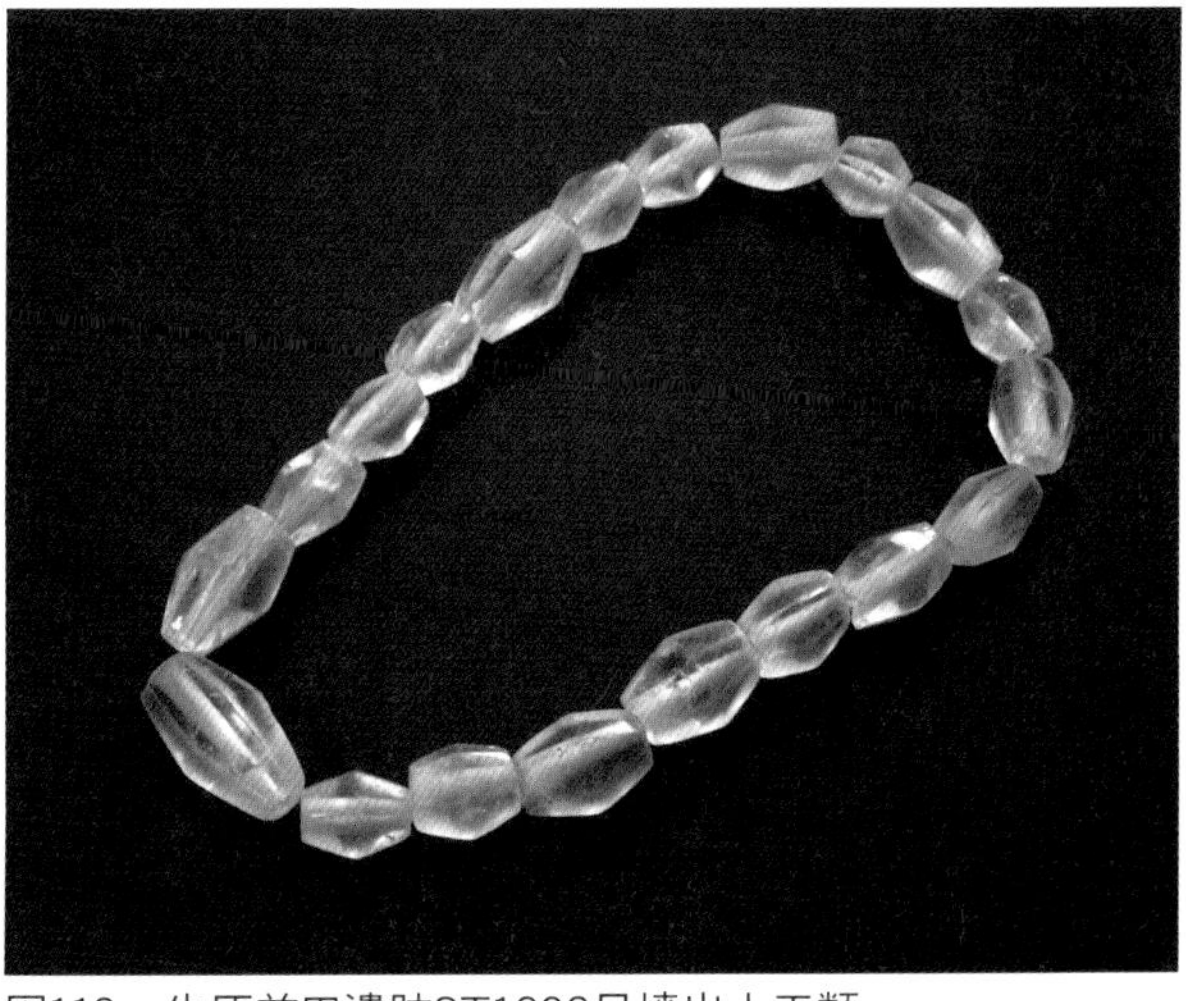
図119　牛原前田遺跡ST1603号墳出土玉類
（山陰系の水晶製切子玉のみで構成される「連」）

渡来系玉類と「連」

古墳時代後期には、朝鮮半島からもたらされたと考えられる渡来系の玉類が多く出土し、特にメノウ製丸玉・小玉・切子玉や方形のガラス玉などは、北部九州を中心に分布することが確認され、国産の玉類と組み合わさり、一つの連を構成する。後期後半の佐賀県鞁《つづみ》古墳群ＳＴ００５号墳では、ヒスイ製勾玉、水晶製算盤玉・切子玉、ガラス丸玉とともに、渡来系のメノウ製丸玉・切子玉が連となって出土している（図

120）。また佐賀県都谷《みやこだに》遺跡ST014号墳では、ヒスイ製勾玉と水晶製切子玉を主体とし、そのなかに渡来系のメノウ製小玉、方形ガラス玉を含む構成となっている（図121）。これらの渡来系の玉類を含む組み合わせは、各地域でそれぞれの契機で入手された玉類を、独自に「連」として構成したものと考えられる。特に北部九州においては渡来系の玉類を数点含む例が多くみられることから、この組み合わせが地域内で共有され

図120　鞍古墳群ST005号墳出土玉類
（中央にヒスイ製勾玉。左端に渡来系メノウ製丸玉）

図121　都谷遺跡ST014号墳出土玉類

ていた可能性も考えられる。

伝世品と組み合わせ

古墳時代の玉類には、弥生時代以前に製作された玉類が共伴する事例が報告されており、時代をこえた極端な「伝世《でんせい》品」が玉類の組み合わせに含まれることが指摘されている。福岡県百留《ひゃくどみ》横穴墓群では、縄文時代後期～晩期（紀元前2千年～前400年）に製作されたと考えられるヒスイ製丸玉が5基の横穴墓から計20点出土し（図122）、また弥生時代中期に盛行する女代南《めしろみなみ》B群碧玉製管玉が、6基の横穴墓から11点出土する。これらは、時代とともに受け継がれた伝世品ではなく、古墳時代に偶発的に発見されたものが、そのほかの玉類とともに装身具として用いられた可能性を示唆している。

このように、玉類の組み合わせは、古墳時代を通じて大枠では共通点が見出せるものの、各石材、器種に着目すると地域的な差異が大きいことがわかる。それぞれ個別の玉類の流通については、列島規模での流通網の存在が想起されるが、その使用と選択についてはある程度の各地域の主体性が許容されていたと考えられる。

図122　百留横穴墓群出土玉類

◎玉の広がり

ここまで古墳時代の玉類についていろいろと述べてきたが、古墳が出現した時点において玉類の副葬は一般的ではなかったようだ。京都府椿井大塚山古墳（全長175ｍ）や奈良県黒塚古墳（全長132ｍ）、兵庫県西求女塚古墳（全長98ｍ）、岡山県備前《びぜん》車塚《くるまづか》古墳（全長48ｍ）といった、銅鏡や鉄製品を多量に副葬する初期の前方後円墳・後方墳では玉類がみつかっていないのだ。そこで、時代を少し遡って、玉類副葬の様子をみてみよう。

玉類副葬の展開

弥生時代の玉類副葬は、中期の北部九州において盛んに行われたが、中国・四国で多くみられるようになるのは後期でも後半（2世紀後半）のことである。岡山県南西部にある全長約80ｍの楯築墓は当時最大級の首長墓で（図123）、木槨《もっかく》・木棺という大陸・半島に淵源《えんげん》を持つ特異な埋葬施設に副葬された頸飾りは、北部九州で製作されたと思われるヒスイ製勾玉と、朝鮮半島からもたらされた可能性のある太身の碧玉製管玉・メノウ製棗玉からなる。また、その脇には碧玉製管玉とガラス製丸玉・小玉を連ねた玉飾り（頭飾り？）が置かれていたが（図124）、同様の状況は島根県西《にし》谷《だに》3号墓や京都府浅後《あさご》谷南《たにみなみ》墓でも認められ、中国山地をこえて

図123　楯築墓の復元想像図

玉類の副葬習俗が共有されていたことは大いに注目される。さて、頸飾りにみられるヒスイ製勾玉と碧玉製管玉の組み合わせは前期古墳に一般的であるが、弥生時代後期の北部九州ではほとんど用いられなくなっており、かえって雲山鳥打《くもやまとりうち》１号墓や鋳物師谷《いぶしだに》１号墓・黒《くろ》宮大塚《みやおおつか》墓といった吉備の首長墓にみられることから、この地域が前期古墳の玉類副葬へ橋渡しのような役割を果たしたのではないかと推測する向きもある（表7）。

その後の様子について、山陰・山陽の墳丘墓・古墳68基の埋葬を例にとると（表8）、玉類副葬の割合は弥生時代後期後半の10％から古墳時代前期前半の29％へと増加しているようにみえる。しかし、これは墳丘墓や古墳への埋葬が次第に限定されていった結果であって、玉類を副葬する埋葬の数自体はほとんどかわっていない。それどころか副葬された玉類の量は、弥生時代後期後半の１６４１点から古墳時代前期前半の44点へと著しく減少しているのである。西日本におけるこうした状況は、原三国《げんさんごく》時代（紀元前後〜後3世紀）の朝鮮半島の動向と関係するようで、玉類の入手は次第に困難になっていったようだ。

ところで、弥生時代後期の畿内における玉類副葬は、日本海側の兵庫県・京都府北部で多く知られているものの、京都府南部や奈良県といった内陸部ではほとんど認められない。前述したように椿井大塚山古墳や黒塚古墳に玉類がみられないのも、あるいはこうした弥生時代以来の伝統が影響しているのかもしれな

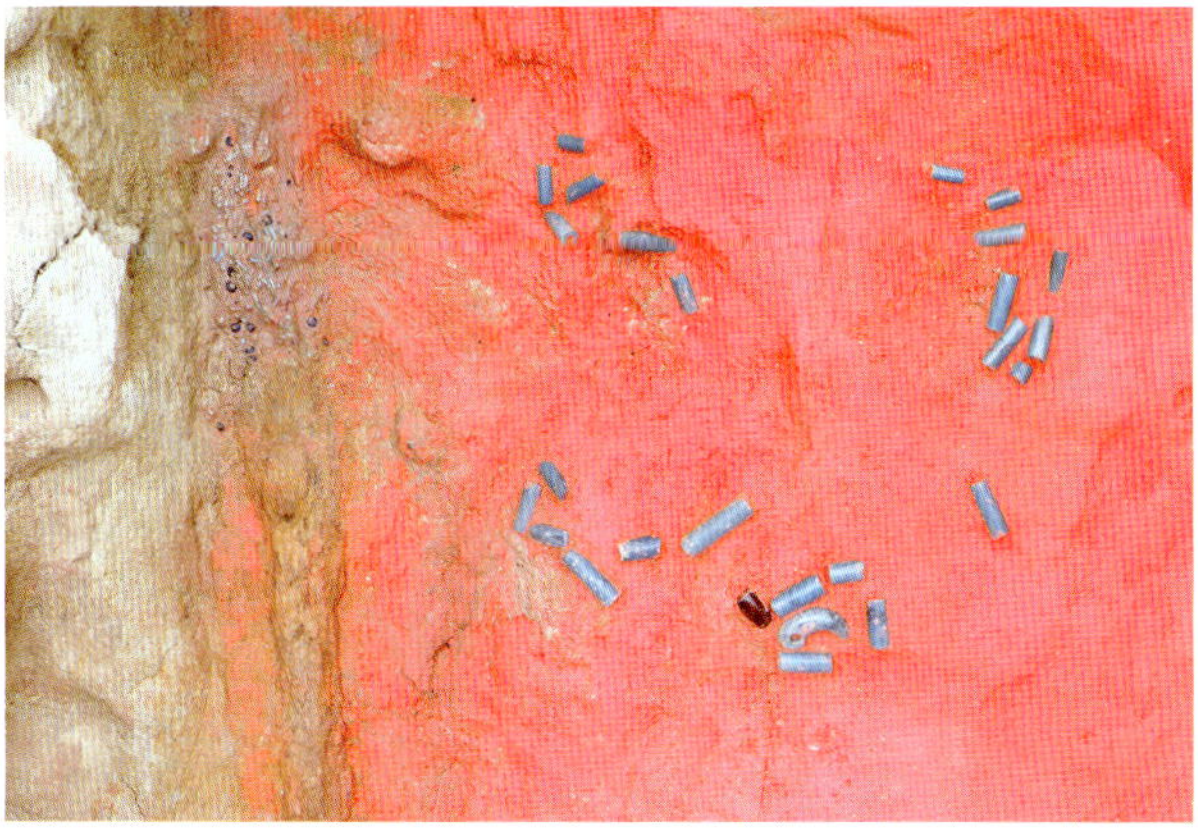

図124　楯築墓に副葬された玉類

表７　西日本の弥生墓に副葬された玉類（後期に入ると北部九州のヒスイ製勾玉副葬は減少する。）

	北部九州系ヒスイ勾玉（太字は定形）		北陸系ヒスイ勾玉	ガラス勾玉	勾玉なし
	碧玉管玉	管玉なし	碧玉管玉	碧玉・ガラス管玉	碧玉・ガラス管玉
前期末～中期初頭	福岡・吉武高木3号 福岡・吉武高木117	福岡・吉武高木2号 福岡・吉武高木110			福岡・吉武高木1号・111号
中期前半	佐賀・中原SJ11239 佐賀・中原SJ11249・SJ13294・SJ13314	佐賀・中原SJ11235 佐賀・中原SJ13312 佐賀・中原SJ13371 佐賀・宇木汲田76号	福岡・田熊石畑2号		福岡・田熊石畑4号
中期中頃	佐賀・中原SJ11290 佐賀・中原SJ13232 佐賀・宇木汲田112号・119号	佐賀・宇木汲田11号 佐賀・宇木汲田24号 佐賀・宇木汲田15号 佐賀・中原SJ13206 佐賀・中原SJ13317・5号			佐賀・吉野ヶ里-1002
中期後半	佐賀・牟田辺甕棺 佐賀・宇木汲田50号	福岡・三雲小路2号 佐賀・宇木汲田47号		福岡・須玖岡本-20	
後期前半	佐賀・桜島山			鳥取・松原1号 京都・三坂神社3号	
後期中半					
後期後半	岡山・楯築	岡山・雲山鳥打１号-１ 岡山・黒宮大塚-後	岡山・立坂 福井・小羽山30号	島根・西谷3号 京都・大風呂南1号 鳥取・桂見-1 福岡・平原	鳥取・宮内3号 鳥取・宮内1号-1 鳥取・湯坂1号 鳥取・門上谷1号-1 島根・仲仙寺9号
後期末	岡山・鋳物師谷1号 佐賀・中原ST13415 佐賀・中原SP13231	岡山・矢藤治山		京都・赤坂今井-4 京都・赤坂今井	徳島・萩原1号

表８　中国地方における玉類副葬の推移
（玉類副葬数は一定だが副葬量は減少。）

	弥生時代		古墳時代	
	後期後半	後期末	前期初頭	前期前半
埋葬数／墳墓数	153/28 5.5基	63/14 4.5基	34/12 2.8基	35/14 2.5基
玉類副葬埋葬数／埋葬数	15/153 10％	8/63 13％	7/34 21％	10/35 29％
玉類副葬点数／玉類副葬埋葬数	1641/15 109.4点	106/8 13.2点	52/7 7.4点	44/10 4.4点

い（同じく玉類が出土していない備前車塚古墳は、特殊器台《とくしゅきだい》形埴輪や古銅輝石安山岩《こどうきせきあんざんがん》の不使用という点で周辺の古墳との間に相違が認められ、吉備の勢力とは出自を異にする可能性が指摘されている）。玉類副葬が一定の広がりをみせはじめるのは、北陸もしくは畿内中枢で生産されたヒスイ製の丁字頭勾玉が各地の有力首長に配布される前期前半以後のことで、玉類が三角縁神獣鏡などとともに古墳秩序をあらわす威信財の一つとして位置付けられた最初の段階と言える。

玉類副葬のあり方

さて、こうした玉類副葬は、下位の首長たちの間でどのように行われていたのだろうか。岡山県における古墳時代の小墳埋葬（横穴式石室を除く）５１６例について検討すると（**表９**）、玉類副葬の割合は各期を通じて20～29％とほぼ一定

表９　埋葬規模と副葬品（岡山県）（小規模墳と無区画墓では玉類副葬に格差。）

	玉類	玉類 武器	武器	その他	なし	計
小規模墳	65 （16%）	36 （9%）	100 （24%）	37 （9%）	173 （42%）	411
無区画墓	4 （4%）	3 （3%）	12 （11%）	5 （5%）	81 （77%）	105
計	69 （13%）	39 （8%）	112 （22%）	42 （8%）	254 （49%）	516

表10　岡山県中原古墳群の副葬品（玉類と武器の副葬は埋葬ごとに分かれている。）

古墳名	主体部	櫛	玉類				武器			農工具			備考
			勾玉	管玉	小玉	臼玉	剣	刀	鏃	刀子	斧	鎌	
中原2号墳	箱式石棺							1					
中原3号墳	箱式石棺						1	1					熟年男性
中原4号墳	箱式石棺							1	7				
中原9号墳	箱式石棺						1			1			
中原11号墳	箱式石棺					7							
中原19号墳	箱式石棺2	4	1	7						2			
中原22号墳	箱式石棺1				2						1	1	
中原23号墳	箱式石棺1	3		3		555							
	箱式石棺3	9		2	1					1			
中原24号墳	箱式石棺	37						1		1	1		壮・熟年男性
中原28号墳	箱式石棺							1	15				
中原29号墳	箱式石棺		2	9									
中原36号墳	箱式石棺						2			1			
中原37号墳	箱式石棺		2			116							
中原39号墳	箱式石棺						1						

で、弥生時代後期末と比較しても大きな違いはない。しかし、玉類副葬が25%を占める墳丘内埋葬に対し、墳丘外埋葬（無区画墓）では7%にすぎず、著しい較差《かくさ》が認められる。墳丘を持たない埋葬の多くは小規模で簡略な構造であることから未成人埋葬と考えられ、玉類副葬は主に成人の間の習俗であったようだ。

また、墳丘内の埋葬間では玉類副葬の有無によって埋葬の規模や構造に際立った違いはないものの、古墳時代中期後半の岡山県中原《なかはら》古墳群では玉類と鉄製武器の副葬が埋葬ごとに分かれており（**表10**）、これを性差の反映と理解する意見もある。確かに、被葬者の性別が判明した埋葬167例の玉類副葬についてみると、男性では28%、女性では63%と、女性に伴う割合が多いようだ。しかし、玉類副葬の数は男性が31例、女性が35例とほぼ同じで、玉類副葬のうち銅鏡を伴う割合も男性が42%、女性が40%と近似していることから、男女の間で玉類に期待された威信財としての役割に差はなかったのだろう。

新しい玉類の登場

古墳時代後期に入ると、奈良県曽我遺跡が衰退して畿内中枢からの玉類の供給は減少する。一方、島根県東部（出雲）では平玉・算盤玉・切子玉・丸玉といった器種を新たに加えるとともに、その材質転換を図るなどして多様な玉類を製作しており、群集墳の盛行とも相まって生産の最盛期を迎える。この時期、出雲で製作されたメノウ製勾玉の出土数をみてみると、出雲に隣接する鳥取県西部や岡山県北西部、広島県北東部に集中し、それまでとは異なって生産地から直接的な供給がなされた様子がうかがえる（図125）。これは、畿内中枢において金属製やガラス製の玉類が主体的に用いられるようになり、石製玉類の需要が減少したことと深く関わるものと思われる。

古墳時代中期前半に朝鮮半島から伝わった金属製玉類は、当初、畿内中枢の渡来系氏族によって用いられていたが、やがて各地の有力首長の間でも受け入れられていった。中国・四国で金属製玉類がみられるようになるのは、国産化が図られた後期のことである。四国では、後期前

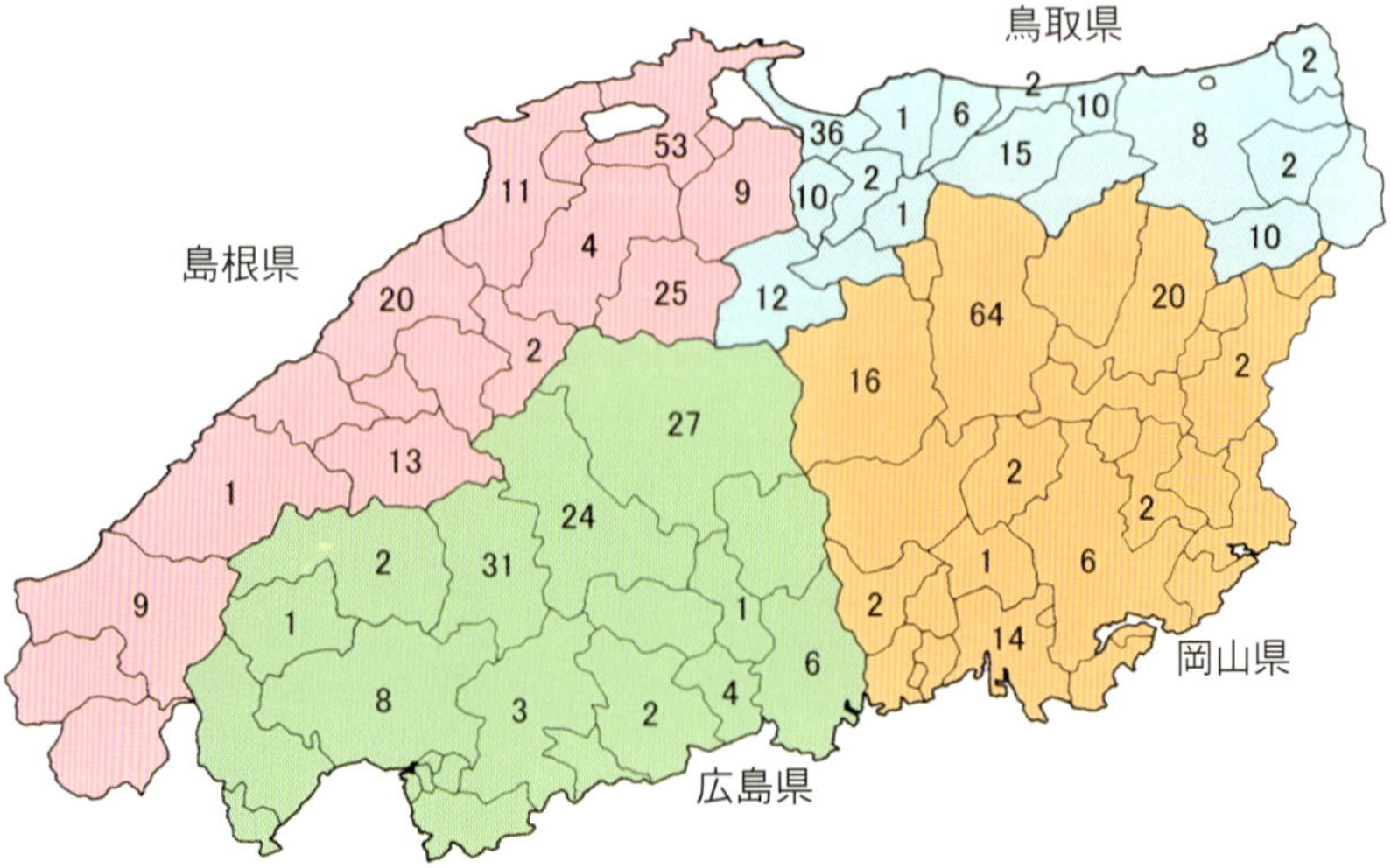

図125　出雲産勾玉（メノウ製）の出土数（島根県東部（出雲）の周辺に集中しているのがわかる。）

半の愛媛県三島神社《みしまじんじゃ》古墳（全長45ｍ）や香川県菊塚《きくづか》古墳（全長59ｍ）・王墓山《おうばかやま》古墳（全長46ｍ）、山陽ではやや遅れる後期中頃の岡山県二万《にま》大塚《おおつか》古墳（全長38ｍ）、広島県山《やま》の神《かみ》古墳（径12ｍ）で金属製空玉が認められる。しかし、後期後半に築かれた墳長約１００ｍ・石室長18ｍという、畿内を除く西日本では最大規模の岡山県こうもり塚古墳と、それに後続する江崎《えざき》古墳（全長43ｍ）で、金属製玉類はみつかっていない（図126）。これに対してほぼ同時期の八幡大塚《やはたおおつか》2号墳（径35ｍ）では、兵庫県に産出する竜山石《たつやまいし》製の家形石棺から捩じ

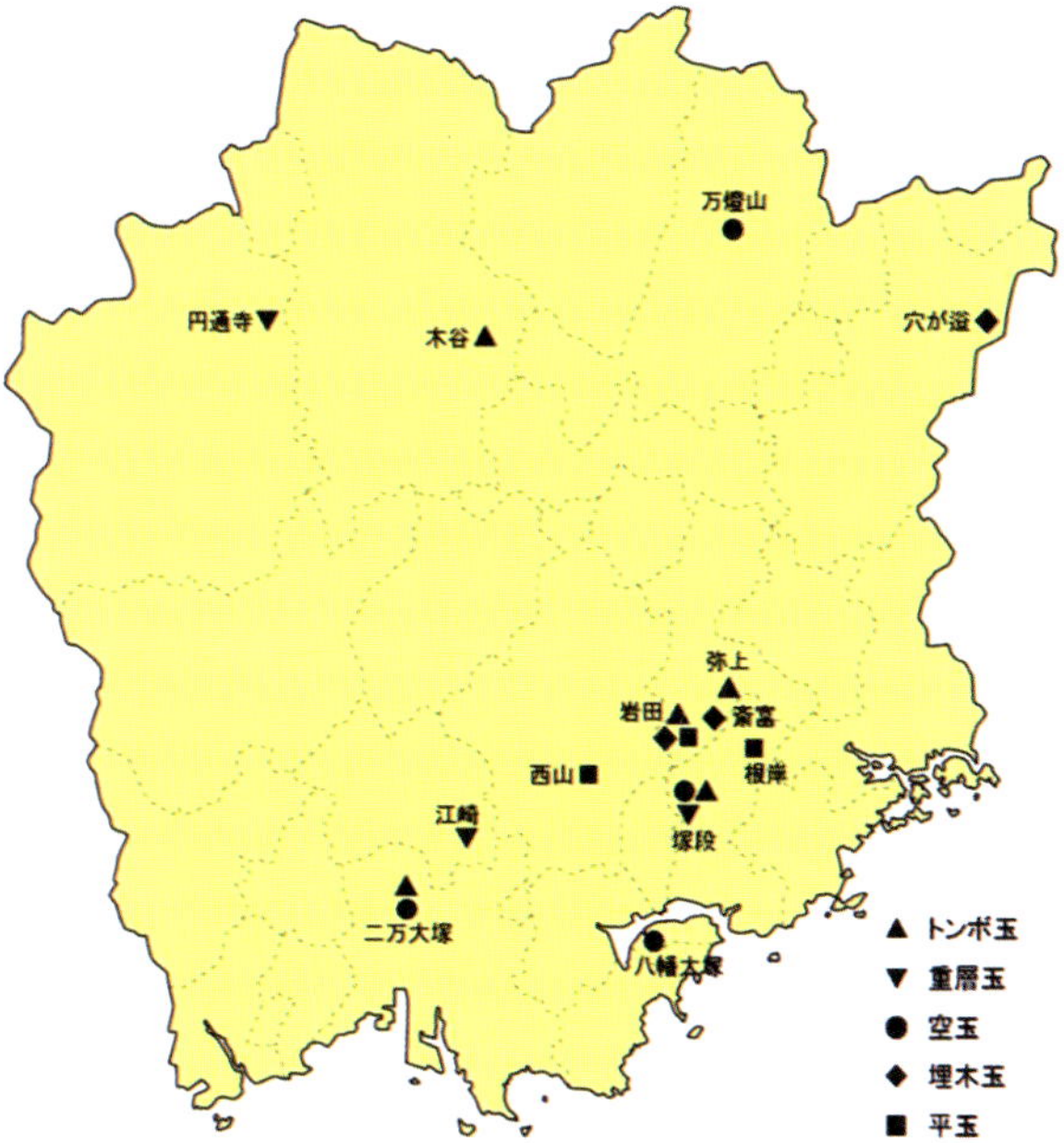

図126　古墳時代後期の特殊な玉類（岡山県）
（金属製空玉は吉備中枢の周縁に分布する。）

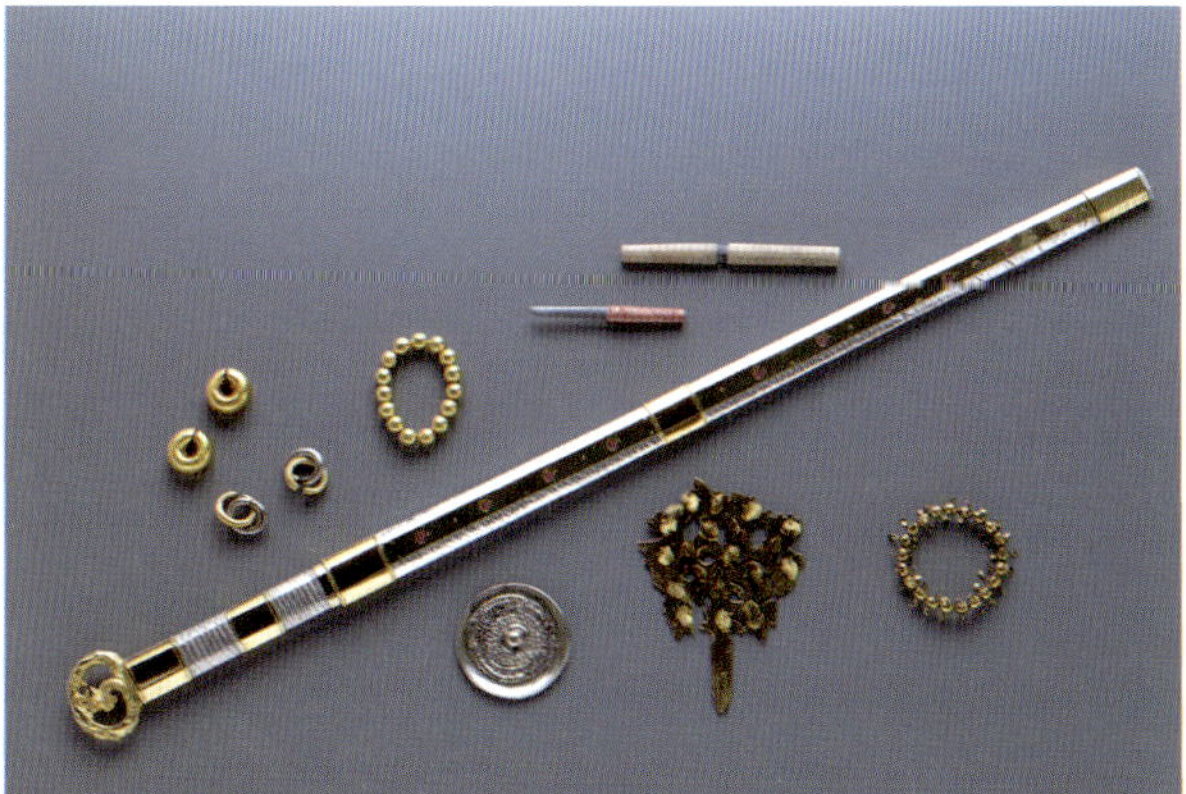

図127　鷺の湯病院跡横穴の副葬品（復元）
（玉類は金銅製空玉のみで石製品はない。）

り環頭大刀《かんとう》や金製垂飾付耳飾りとともに銀製空玉が出土している。瀬戸内海に浮かぶ児島《こじま》に築かれたこの古墳は、蘇我稲目《そがのいなめ》が設置に携わった児島屯倉《みやけ》との関わりが推測されており、吉備における金属製玉類の副葬はこうした畿内中枢と繋がりのある周縁部の首長の間でのみ行われたようだ。このような金属製玉類の偏在には、畿内の棺制《かんせい》に倣いながらも独自の家形石棺を開発した吉備中枢勢力の強い意思が反映されているのかもしれない。

それでは玉作りが盛んに行われていた山陰ではどうか。後期後半の島根県岡田山《おかだやま》1号墳（全長21m）や鷺《さぎ》の湯《ゆ》病院跡横穴《よこあな》では装飾付大刀や馬具とともに金銅製空玉が出土しているが（図127）、石製玉類は全くみつかっていない。前述した出雲産勾玉の出土数を比較しても、島根県東部が格段に多いというわけではなさそうだ。このような状況は、出雲玉作りの終焉が間近に迫っていることを暗示しているかのようである。

4　玉とまつり

◎墓のまつりと玉

一般に古墳時代の玉類はほとんどが古墳から出土するもので、装身具が多くを占める。しかし、なかには材質・形状の点や、出土状況から装身具とは考えにくい事例も存在する。前者としては滑石製模造品のうち、玉の形状をとるものを想定している。しかし、滑石製品については、玉類に限らず古墳時代前期においては「模造品」（祭祀具）ではないとされ、中期以降に模造品としての性格が確立するとされている。ただ、玉の形状をとる滑石製品については、その当初から模造品と装身具の性格を併せ持つため、装身具なのか、模造品なのかを峻別するのは困難である。後者については埋葬施設以外の墳丘上、墳丘内、周溝などから出土したものや埋葬施設のなかでも棺外に置かれたものを抽出することで、滑石製玉類も含めた祭祀具の可能性を持つ玉の認定が可能である。

古墳外部施設のまつり

ここでは最初に出土状況の点から墓のまつりに使用された玉について述べてみたい。古代歴史文化協議会で集成されたデータをみると古墳出土の玉類のうち、埋葬主体以外で確認されたものは、それほど多くない。ただし、数的には少ないものの、各県で一定数は確認され、地域をこえて共通する様相が指摘できる。数が少ない理由は、墓のまつりにあまり玉が使われていなかったというよりも、埋葬施設以外での微細遺物の検出が困難であることも一因だろう。

図128　住吉東古墳墳丘全景（主体部（中央長方形）の周囲にある柱穴が喪屋と考えられる掘立柱建物。）

墳丘祭祀の例としては、古墳時代中期の帆立貝《ほたてがい》式古墳である兵庫県住吉東《すみよしひがし》古墳があげられる（図128）。墳丘盛土層から滑石製双孔円板《そうこうえんばん》2点と臼玉300点以上が出土しており、古墳築造の過程で滑石製品を用いた祭祀が行われたと考えられる。また、墳丘基底部で喪屋《もや》と考えられる掘立柱建物も検出されており、前述の祭祀はこの建物で執行されたのかもしれない。喪屋は伴わないものの、墳丘で祭祀が行われた事例としては、そのほかに広島県長畑山北《ながはたやまきた》第2号古墳があり、玉類（滑石製臼玉・土製小玉）に加えて、鉄器（摘鎌《つみがま》）1点を用いている。

周溝で祭祀を行うものでは、兵庫県舞子《まいこ》古墳群でガラス製小玉、奈良県安楽寺山《あんらくじやま》2号墳と三重県沢《さわ》遺跡では滑石製小玉・臼玉が多量にみつかっている。これらの古墳では玉単独ではなく、土器のなかにおさめた状態で玉類を置いていたようである。

墳丘主体部のまつり

次に主体部から出土する玉類で祭祀に関わると判断される例を考えてみたい。第一は主体部であっても棺外から出土する場合である。

兵庫県宮山古墳は古墳時代中期の直径22m・高さ4mの円墳で、埋葬施設は3基の竪穴式石室で、それぞれに木棺がおさめられていたと考えられる。うち、第3主体部には画文帯神獣鏡《がもんたいしんじゅうきょう》、金製垂飾付耳飾り、銀製指輪、鉄製武具、鉄製武器、鉄製農工具などのほか、大量の玉類が副葬されていた（**図129**）。玉類は大量のガラス製小玉に金製空丸玉、ヒスイ製勾玉、ガラス製管玉を組み合わせた複数の玉群が木棺内に副葬され（**図130右・中**）、加えて棺外には滑石製の扁平な勾玉2個に多数の臼玉を加えたものが置かれていた（**図130左**）。棺内と棺外で玉の素材・種類に明確な違いが認められる。また、木棺直葬墳《もっかんじきそう》の墓壙《ぼこう》内や棺上から玉類が出土する例があり、これについても滑石やガラスの小玉が用いられる。

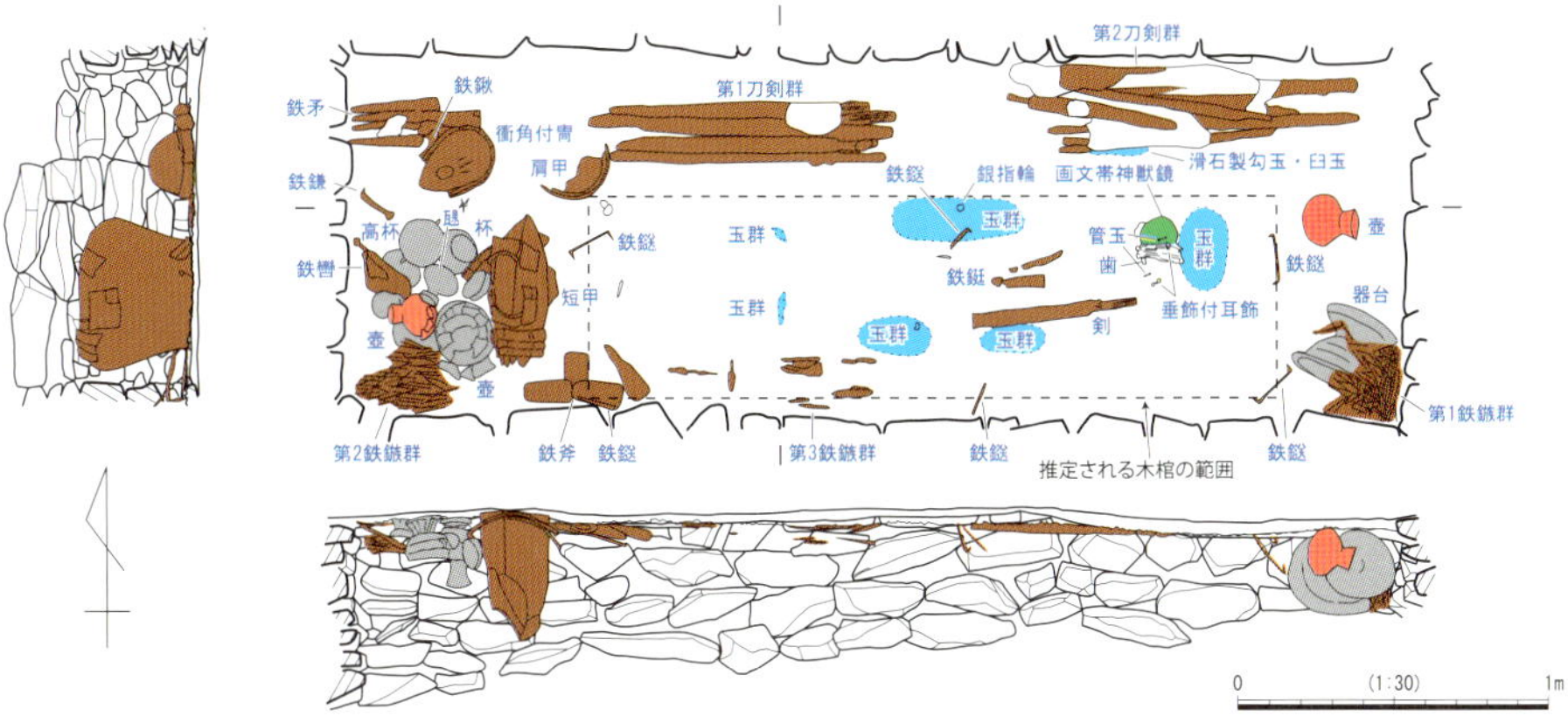

図129　宮山古墳第３主体部遺物出土状況

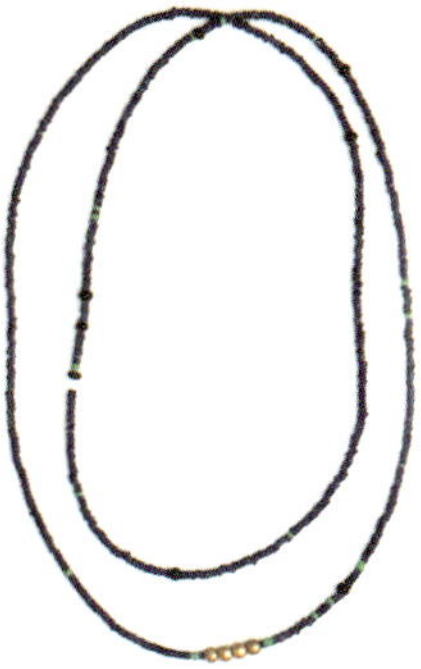

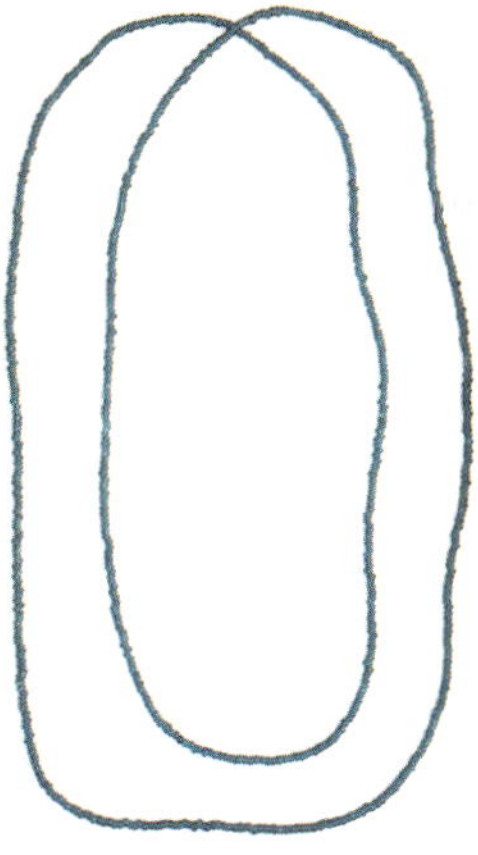

図130 宮山古墳第３主体部出土玉類
（右上：金製空丸玉・ガラス製管玉・ガラス製小玉
右下：ヒスイ製勾玉・ガラス製小玉
中上：金製空丸玉・ガラス製小玉
中下：ガラス製小玉
左　：滑石製玉類）

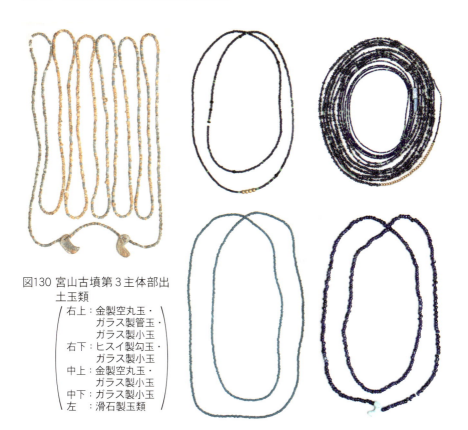

次に棺内からの出土例を考えてみる。棺内の場合、第一に器物（土器類）におさめられた状態で出土するものや被葬者が着装していないものが祭祀に関わる可能性が高いと考える。

古墳時代中期後半の兵庫県中山《なかやま》12号墳では副葬された須恵器壺のなかから滑石製勾玉・臼玉が出土している。この場合も勾玉は扁平な形状のものである。こうした器物におさめられた例は、前述した安楽寺山2号墳や沢遺跡にみられた埋葬施設外での祭祀と共通するものであろう。

こうした例とは別に、埋葬施設内から連ではなく、散布されたような状態やそれとは逆にまとまりをもって数群のガラス製小玉が出土するものが認められる。前者の例としては中期前半の千葉県石神《いしがみ》2号墳があげられる。石神2号墳では1200点あまりの臼玉を含む滑石製品が広い範囲から高低差をもって検出されて

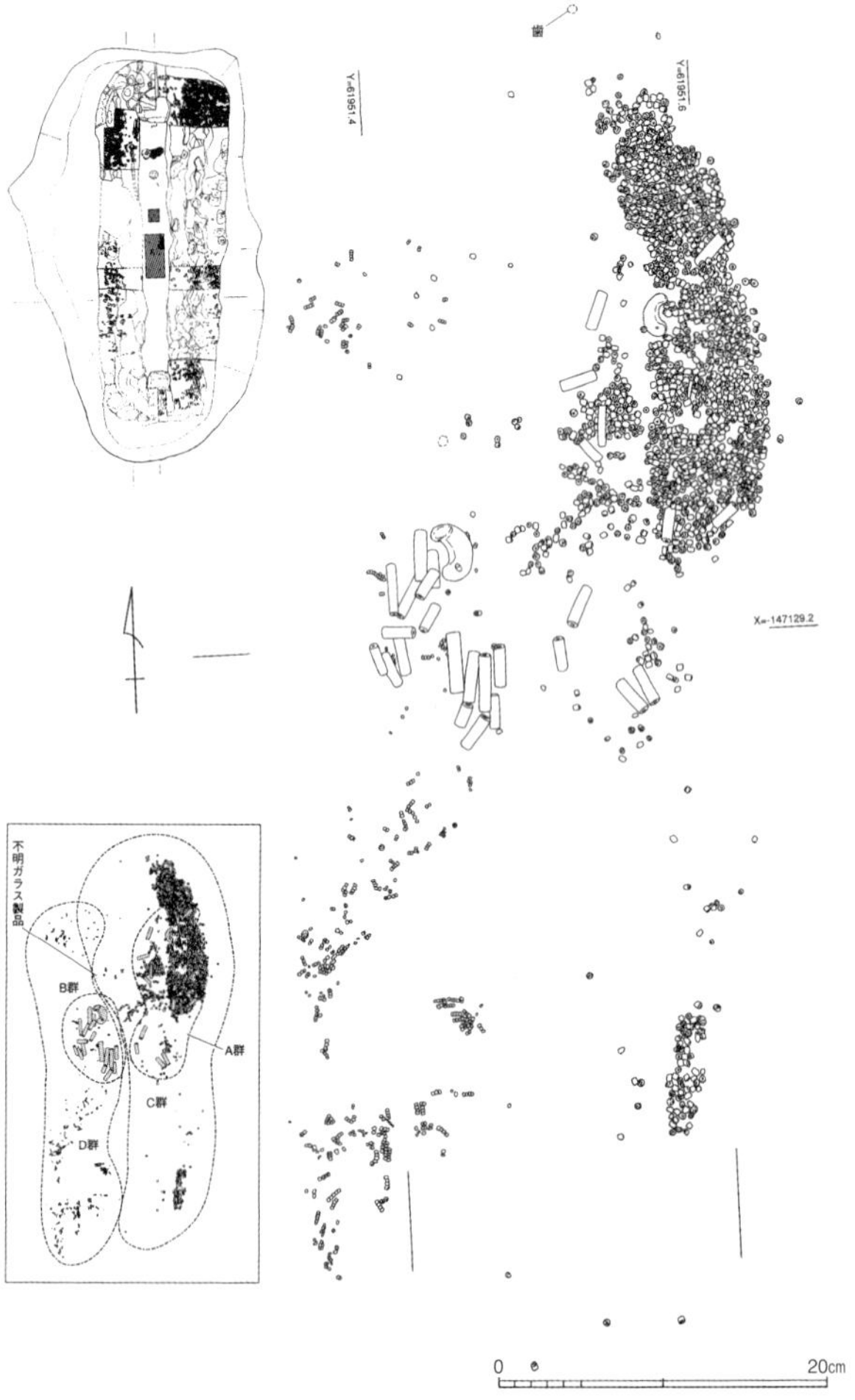

図131　白水瓢塚古墳主体部玉類出土状況

おり、枝状のものに懸架《けんか》された状態でおさめられた可能性が指摘されている。後者の例としては前期後半の兵庫県白水瓢塚古墳《しらみずひさごづか》があり、装飾品としての玉以外に加え、大量のガラス玉が一塊になったり、散布された状態で検出されている（図131）。ただ、報告書では長大な連の形で流通していた玉をそのまま副葬した可能性を示唆している。

特殊な例としては中期後半の大阪府カトンボ山古墳があげられる。百舌鳥古墳群中の巨大前方後円墳である御廟山古墳《ごびょうやま》の陪塚《ばいちょう》とみられる古墳で、粘土床《ねんどしょう》状の施設から小型銅鏡・鉄製品とともに大量の滑石製模造品が出土している。そのなかには勾玉725点、臼玉約2万点が含まれている。

以上の例から、墓のまつりには出土する場所を問わず、主として滑石製玉類とガラス小玉が使用されると言える。

◎神まつりと玉

祭祀遺跡のまつり

古墳時代の祭祀遺跡で開始時期が明確なものは古墳時代前期後半の福岡県沖ノ島《おきのしま》祭祀遺跡と千葉県小滝涼源寺《おたきりょうげんじ》遺跡があり、前期に遡る可能性があるものとして、奈良県石上神宮禁足地《いそのかみじんぐうきんそくち》遺跡・三輪山麓の祭祀遺跡、島根県出雲大社境内《いずもおおやしろけいだい》遺跡がある。これら初期の祭祀遺跡は水に関するもの、磐座《いわくら》などに奉献されたものがあり、水に関する祭祀については、時期が下って豪族の居館や導水施設などで執り行われたものも含まれる。そこで出土する遺物は、古墳の副葬品と共通するものが認められ、ここではそうした遺物にどのような玉類が含まれているか考えてみたい。初期の祭祀遺跡の例として、沖ノ島17号遺跡をみてみると、玉類にはヒスイ製勾玉、碧玉製管玉、ガラス製小玉、滑石製勾玉・管玉・小玉（臼玉）がある。ここで出土している滑石製品はほかの石材のものと形態上の違いはなく、祭祀具ではなく、通常の装身具として奉献されたものと考えられる。こうした傾向は、出雲大社境内遺跡や三輪山麓の祭祀遺跡といった同時期の遺跡でも認められる。出雲大社境内遺跡からはメノウ製勾玉や蛇紋岩製勾玉、滑石製臼玉（図132）といった優美な玉が出土しており、三輪山麓の祭祀遺跡からも碧玉製勾玉・管玉、ヒスイ製勾玉、ガラス製小玉が出土している（図133）。

時期が下る資料が含まれる奈良県大神《おおみわ》神社禁足地とその周辺（図134）、三重県皇大神宮《こうたい》境内（図135）になると出土する玉類に変化が生じてくる。これらの遺跡では滑石製玉類・模造品の割合が増え、特に皇大神宮境内からの出土例は滑石製品が主体となり、勾玉についても中期の精良なものから後期の粗製化したものまで認められる。これは滑石製模造品の盛行と対応するものであるが、捧げものとしての玉から、確立されつつある神まつり専用の道具としての玉への変遷があったことを示すものと思われる。

集落のまつり

こうした神祇《じんぎ》祭祀に連なるような祭祀遺跡でのあり方とは別に、集落での出土状況についても触れてみたい。集落で臼玉をはじめとする滑石製品が出土する例としては、竪穴住居跡、土坑、井戸・溝・河川などの水辺のほか、遺構が希薄な個所からの出土があげられる。このうち、住居からの出土例は床面を覆う層からの出土例が多く、臼玉が樹枝状ものに懸架されていた祭祀具を想定する見解がある。土坑や水辺からの出土例は一様ではないが、滑石製品のみが出土するもの、鉄器や土器などを伴うもの、焼土が認められるものなどがある。また、一度の祭祀で滑石製品が多量に使用されたと考えられるものや大阪府亀川《かめかわ》遺跡の「落ち込

図133　三輪山麓出土玉類

図132　出雲大社境内遺跡出土勾玉・臼玉

図135　皇大神宮境内出土臼玉

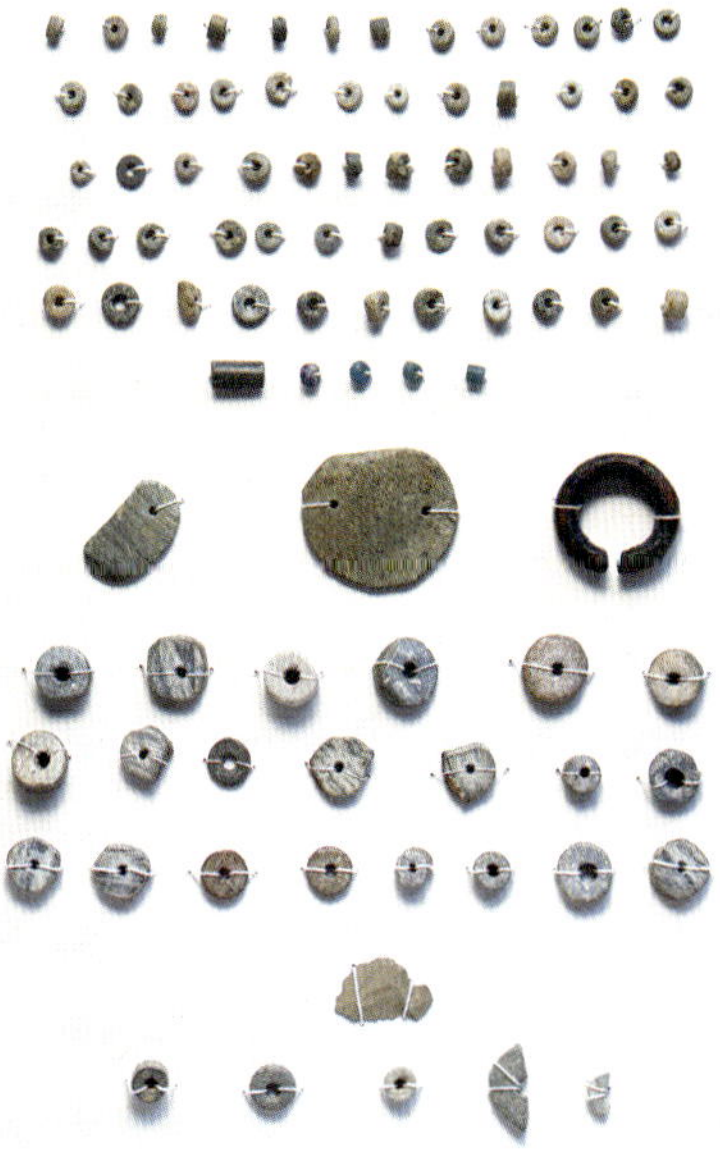

図134　大神神社禁足地出土玉類

み400」のように、集落が存続した中期〜後期の全期間にわたって複数回にわたる祭祀や祭祀後の廃棄により滑石製品が集積された例もある。ただ、兵庫県内の事例をみてみると滑石製玉類が多量に出土する遺跡は、滑石製模造品の製作とそれを使用した祭祀を同時に行っている遺跡と祭祀のみを行う遺跡の2タイプに分かれる可能性がある。前者に分類されるものとして、神戸市松野《まつの》遺跡や南あわじ市木戸原《きどはら》遺跡があげられる。これらの遺跡では居館あるいは区画された祭祀空間と製作跡を含む居住域と考えられる空間が区別されて存在していた。大量の滑石製玉類・模造品が土器集積後にまかれた状態で検出されている神戸市新方《しんぼう》遺跡（図136）などもこの類型に含まれるものと考えられる。それに対して、神戸市森北町《もりきたまち》遺跡・白水《しらみず》遺跡では滑石製品が数百点出土しているものの、製作跡は現在のところ確認されていない。こうした違いについては、祭祀の主体がその地域を治めた豪族なのか、一般的な集落の住民であったのかに起因する可能性がある。

いずれにしても、神まつりに際して、使われた玉は、滑石製の臼玉が主体を占めていた。

図136　新方遺跡出土滑石製品

コラム　コハクの来た道

ここでは古墳時代玉類の原産地から生産地そして消費地へという流通面を考えるべく、コハクを取りあげたい。

【古墳時代のコハク製玉類の研究史・産地同定】 コハク製玉類の生産が、古墳時代中期～後期前半の畿内中枢でも行われていたことが明らかとなったのは、奈良県曽我遺跡の調査であった。曽我遺跡におけるコハクは、室賀照子氏による赤外吸収スペクトルによる産地同定から、10例中7例が岩手県久慈産、2例が千葉県銚子産と同定された。また、奈良県の後期古墳出土コハク製玉類、終末期古墳の竜田御坊山《たつたごぼうやま》3号墳出土コハク製枕などが久慈産と同定された。佐々木和久《ささきかずひさ》・千葉啓蔵《ちばけいぞう》両氏の久慈産コハク製玉類の生産と流通の検討によると、古墳出土例以外に前期後半の長野県篠ノ井《しののい》遺跡群出土品が久慈産と同定され、中期中頃～後半の岩手県中半入《なかはんにゅう》遺跡では久慈産の原石が搬入され、玉作りが行われたことが明らかとなっている。一方で久慈周辺のコハク玉作りは奈良・平安時代が主体であるとしている。

消費地側の検討としては、池上悟《いけがみさとる》氏による古墳出土コハク製玉類の集成がある。３２６古墳から１１００点以上の出土が確認された。分布は青森県から鹿児島県までに及び、千葉県の出土例が全体の約3分の1を占めることが明らかとなった。古墳時代後期～終末期前半に帰属するものが60%近くを占め、器種では棗玉が80%以上を占めることも明らかとなった。また、大賀克彦《おおがかつひこ》氏による古墳時代コハク製玉類の検討によると、コハク製勾玉は古墳時代に入って出現する玉とされ、前期前半に遡る資料の存在が指摘されている。これらは西日本に偏って分布することから、朝鮮半島との関係が示唆されている。

【前期古墳出土のコハク製玉類（古代歴史文化協議会14県集成から）】 前期前半～中頃では、勾玉は5古墳から

7点出土しており、兵庫県、奈良県、福岡県に分布している。棗玉は1古墳から1点出土しており、兵庫県にのみ確認できる。丸玉は1墳墓から1点で、福岡県のみに確認できる。前期後半では、勾玉は7古墳から10点の出土が確認でき、三重県、奈良県、鳥取県、島根県、広島県、福岡県、宮崎県に分布している。丸玉は2古墳から10点出土しており、奈良県、岡山県に分布が確認できる。前期のコハク製玉類の総数は、後述する後期の総数と比較すると極めて少なく、希少な玉であったことがうかがわれる。また、分布の中心を指摘できるような、点数・出土古墳数の多い地域は見出せない。そのなかで大賀氏が指摘するとおり前期前半に遡る勾玉の事例が、福岡県石塚山《いしづかやま》古墳、奈良県見田・大沢2号墳に確認でき、また前期初頭には福岡県汐井掛《しおいがけ》遺跡91号木棺墓から丸玉が出土している。丸玉は前期末の岡山県金蔵山《かなくらやま》古墳からも9点まとまって出土している。ほかに兵庫県へボソ塚古墳

図138　城ノ山古墳出土コハク製勾玉

図139　上椎ノ木1号墳出土コハク製勾玉

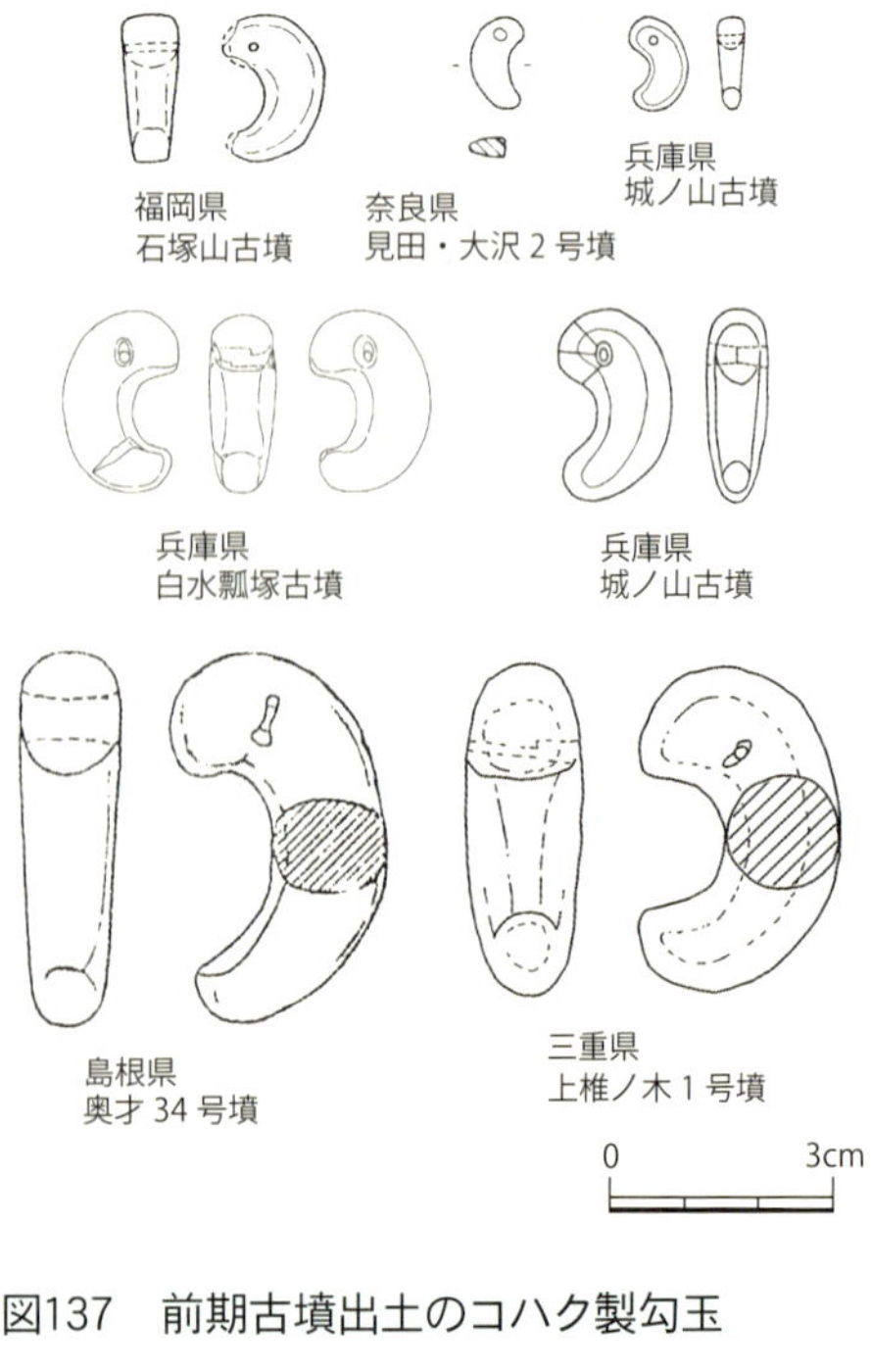

図137　前期古墳出土のコハク製勾玉

出土の棗玉があるが、もっとも多くの古墳から出土しているのは勾玉である（**図137〜139**）。頚飾りのペンダントトップとして、ヒスイ製勾玉以上に、希少な玉として扱われた可能性がある。

【中期〜終末期古墳出土のコハク製玉類（古代歴史文化協議会14県集成から）】総数は７９４点確認され、その県別の内訳は、埼玉県32点、石川県４点、福井県11点、三重県１５６点、兵庫県35点、奈良県２５５点、和歌山県15点、鳥取県９点、島根県７点、岡山県19点、広島県13点、福岡県２３０点、佐賀県７点、宮崎県１点となる。前述の池上氏の全国集成では、東日本では、原産地に近い千葉県・茨城県・福島県に多く、それ以西では静岡県、三重県、奈良県、福岡県などに多いという結果になっており、14県の集成の傾向も概ね合致する。

中期には25古墳から１８７点出土（勾玉25、棗玉１１７、丸玉13、小玉20、切子玉８、算盤玉４）、後期には１７４古墳から５７２点出土（勾玉13、棗玉４０５、丸玉74、小玉16、切子玉29、算盤玉１、管玉４、梔子玉１、平玉１、その他28）、終末期には14古墳から35点出土（棗玉15、丸玉13、小玉５、その他２）という結果となっており、後期にピークがあり、棗玉が多いという状況は明らかである。

【曽我遺跡のコハク製玉類と原石の搬入経路】曽我遺跡のコハク玉作りのピークは碧玉製管玉や滑石製玉類のピークと同様で中期後半〜後期前半にある（**表11**）。室賀氏が指摘するように、その原石は久慈産や銚子産であった。銚子産の

表11　曽我遺跡出土コハク製玉類集計

器種＼地区（時期）	B（後期前半）	C1（中期後半〜後期前半）	C2（前期後半〜中期前半）	D（中期後半〜後期前半）	合計
勾玉	1	1	4	22	28
棗玉	6	16	65	360	447
丸玉	0	0	5	16	21
小玉	13	28	116	532	689
算盤玉	0	0	1	2	3
剥片	482（137.54g）	1335（88.4g）	5131（295.2g）	23653（1337.2g）	30601（1858.34g）

図140　コハクの来た道（曽我遺跡と中半入遺跡）

コハクは畿内にも搬入されるが、千葉県の古墳出土例が多いことからわかるように地元でも盛んに消費されたようである。一方で久慈産のコハクは、岩手・青森県の末期古墳（7世紀～9世紀）の出土例はあるが、それ以前の古墳はほぼ築造されない地域であり、地元での消費はほとんど行われていなかったとみられる。

そのなかで古墳時代中期後半にコハク玉作りが行われたとみられる岩手県中半入遺跡とその遺跡を造営母胎として、近隣に築造された前方後円墳の角塚《つのづか》古墳の存在は、コハクを介して畿内中枢と北東北とが、一時的にしろ、物流で結ばれた可能性がうかがわれる（**図140**）。

第4章　玉から古代日韓交流を探る

1　朝鮮半島の玉類

古墳時代の玉類には、国内で製作されたものばかりではなく、海外で製作され海をこえて日本列島へと搬入された玉類が意外に多い。こうした玉類を「渡来《とらい》系玉類」と呼んでいるが、これには後に製作技術が定着し、国内で製作されるようになった玉類も含んでいる。

近年では海外の玉類との比較研究が進み、日本の古墳時代（3世紀中頃～6世紀）にみられる渡来系玉類には中国や朝鮮半島といった東アジアだけでなく、古代交易ルートとして知られるシルクロードを介して（図141）、遠く南アジアや西アジアから運ばれてきたものもあることがわかってきたが、まずは地理的・文化的に近い位置にあり、日本列島の玉類の変遷に直接的な影響を与えたとみられる朝鮮半島の動向を概観し、対比を行うことによって、日本列島の渡来系玉類の変遷をたどることとする。

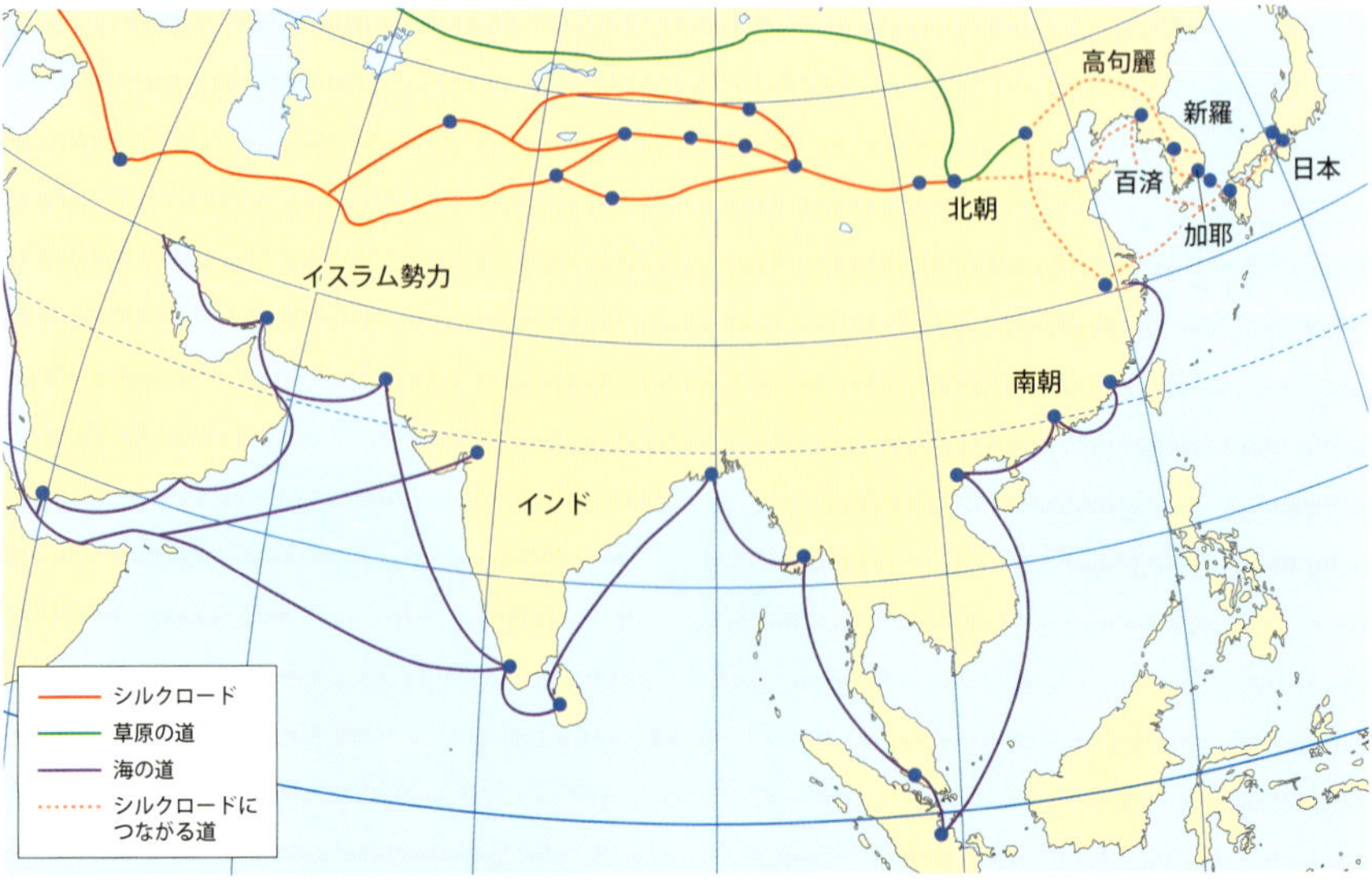

図141　シルクロードのルート想定図

◎青銅器時代～初期鉄器時代

朝鮮半島の青銅器時代（紀元前2千年紀後半～前3世紀前後）～初期鉄器時代（紀元前3世紀前後～紀元前後）を代表する玉類は天河石（アマゾナイト）と碧玉である（図142・143）。

天河石は青緑色や白濁した水色、薄水色の石材で、日本列島内では産出しない。朝鮮半島でも今のところ産地はみつかっていないが、慶尚南道にある山清《サンチョン》郡黙谷里《ムッコクリ》遺跡や晋州《チンジュ》市大坪里《テピョンリ》遺跡が天河石製玉類の生産遺跡として知られており、これらの遺跡に近い位置にある朝鮮半島南海岸中部が産地に推定されている。天河石を使った玉類は半月形や勾玉形、丸玉形のものが一般的であり、概して小型で不定形のものが多い。

碧玉製玉類は管玉に限定される。円筒形の整美な形状に整形されたものが多く、長さ１㎝前後のものから、なかには10㎝をこえる大型品もある。

なお、この時期一部の地域では、細長い形状で透明感を欠いた水色のガラス製管玉がみられる。このようなガラス製管玉出現の背景には、中国漢朝によって朝鮮半島北西部に設置された、楽浪郡《らくろうぐん》（紀元前１０８年～後３１３年）の影響によるものと思われる。同種のガラス製管玉は後の時代にはみられないことから、一時的な流通だったらしい。

朝鮮半島の青銅器時代～初期鉄器時代は、日本では縄文時代晩期～弥生時代中期にあたり、地理的に近い九州北部を中心に

図142　新村里《シンチョンリ》遺跡出土玉類（昌原《チャンウォン》市）
（上：碧玉製管玉、下：天河石製丸玉・勾玉）

朝鮮半島の玉類の搬入が認められる。天河石製玉類は山口県、福岡県、佐賀県で出土例があるが数は非常に少なく、時期もほぼ弥生時代前期（紀元前4世紀～前3世紀）に限定される。碧玉製管玉は前期～中期にかけて搬入され、今までに出土した数も相当数にのぼる。分布範囲も九州北部を中心に中国・四国にまで広範囲に及んでいる。ガラス製管玉は佐賀県や福岡県に分布する甕棺墓からみつかっているが、数は多くない。

◎原三国時代

原三国《げんさんごく》時代（紀元前後～後3世紀）頃になると、従来の天河石製玉類や碧玉製管玉はあまりみられなくなり、かわって水晶、メノウ、コハク、ガラスといった異なる材質の玉類が主流になる。従来の伝統を刷新し、新たな材質と形状を用いた玉類の生産、流通がはじまった点で画期的である。

水晶製玉類には勾玉、切子玉、棗玉、丸玉がある。勾玉は天河石製の勾玉と形状が異なり、細く整美な形状のものに画一化する。切子玉はこの時代に登場した新たな形状である。朝鮮半島西南部の金海《キメ》は水晶製玉類を特に多用した地域で、金海市良洞《ヤンドン》里《リ》遺跡200号墓では切子玉や扁平な切子玉（韓国での名称は多面玉）、322号墓では大きさの揃った小型の勾玉が数多く出土している（**図144・145**）。

メノウ製玉類は鮮やかな朱色や赤みの強い橙色、濃赤茶色のものが多く、日本でつくられたメノウ製玉類

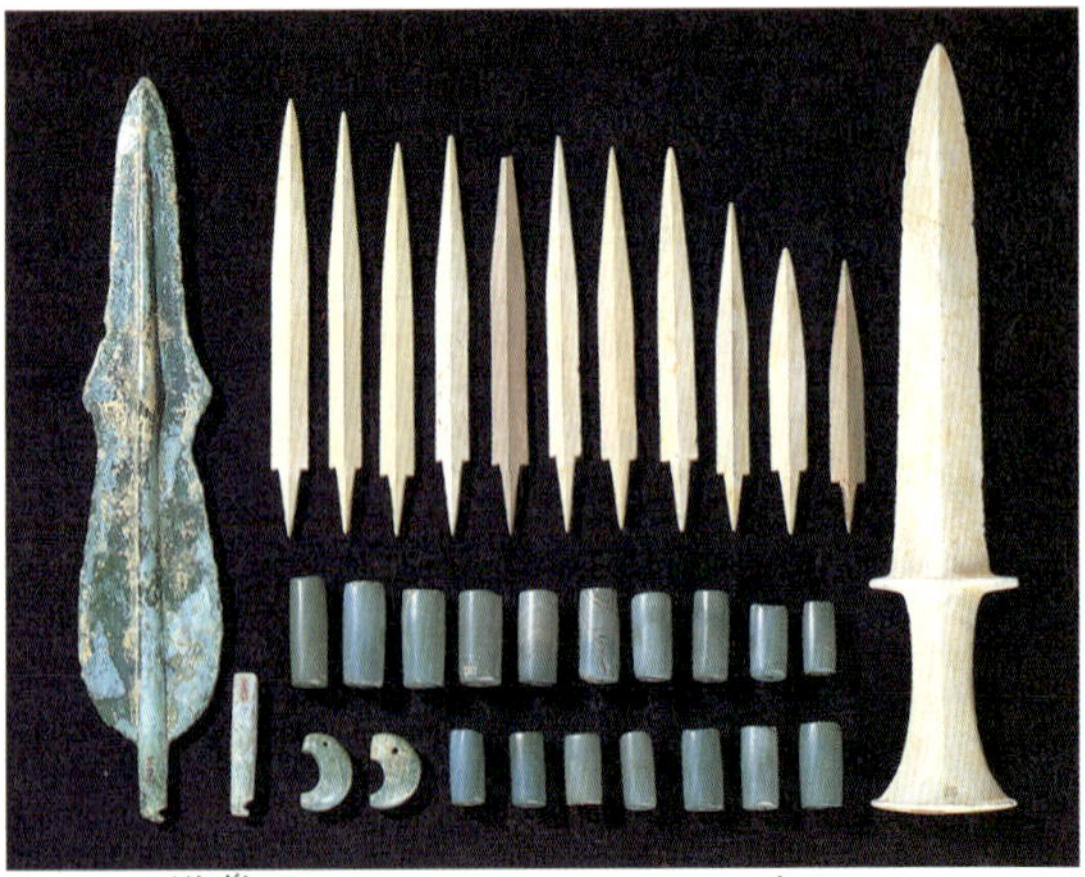

図143　松菊《ソングン》里《ニ》遺跡石棺墓出土玉類（扶余《プヨ》郡）
（中央下：天河石製勾玉、碧玉製管玉）

と比べると色調が鮮やかである（図145）。扁平な切子玉や丸玉、管玉がある。こうしたメノウ製玉類の生産地は今のところ特定されていないが、赤メノウを使った玉類はインドで盛んに製作されたことから、南アジアの影響によるものとも考えられる。

ガラス製玉類のうち、径の小さな小玉は以前から一部流通していたが、この時代以降はおびただしい量が流通するようになる。色は紺・青・水色が多く、ほかにも赤茶色や黄色、黄緑色などがあり、多くは「引き伸ばし技法」と呼ばれる技術によって製作される。同種のガラス小玉は、紀元前6世紀～前3世紀頃にインドで発生し、中国の南海政策で活性化した海上交易により、アフリカ大陸東部から東アジアまで広範囲に分

図144　良洞里遺跡200号墓出土玉類
（水晶製切子玉など）

図145　良洞里遺跡322号墓出土玉類
（水晶製勾玉・切子玉、メノウ製丸玉など）

布するようになったと言われている。製作技法や形状、成分が類似するこのガラス小玉は「インド・パシフィックビーズ」と呼ばれ、朝鮮半島や日本列島で多数みつかっているものの多くもこれに含まれる。一方、河南《ハナム》市渼沙里《ミサリ》遺跡や海南《ヘナム》郡郡谷里《グンコクリ》遺跡ではガラス小玉を製作するための鋳型がみつかっており、朝鮮半島内でガラス小玉の生産がはじまっていたことがわかっている（図146）。製品の流通量は少ないが、ガラス小玉の供給元は一元的ではなかったらしい。ほかにも、ガラス製の勾玉や管玉、透明度の高い薄水色で、方柱《ほうちゅう》状や六角形状の大型ガラス玉もある。

　朝鮮半島の原三国時代は日本ではほぼ弥生時代後期にあたり、特に九州北部では朝鮮半島の動向を直接反映した玉類の組み合わせがみられる。水晶製玉類は国産品との区別が難しいが、算盤玉や切子玉が複数の遺跡から出土している。メノウは色調や技法の違いから国産品との区別が可能であり、明らかに渡来系の管玉や丸玉がある。ガラス製小玉はこの時期以降日本列島内で広汎かつ急速に流通しており、一つの遺跡から数千点ものガラス製小玉が出土した例もある。また、ガラス製勾玉は弥生時代中期（紀元前2世紀〜後1世紀中頃）以降、鋳型を用いた製作が九州北部や畿内ではじまり、後期にも引き続き製作が行われた。

図146　渼沙里遺跡出土ガラス小玉鋳型

◎三国時代

三国時代（3世紀〜7世紀）は、前の時代に引き続いてガラス、水晶、メノウ、コハクが玉類の主要な材料として使われるほか、新たにヒスイや金属製の玉類が登場する。また、原三国時代にはほとんど使われなくなっていた碧玉製管玉も再び使用されるようになるが、これを日本列島からの影響とみる意見もある。

ヒスイはほぼ勾玉に限定され、特に王陵級の墳墓に集中して出土する。朝鮮半島では今のところヒスイの産地が確認されておらず、日本列島から搬入されたと考えられている。金海や釜山《プサン》といった朝鮮半島南東部沿岸では、三国時代の早い段階からヒスイ製勾玉が出現し、5世紀になると新羅や百済にもヒスイ製勾玉が分布するようになる。特に新羅の王陵級墳墓からはヒスイ製勾玉がまとまって出土している。

例えば、5世紀後半の王陵である慶州《キョンジュ》市皇南《ファンナム》大塚《デチョン》南墳からは40点、同北墳からは121点のヒスイ製勾玉がみつかっているが、これらは緑色透明の非常に良質なヒスイを使用しており、冠や銙帯《かたい》（飾りをつけたベルト）の装飾に用いられている（図147）。白鶴美術館が所蔵する伝福岡県福岡市周船《すせん》寺《じ》所在古墳出土ヒスイ製勾玉付金鎖《きんぐさり》頸飾りは、高度な金工技術を用いた金鎖と五つの良質なヒスイ製勾玉を組み合わせた逸品で、

図147　皇南大塚北墳出土金冠

新羅で製作され日本に搬入されたものとされる（図148）。

金属製玉類には金製、銀製、金銅製品があり、内部が中空につくられた勾玉や丸玉がある。金を使った製品に関しては、その淵源が西アジア黒海北岸のスキタイ文化に求められる。スキタイ文化は地中海地域の影響を受けた精緻な金製品を製作したことで有名で、その細工技術がシルクロードの草原の道（ステップルート）をたどって東アジアへと伝播した後、三国時代に新羅に定着し、やがて百済や加耶《かや》にも浸透していったとされる。新羅の王陵級墳墓からは、冠や銙帯、腰佩《ようはい》（腰に吊り下げた装飾品）、垂飾付耳飾りといった精緻な技術を駆使した様々な金工製品がみつかっており、新羅の金細工の水準の高さを物語っている。こうした金工技術はほどなく日本列島にも伝わり、古墳時代中期後半（5世紀後半）には畿内中枢で生産がはじまり、国産の金属製玉類が列島各地に流通したとみられている。

ガラス製の玉類も前時代から引き続いて数多くみられるが、なかでも目を引くのが装飾付ガラス玉である。一般的にはトンボ玉とも呼ばれ、二種類以上の異なる色で縞模様を表現した雁木玉や斑点文《はんてんもん》トンボ玉、重《じゅう》圏文《けんもん》トンボ玉、モザイク玉、二層構造の重層ガラス玉などがある。

装飾付ガラス玉は紀元前7世紀~前6世紀頃、メソポタミアや地中海沿岸で盛んに製作され、広域に流通

図148　伝福岡市周船寺所在古墳出土ヒスイ製勾玉付金鎖頸飾り
（白鶴美術館所蔵）

しており、中国新疆《しんきょう》地区にまで重圏文トンボ玉が到達している。

中国でも戦国時代早期（紀元前4世紀）には装飾付ガラス玉の製作がはじまっており、その後中国東北部を経由して朝鮮半島にも伝わったとされる。朝鮮半島では前述の皇南大塚をはじめ、5世紀代の新羅の墳墓から、ほかの地域ではみられない斑点文トンボ玉が複数みつかっており、遅くともこの頃には製作がはじまったようである。また、日本列島でもやはり古墳時代中期から新羅出土例と類似するトンボ玉が出土していることから、新羅で製作されたトンボ玉が日本列島へ搬入されたものと思われる。

◎玉類の日韓交流

朝鮮半島と日本列島の玉類を対比してみると、日本列島の玉類は、朝鮮半島や汎アジア的動向とも関連していたことがわかる。日本列島で弥生時代中期以降に定着する碧玉製管玉や、弥生時代後期以降に国産化が顕著となる水晶製、メノウ製玉類は、朝鮮半島の動向と軌を一にしているとみることができる。古墳時代中期に渡来系玉類として新たに日本列島に登場するトンボ玉や金属製玉類は、朝鮮半島の新羅からの直接的な搬入と技術の伝播が想定される。さらにこれらの淵源は、遠く西アジアにたどることができる。インド・パシフィックビーズや南アジアで流行した赤メノウ製玉類は、当時活性化した海上交通によりはるばる海をこえて日本列島へともたらされたのであろう。

このように、古墳時代の玉類の動向を通して、当時の日本列島と朝鮮半島との緊密な関係、シルクロードを介した技術の伝播や交易の様相といった歴史の一端を垣間みることができる。

2　朝鮮半島から渡来した玉類

◎農耕のはじまりと半島系玉類の定着

朝鮮半島に近い位置にある九州北部は、いつの時代でも渡来系遺物が集中する地域である。弥生時代のはじまり（紀元前4世紀）には、本格的な稲作農耕技術とともに貯蔵用の壺や大陸系磨製石器、紡錘車を使用した織物技術など、複合的な要素が朝鮮半島を経由して日本列島に伝わり、その後稲作農耕文化として定着したとされる。縄文時代晩期〜弥生時代前期に日本列島へと伝わったものの一つに、九州北西部を中心に分布が確認されている支石墓があるが、その支石墓に副葬された玉類もまた、材質や形状が当時の朝鮮半島にみられる玉類と類似することから、渡来系要素の一つとして理解される。

支石墓と半島系管玉

長崎県天久保《あまくぼ》遺跡では、一基の支石墓から15点もの碧玉製管玉が出土した。また、支石墓を中心とした佐賀県久保泉丸山《くぼいずみまるやま》遺跡や福岡県井田用会《いたようえ》遺跡でも碧玉製・緑色片岩製の管玉が出土

図149　久保泉丸山遺跡の支石墓

している（図149・150）。これらの管玉は、縄文時代以前の中央付近が膨らんだ管玉とは形態や材質が異なっており、朝鮮半島からの直接的な影響下によるものと考えられる。特に、青味が強く精美な円筒形をした碧玉製管玉は、朝鮮半島からの搬入品とみられている。この「半島系管玉」と称される一群は、古墳時代まで出土例が認められるが、いずれも石針で穿孔される特徴を持つ。

天河石製玉類の出現

同様に、朝鮮半島からの搬入品と識別できる資料に、福岡県今川《いまがわ》遺跡出土の天河石製勾玉や碧玉製太型管玉片がある。本遺跡では青銅製短剣の再加工品が出土しており、やはり複数の渡来系要素を見出すことができる（図151）。また、福岡県大木《おおき》遺跡７号土壙《どこう》墓からは、ヒスイ製勾玉１点と碧

図151　今川遺跡出土品
（天河石製勾玉、碧玉製管玉など）

図152　大木遺跡７号土壙墓出土玉類
（ヒスイ製勾玉、碧玉製管玉、天河石製玉類）

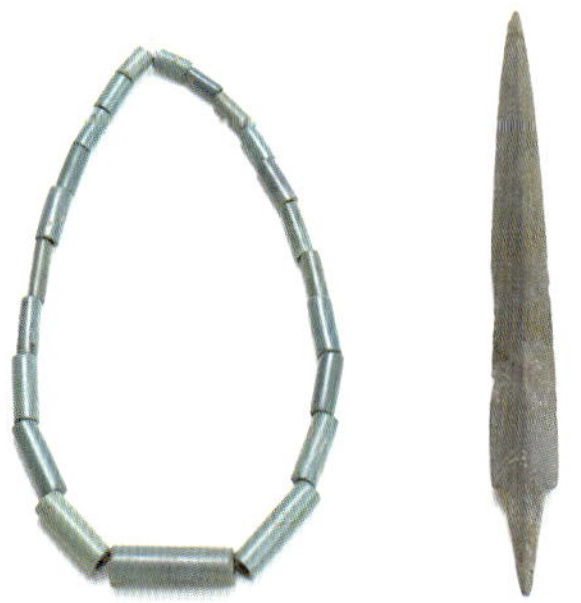

図150　井田用会遺跡出土品
（左：半島系管玉、右：磨製石鏃）

玉製管玉5点に加えて、天河石製勾玉1点と丸玉8点が出土している（図152）。天河石製玉類がこれだけの点数出土している遺跡はほかにない。碧玉製管玉も朝鮮半島からの搬入品の可能性が高い。

半島系管玉の流通

弥生時代前期末~中期にかけて、九州北部では青銅製の武器や鏡、装身具類を副葬する墓があらわれるようになる。これらは副葬品の豊富さや希少性から、それぞれの地域を束ねた首長の墓と考えられている。

この時期の玉類は、縄文時代以来の伝統的材質であるヒスイ製勾玉と、弥生時代になって新たに九州北部で受容され、まもなく国内でも生産されるようになった碧玉・緑色凝灰岩製管玉が基本的な組成となる。これに加えてガラス製の玉類が登場し、後期になると多量に流通するようになる。

ヒスイ製勾玉と碧玉・緑色凝灰岩製管玉の良好な組み合わせは、例えば佐賀県宇木汲田遺跡・中原《なかばる》遺跡、福岡県吉武高木《よしたけたかぎ》遺跡・田熊石畑《たぐまいしはたけ》遺跡（図153）といった九州北部の玄界灘沿岸地域にある。分析の結果、朝鮮半島産とみられる管玉が相当数含まれていることがわかっている。九州北部の地理的要因に加えて、その当時の流通機構の充実が背景としてあるのだろう。半島系管玉は九州北部

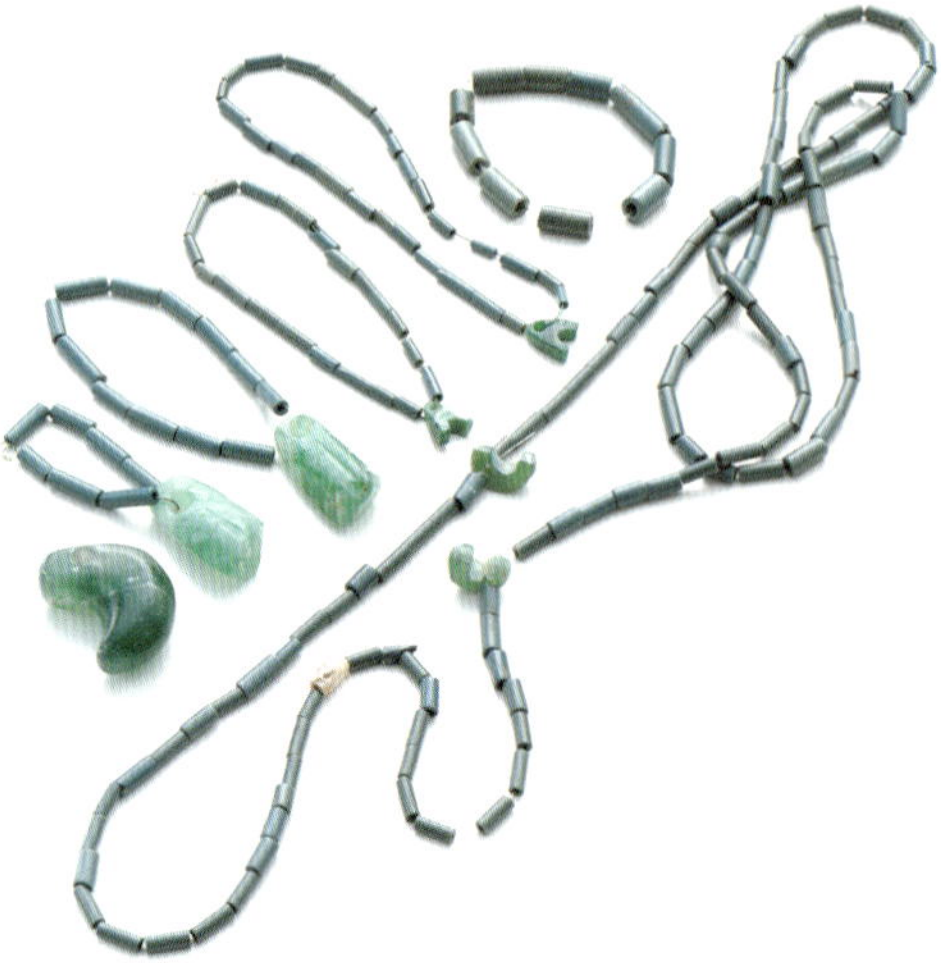

図153　田熊石畑遺跡出土玉類
（ヒスイ製勾玉、碧玉製管玉など）

に濃密に分布するだけでなく、中国・四国にまで広く分布する。

身に着ける装飾品以外で、この頃の渡来系玉類として興味深い事例がある。弥生時代中期の佐賀県柚比《ゆび》本村《ほんむら》遺跡の甕棺墓からは、銅剣鞘《さや》に碧玉製装飾を取り付けた「赤漆玉細装《あかうるしたまさいそう》鞘付銅剣」が出土している（図154）。碧玉製装飾は長さ約１㎝の薄い長方形状に加工され、８列20行にわたって飾り付けられている。

ガラス製玉類

ガラス製玉類の古い事例もやはり九州北部にあり、佐賀県東山《ひがしやま》田一本杉《だいいっぽんすぎ》遺跡の弥生時代前期末の甕棺墓から、緑色のガラス小玉が１点出土しているのが今のところ確実な初例である。

弥生時代中期には、不透明な青色の鉛バリウムガラス製管玉が上位階層墓の副葬品のなかに認められるようになる。佐賀県吉野ヶ里遺跡墳丘墓の１００２号甕棺墓から出土した79点の管玉は、その代表的事例と言える（図155）。九州北部外では、島根県西谷３号墓で２４５点のガラス玉類が出土している。西谷３号墓出土ガラス玉は、中国で製作された品が搬入された可能性が指摘されている。

図154　柚比本村遺跡出土赤漆玉細装鞘付銅剣

多様なガラス製装飾品

ガラス玉は頸飾りや腕輪に用いられた以外にも、頭飾りとして用いた事例も認められる。福岡県立岩《たていわ》遺跡28号甕棺墓では、小型のガラス管玉を連ねた髪飾りが原形を保った状態で出土した。同遺跡からはかんざしに用いたガラス製の塞杆《さいかん》状製品も出土している。同様の頭飾りは京都府赤坂今井墳丘墓でも発見されている。

装飾品以外のガラス製品では、福岡県三雲南小路《みくもみなみしょうじ》1号墓から出土したガラス璧《へき》がある（図156）。このガラス璧は中国で葬送具・祭具として用いられたもので、権威の象徴としての意味合いもある。ガラス璧は玉類に再加工する事例も認められ、三雲南小路2号墓ではペンダント、福岡県安徳台《あんとくだい》2号甕棺墓では勾玉に転用

図155　吉野ヶ里遺跡墳丘墓1002号甕棺墓出土ガラス製管玉

図156　三雲南小路1号墓出土ガラス璧（上：復元品）

されている（図157）。これらはガラス壁を直接研磨して製作したものである。

弥生時代中期まではそれほど多くの出土例はないが、後期（1世紀中頃～3世紀前半）になるとおびただしい数のガラス小玉が墳墓に副葬されるようになる。色調や形状が揃ったガラス小玉が、一つの墳墓から1千点以上出土した例もある。ガラス小玉の多くは青色や紺色だが、なかには前述の赤褐色不透明のガラス小玉のインド・パシフィックビーズがある（図158）。このガラス小玉は、東南アジアのある地域では最近まで特に珍重されていた。

図157　安徳台2号甕棺墓出土ガラス製勾玉

図158　平原《ひらばる》遺跡出土ガラス製小玉（福岡県）
（赤褐色の小玉がインド・パシフィックビース。）

弥生時代のトンボ玉

弥生時代中期には、わずかながらトンボ玉の流入も認められる。日本列島の西の玄関口とも言える長崎県壱岐島の原《はる》の辻《つじ》遺跡では、石田《いしだ》大原《おおばる》2号甕棺墓から1点、3号甕棺墓から3点が出土している（図159）。このトンボ玉は、青いガラスを本体として白色の二重楕円文と円点文で装飾したもので、中国・広州漢墓《こうしゅうかんぼ》出土トンボ玉との意匠の類似が指摘されている。原の辻遺跡出土トンボ玉は日本列島でも最初期の事例である。

弥生時代のガラス工房

弥生時代のガラス玉は、鉛バリウムガラスを素材に用いた製品が数多くみられるが、製品の搬入だけでなく、弥生時代中期には日本列島でのガラス玉生産も開始される。福岡県須玖岡本《すぐおかもと》遺跡や須玖五反田《ごたんだ》遺跡がある春日丘陵一帯は、弥生時代の青銅器を製作した工房跡がみつかっており、青銅器の鋳型も多数出土してい

図159　原の辻遺跡出土トンボ玉

図160　須玖五反田遺跡出土ガラス勾玉鋳型

図161　比恵遺跡群出土掛堰・混ぜ棒

る。これらに加えてガラス製品の鋳造関連遺物も出土していることから、青銅器だけでなくガラス製品もあわせて生産していたことがわかっている。鋳型は勾玉を製作したもので、一つの鋳型に複数個体分を並列に彫りこんで同時に鋳造している（図160）。また、福岡県比恵《ひえ》遺跡群ではガラス鋳造に用いた「掛堰《かけぜき》」と混ぜ棒が完全な形で出土した。掛堰は底に孔のある容器で、溶けたガラスを鋳型に注ぎこむ時の受け口になるものである（図161）。これらのガラス工房で用いた原材料については、日本列島内で生産されたものではなく、やはり大陸との交易で入手した原材料であったと考えられる。前述した須玖五反田遺跡のガラス工房も奴国《なこく》の中枢に近く、搬入物資の流通が権力構造に組み込まれていたことを想起させる。

渡来系玉類と日本列島の玉文化

このように弥生時代における日本列島の玉は、文化面・物流面の双方において、中国や朝鮮半島との関係が重要な構成要素となっている。特に、農耕文化とともに渡来した半島系管玉は、山陰系管玉をはじめとする、その後の玉生産の展開の前提条件となった。ガラス玉の大量流入がはじまった後は、物流面において日本列島における玉の外部依存率は飛躍的に増大した。墳丘墓などでのガラス製玉類の多量副葬事例やガラス工房の様相からは、入手経路（交易）・製作・所有（副葬）が権力と結びついていたことを物語っている。

3　朝鮮半島出土のヒスイ製勾玉の分析

◎蛍光X線分析・比重計測による日韓のヒスイ製勾玉の分析

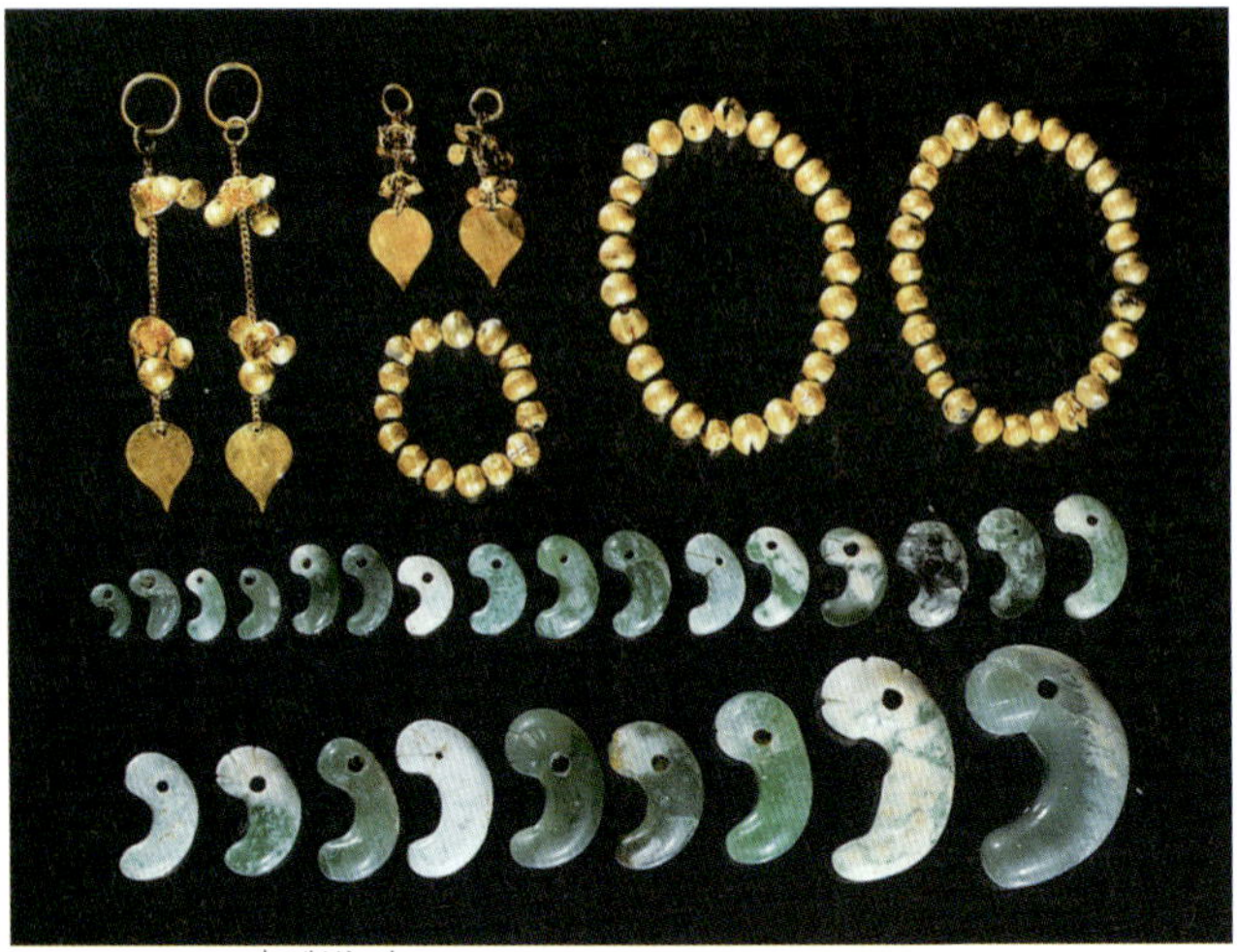

図162　新羅 月城《ウォルソン》路《ノ》カ−13号墳出土玉類

ヒスイは、海をへだてた朝鮮半島でも三国時代の古墳や寺院から出土している（図162）。なかでも、新羅の王陵から出土した金冠に取り付けられたヒスイ製勾玉の美しさはひときわ目を引く。朝鮮半島におけるヒスイの存在は戦前より注目されており、これまでに新潟県糸魚川産とみる説や朝鮮半島産とみる説などが出されている。考古学的な検討のほか、自然科学的分析も実施されているが、産地についてはこれまでのところ決着をみていない。

古代歴史文化協議会は、奈良県出土のヒスイ製玉類と朝鮮半島の新羅・加耶出土のヒスイ製勾玉を比較検討するため、韓国諸機関の協力を得て、考古学的検討および自然科学的分析を行った。自然科学的分析では、蛍光X線分析と比重計測を実施した。蛍光X線分析は、据置《すえおき》型蛍光X線およびポータブル蛍光X線（図163）によって得られた定量値から、岩石の化学組成を知る方法である。比重計測は、鉱石の種類によって比重が異なることを利用し、その材質の推定を行なう方法であるが、ヒスイの場合は通常3.2〜3.4の値を示す。

新羅古墳出土のヒスイ製勾玉

2015年度に新羅古墳のうち慶尚北道慶山《キョンサン》市に所在する林堂《イムダン》古墳群、慶州《キョンジュ》市に所在する皇吾洞《ファンオドン》34号墳および味雛王陵《ミチュワンヌン》地区古墳群第12地区から出土したヒスイ製勾玉を対象に調査を実施した。

林堂古墳群では、5世紀〜6世紀を中心に慶山地域の首長墓（封土墳《ふうどふん》）が築造されており（図164）、埋葬施設は岩盤を掘削した木槨である。一つの古墳群から20点をこえるヒスイ製勾玉が出土し、かつ築造時期が異なる古墳から出土していることから、副葬されたヒスイ製勾玉の流通過程を考える上で重要な資料と言える。また、皇吾洞34号墳や味雛王陵地区古墳群は、新羅王陵やそれに次ぐ古墳ではないものの、王都周辺に分布する5世紀後半〜6世紀にかけて築造された古墳である。

調査の結果、新羅古墳出土のヒスイ製勾玉（図165）は、遺物の熟覧をふまえた考古学的所見から糸魚川産の可能性が高いと考えられるが、自然科学的分析からの産地推定は困難であった。その理由の一つは、ヒスイは変成作用をうけて生成される鉱物であるため、たとえば糸魚川のような同一産地内であっても化学組成

図163　韓国における玉類調査風景（ポータブル蛍光X線分析）

のばらつきが大きいからである。その一方で、資料の一部の化学組成が極めて類似した傾向も示した。これは、同一の原石もしくは隣接した岩脈で形成されたヒスイ原石を材料として製作された可能性などが考えられる。

今回計測した林堂古墳群出土ヒスイ製勾玉に関する分析値は、奈良県出土のヒスイ製玉類の分析値とは異なる様相をみせることが明らかになった。すなわち、林堂古墳群出土ヒスイ製勾玉はカルシウム（Ca）、鉄（Fe）、ストロンチウム（Sr）の含有量が低い傾向を示すとともに、それぞれの化学組成が類似している。これは、奈良県出土のヒスイ製玉類の化学組成にばらつきがみられる点とは大きく異なる（図166・167）。さらに、皇吾洞および味雛王陵地区の古墳から出土したヒスイ製勾玉も、林堂古墳群のヒスイ

図164　林堂古墳群（造永洞）全景

図165　朝鮮半島出土ヒスイ製勾玉（左：林堂CII-1号墳、中：林堂２号墳北、右：皇吾洞34号墳）

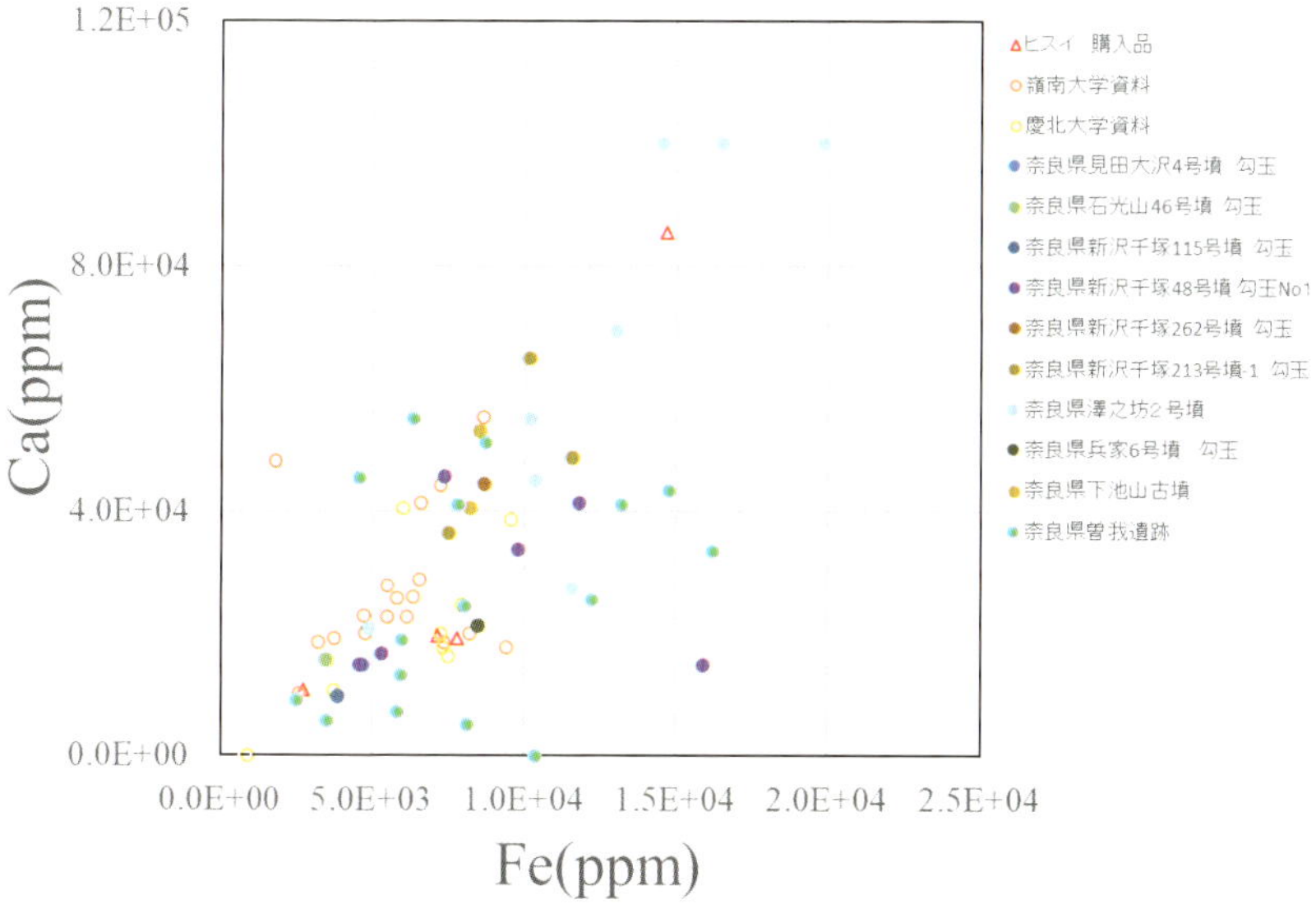

図166　新羅古墳出土ヒスイ製勾玉のカルシウム―鉄の含有量の分布
（オレンジ○が林堂古墳群、黄色○が皇吾洞34号墳および味雛王陵地区古墳群）

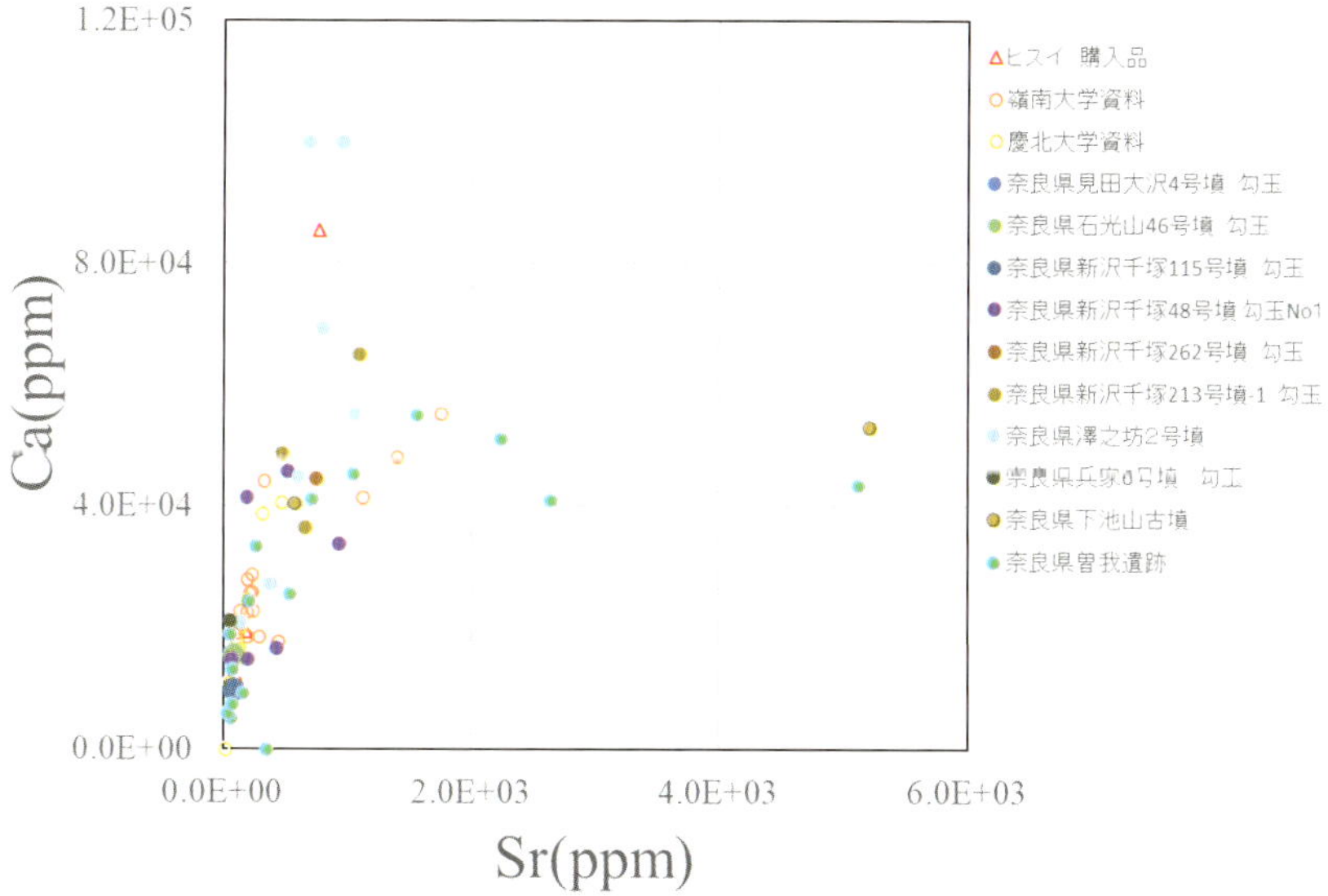

図167　新羅古墳出土ヒスイ製勾玉のカルシウム―ストロンチウムの含有量の分布
（オレンジ○が林堂古墳群、黄色○が皇吾洞34号墳および味雛王陵地区古墳群）

製勾玉と化学組成が近いことがわかった。

この化学組成の違いをもとに、仮に林堂古墳群築造集団によるヒスイ製勾玉の入手過程を推測すると、現時点では二つのケースが想定できる。ひとつは、同じ原石もしくは隣接した岩脈で形成された原石を採掘し、原石のまま移動し、朝鮮半島で勾玉に製作されたケースである。もう一つは、同じ原石もしくは隣接した岩脈で形成された原石から勾玉に製作され（朝鮮半島以外）、そのセット関係がある程度くずれないまま、朝鮮半島に搬入されたケースである。いずれにせよ、古墳に副葬するたびヒスイ製勾玉を各地から入手していたのではない可能性を示している。

加耶古墳出土のヒスイ製勾玉の分析

２０１６年度には、新羅古墳に続いて、加耶古墳のうち釜山《プサン》広域市に所在する福泉洞《ポクチョンドン》古墳群、慶尚南道陜川《ハプチョン》郡に所在する玉田《オクチョン》古墳群から出土したヒスイ製勾玉（図169）を対象に調査を実施した。

福泉洞古墳群は3世紀～4世紀には木槨、5世紀以降は竪穴式石槨を墓制とする釜山地域の中心古墳群である（図168）。4世紀前半～5世紀後半の古墳から出土したヒスイ製勾玉16点を対象とした。9号墳（3点）、15号墳（2点）、27号墳（1点）、33号墳（1点）、35号墳（2点）、38号墳（1点）（図169左）、53号墳（2点）、54号墳（1点）、80号墳（1点）、１３１号墳（2点）から出土している。

図168　福泉洞古墳群全景

玉田古墳群では、４世紀～５世紀には木槨や竪穴式石槨、６世紀になると横口式石槨《よこぐちしきせっかく》や横穴式石室を墓制とする陜川地域の中心古墳群である。５世紀中頃～６世紀前半の古墳から出土したヒスイ製勾玉10点を対象とした。Ｍ６号墳（５点）（図169中）、12号墳（３点）（図169右）、24号墳（２点）から出土している。調査の結果、福泉洞古墳群および玉田古墳群出土のヒスイ製勾玉は、遺物の熟覧をふまえた考古学的所見から糸魚川産の可能性が高いと考えられるが、自然科学的分析からはやはり産地の推定まで至らなかった。しかし、自然科学的分析値は、前回の新羅古墳と同様、奈良県出土のヒスイ製玉類の分析値とは異なる様相をみせることが明らかになった。すなわち、加耶古墳出土のヒスイ製勾玉もカルシウム（Ca）、鉄（Fe）、ストロンチウム（Sr）の含有量が低い傾向を示すとともに、それぞれの化学組成が類似している（図170・171）。結果的に、加耶古墳出土のヒスイ製勾玉の化学組成は、奈良県出土のヒスイ製勾玉と異なる一方で、新羅古墳出土のヒスイ製勾玉の化学組成とは類似することがわかった。

図169　朝鮮半島出土ヒスイ製勾玉（左：福泉洞38号墳、中：玉田M6号墳、右：玉田12号墳）

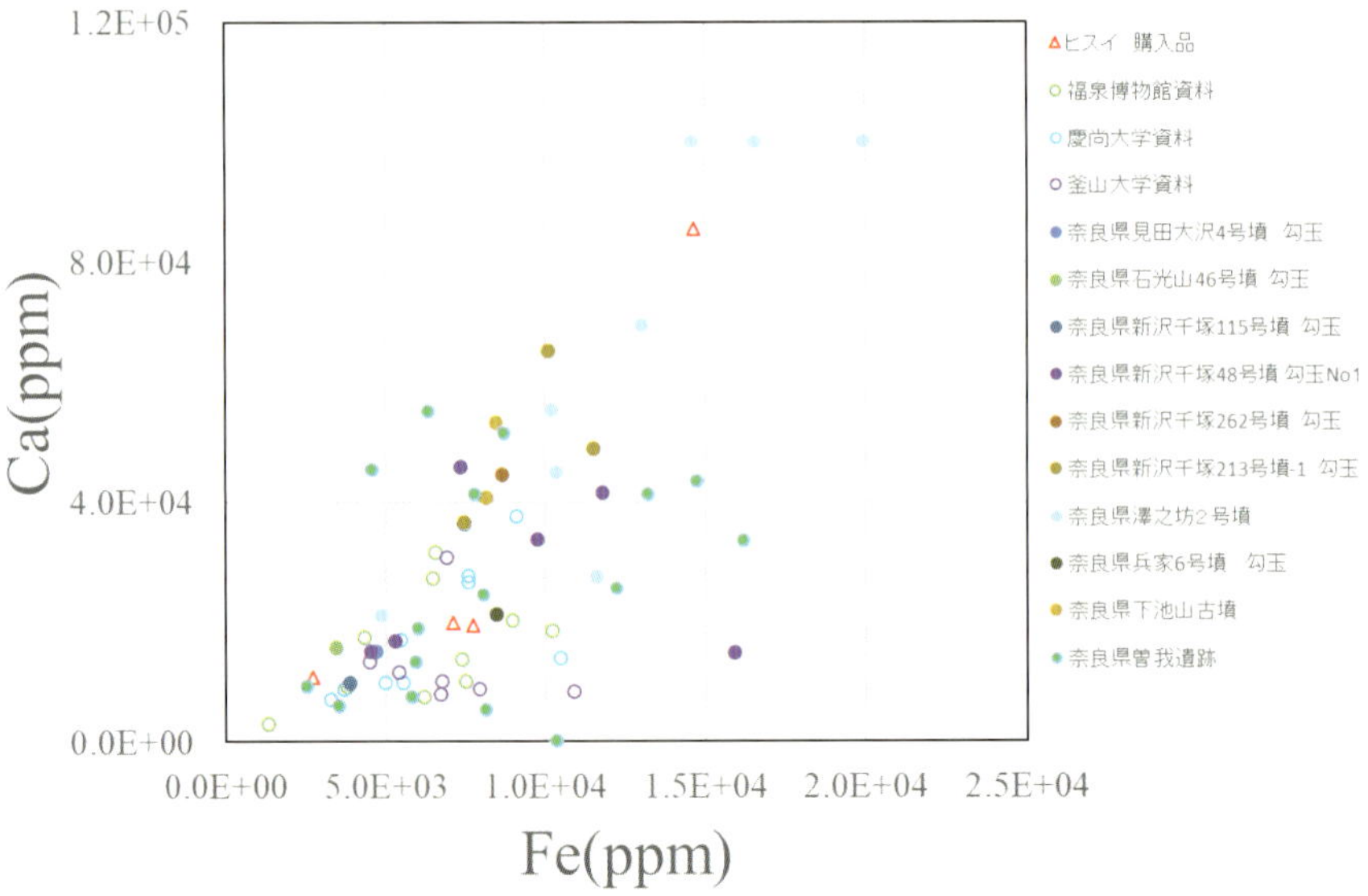

図170　加耶古墳出土ヒスイ製勾玉のカルシウム—鉄の含有量の分布
（黄緑○・紫○が福泉洞古墳群、水色○が玉田古墳群）

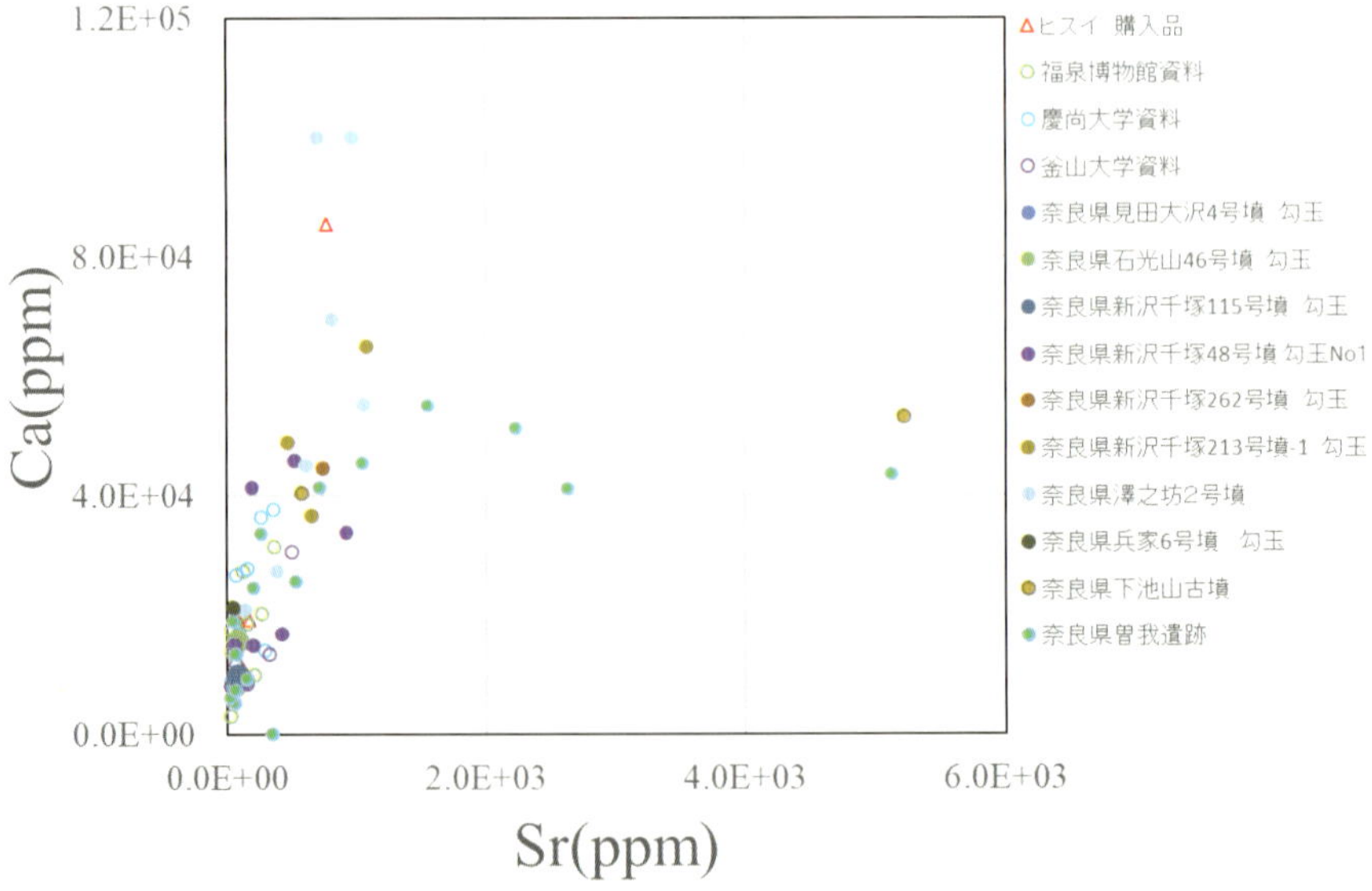

図171　加耶古墳出土ヒスイ製勾玉のカルシウム—ストロンチウムの含有量の分布
（黄緑○・紫○が福泉洞古墳群、水色○が玉田古墳群）

◎ヒスイ製勾玉の分析からみた日韓交流の様相

新羅および加耶古墳から出土したヒスイ製勾玉を調査した結果、考古学的所見からは糸魚川産の可能性が高いと考えられるが、自然科学的分析から産地の推定までは困難であった。そのなかで、新羅および加耶古墳出土のヒスイ製勾玉に関する分析値は、奈良県出土のヒスイ製玉類の分析値とは異なる様相をみせることが明らかになった。新羅および加耶古墳出土のヒスイ製勾玉はカルシウム（Ca）、鉄（Fe）、ストロンチウム（Sr）の含有量が低い傾向を示すとともに、それぞれの化学組成も類似している。ここで奈良県資料において認められなかった、この化学組成のまとまりをどのように解釈するかが課題となる。

前述のように、仮に同じ原石もしくは隣接した岩脈で形成された原石を採掘し、原石のまま移動し、朝鮮半島で勾玉に製作された場合、化学組成が類似する可能性はある。あるいは、同じ原石もしくは隣接した岩脈で形成された原石から勾玉に製作され（朝鮮半島以外）、そのセット関係がある程度くずれないまま、朝鮮半島に搬入された場合でも同様の化学組成を示す可能性がある。

いずれにしても、これまでみてきたように新羅と加耶の違いや、4・5世紀といった古墳の時期の違いに関係なく、朝鮮半島出土のヒスイ製勾玉の化学組成は狭い領域に集中している。そのため、現時点では朝鮮半島に搬入されたヒスイの採掘は、ある程度限定された範囲内で行われたのでは

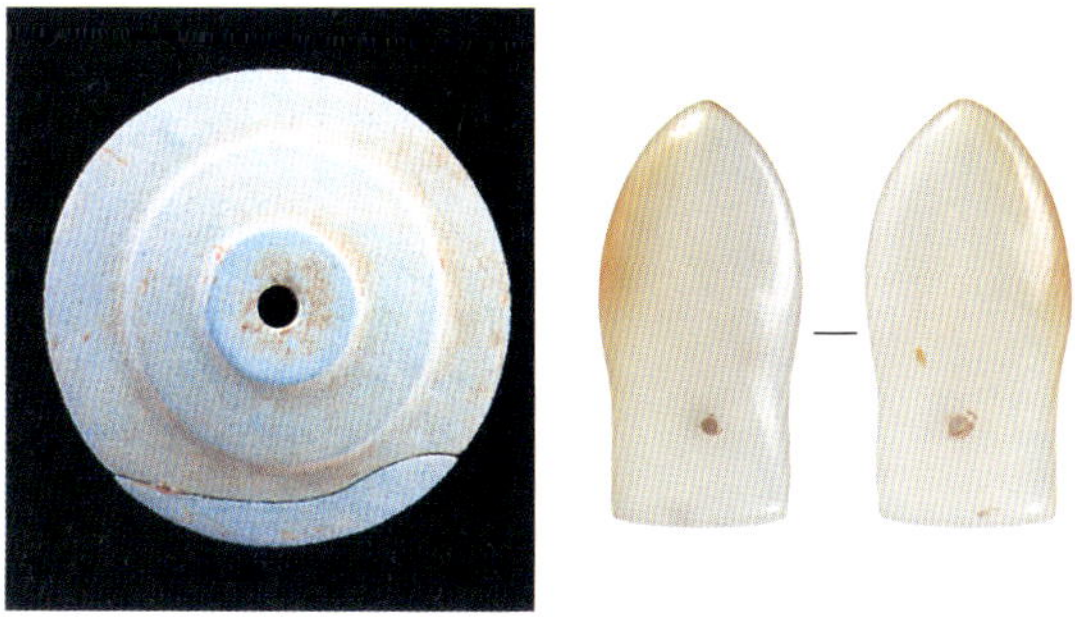

図172　加耶古墳出土倭系遺物（左：大成洞18号墳出土紡錘車形石製品、右：福泉洞38号墳出土鏃形石製品）

ないかと推測する。この問題は、朝鮮半島出土のヒスイの流通過程やその歴史的背景を考える上で重要な手がかりになるものと考えられる。また、新羅および加耶古墳出土のヒスイ製勾玉のなかには、形態的な特徴から古墳の築造時期より古い個体も一部みられ、副葬されるまでどこで伝世したのかについての議論も必要となる。

加耶におけるヒスイ製勾玉の副葬は4世紀前半からみられ、4世紀末ないし5世紀初頭に位置付けられる新羅のそれに先行する。具体的には福泉洞80号墳や福泉洞38号墳、大成洞《テソンドン》18号墳においてヒスイ製勾玉の副葬が開始された。福泉洞38号墳や大成洞18号墳では鏃形石製品や紡錘車形石製品といった倭系《わけい》遺物も副葬されており（図172）、畿内中枢との関係も本格化した時期にあたる。そのため、ヒスイ製勾玉と倭系遺物の副葬開始には有機的な関連性が指摘できるだろう。

4　古墳時代中期前半の三国時代玉類の渡来

◎畿内における三国時代玉類の渡来

古墳時代中期前半（5世紀前半）という時期は、渡来系文物だけではなく相前後して様々な技術も導入されており、そのなかには鍛冶技術や製陶《せいとう》技術、金工技術などが含まれる。古墳時代の玉類を材質や形によって分類しその消長を述べた研究では、渡来系である金属製玉類の出現が古墳時代中期の特徴の一つとしてあげられており、その出現の要因には渡来系装身具の招来が指摘されている。ここでは、古墳時代中期前半になり、朝鮮半島の三国時代玉類が出現した頃の畿内の様相について概観する。あわせて三国時代玉類の朝鮮半島における様相についても言及してみたい。

まず、畿内出土の三国時代玉類にはトンボ玉や重層ガラス玉、雁木玉、金属製玉類などが該当するが、このうち最初に出現したのが金属製玉類である。

具体的には、大阪府風吹山《かぜふきやま》古墳において最古の銀製空丸玉が副葬されており、古墳時代中期初頭（4世紀末～5世紀初頭）に位置付けられる。被葬者の右上半身から銀製空丸玉、ヒスイ製勾玉、ガラス丸玉、ガラス小玉が出土している（図173）。風吹山古墳が位置する久米田《くめだ》古墳群内には陶質《とうしつ》土器が出土した持ノ木《もちのき》古墳も分布しており、朝鮮半島南部との関係を有する地域首長墓とみられる。これに続くのが中期前半の兵庫県宮山古墳や大阪府珠金塚《しゅきんづか》古墳北槨《きたかく》である。宮山古墳第3主体部である竪穴式石室からは、金製空丸玉が32点出土した（図174）。径0.4㎝の小型品である。右腕付近から金製空丸玉28点、ガラス管玉2点、ガラス小玉3733点が、頭部付近からは金製空丸玉4点、ガラス小玉697点が出土した。大阪府珠金塚古墳北槨では頸飾りとして、金製空丸玉、ヒスイ製勾玉、碧玉製管玉が出土した。また右手玉として、金製空丸玉、ガラス玉、重層ガラス玉が出土した（図175）。ほぼ時期を同じくして、奈良県赤尾熊ヶ谷3号墳では銀製空丸玉やメノウ丸玉が副葬さ

図173　風吹山古墳出土玉類（右上が銀製空丸玉。）

れている（図176）。宮山古墳は金製垂飾付耳飾りや鉄鋌など加耶系の副葬品を持つ地域首長墓であり、珠金塚古墳は古市古墳群に属する誉田御廟山《こんだごびょうやま》古墳（応神天皇陵《おうじんてんのうりょう》古墳）の陪塚である。大和で金属製玉類をいち早く導入した赤尾熊ヶ谷3号墳は鳥《と》見山《みやま》丘陵に立地し、近接する中期後半の赤尾崩谷1・3号墳においても金属製玉類や垂飾付耳飾りが副葬されるなど、朝鮮半島との関わりが深い。

金属製玉類や重層ガラス玉の渡来にやや遅れ、雁木玉が中期中頃（5世紀中頃）の奈良県新沢千塚126号墳において副葬された（図177）。この古墳ではヒスイ製勾玉1点、金製空丸玉2点、ガラス小玉321点からなる連と、銀製空丸玉40点、重層ガラス玉1点からなる連が確認できる。被葬者は、ガラス碗《わん》や皿、各種金製装身具などの副葬から朝鮮半島からの渡来人とみることに異存はない。トンボ玉も、福井県泰遠《たいおん》寺山《じやま》古墳などで中期後半にはその渡来が確認できるものの、畿内ではやや遅れ、後期（6世

図174　宮山古墳第3主体部出土玉類

図175　珠金塚古墳北槨出土玉類
（下段左が金製空丸玉、同右が重層ガラス玉。）

紀）に入って副葬されはじめた（図178）。

◎三国時代玉類の渡来にみられる時期差

古墳時代中期前半から畿内に渡来した三国時代玉類の諸様相をまとめると、まず三国時代玉類がすべて中期前半に渡来したのではなく、それぞれがやや時期差を持って渡来したことが指摘できる。次に金属製玉類は、新羅の慶州市月城路カ―13号墳（4世紀末～5世紀初頭）において金製空丸玉が出現しており（図162）、

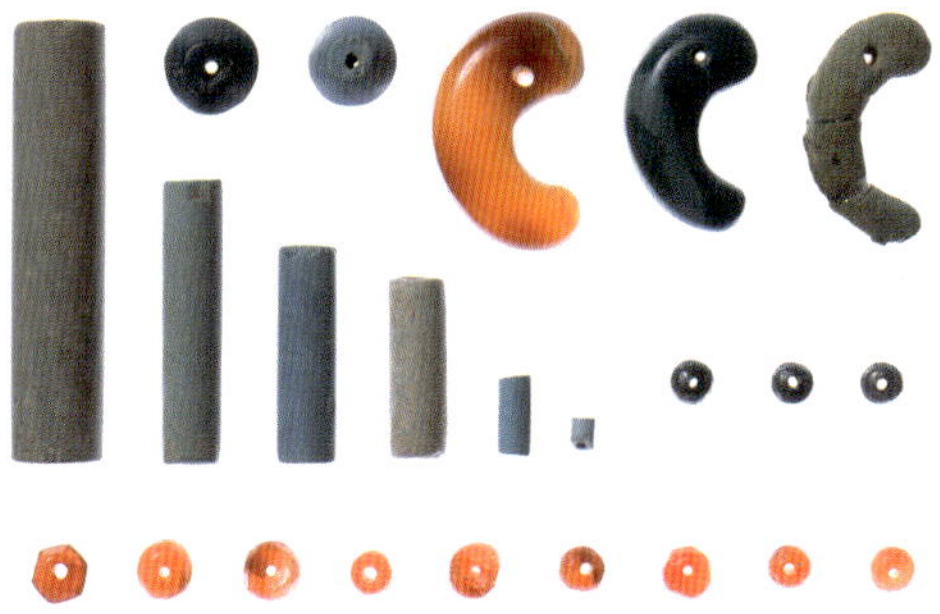

図176　赤尾熊ヶ谷３号墳出土玉類（中段右３点が銀製空丸玉、下段がメノウ丸玉。）

図177　新沢千塚126号墳出土雁木玉

図178　沼山古墳出土玉類（奈良県）（上段４点がトンボ玉。）

金製と銀製の材質の違いはあるが、ほとんど時期差なく風吹山古墳に副葬されたことがわかる。その後、後期になると、畿内では金属製玉類の副葬量が増加する。雁木玉は皇南大塚北墳（5世紀後半）において副葬がはじまり（**図179**）、新沢千塚126号墳例からみてやはり時期差なく渡来している。その一方で、トンボ玉は雁木玉と同じ頃に新羅において出現したが、畿内への渡来は後期以降とやや時期差が認められる。また、重層ガラス玉は2世紀～3世紀には朝鮮半島南部で出現しており、その渡来は5世紀前半であった。このようにみると、三国時代玉類のなかでも時期差なく畿内に渡来した玉類とそうでない玉類が存在する。この違いは日韓間の交流内容やその性格の違いをあらわすものであろうか。今後のさらなる検討が必要である。また、これらの玉類が朝鮮半島から単独で渡来したのか、別の玉類と連になって渡来したのかといった課題も残されている。

図179　新羅皇南大塚北墳出土胸飾り
（上下２段のうち、下段左側の灰色勾玉下方にトンボ玉と雁木玉。）

5　古墳時代の金属製玉類について

◎古墳時代の金属製玉類の概観

古墳時代中期以降、日本列島では主として朝鮮半島から金工製品および製作技術が伝わり、豪華な装身具や武具・馬具などが使用されはじめ、古墳にも副葬されるようになる。その源流は、はるか数千年前にエジプトやメソポタミアなど地中海沿岸地域で考案された技術で、長い年月をかけて、黒海周辺からユーラシア大陸のステップロード（草原の道）を東へと経由して、日本に伝播したものと推定されている。

この時期から主として頸飾りとして使用された金属製空玉が古墳に副葬されはじめる。金属製空玉の材質は、金・銀・銅を基本として、銀や銅に鍍金したものもみられ、形態には、丸玉・扁平丸玉・扁平多角形玉・有段玉・平玉・梔子玉・勾玉・三輪玉などがある。日本列島で、金・銀・銅が産出されはじめるのは、文献資料では奈良時代（８世紀）以降のことであり、古墳時代のこれら貴金属製品の原材料は朝鮮半島などから輸入されたものだと考えられている。

金製空玉

古墳時代中期に築造されたと推定される奈良県新沢千塚１２６号墳、大阪府珠金塚古墳北槨（図180）、兵庫県宮山古墳、和歌山県車駕之古址《しゃかのこし》古墳（図181）、和歌山県花山《はなやま》６号墳（図183）などから金製空玉が出土している。

直径2.5㎜～10㎜ほどの小型の空丸玉が多い。内側から通し穴を穿孔した半球状の薄い金製箔《はく》を銀などで鑞付けして成形したものである。朝鮮半島の新羅や加耶産の頸飾りや耳飾り、腰佩のパーツが搬入された可能性が高い。宮山古墳では、日本列島最多の32点が出土しており、珠金塚古墳北槨では12点の金製空丸玉と13点の重層ガラス玉などが出土している。新沢千塚１２６号墳と宮山古墳の被葬者は共伴したガラス器や耳飾りなどの大陸産の出土遺物より朝鮮半島からの渡来系人物だと考えられる。前述のように珠金塚古墳は、誉田御廟山古墳の前方部北東端に隣接しており、多数の玉類以外にも鏡、短甲、刀、鉄鏃などが副葬され、被葬者像として渡来系人物あるいは朝鮮半島に出兵した武人であった可能性が考えられる。

車駕之古址古墳の金製空勾玉は、日本列島唯一の出土事例で、長さ1.8㎝、頭部直径0.8㎝、重さ1.6ｇで、金のほかに銀と微量の銅を含む16金製である。二つの体部パーツを銀鑞付けしたもので、頭部には刻み目を付けた細い帯状のものを鑞付けして珠文状にしている。古墳の築造時期は中期後半である。

図180　珠金塚古墳北槨出土金製空丸玉

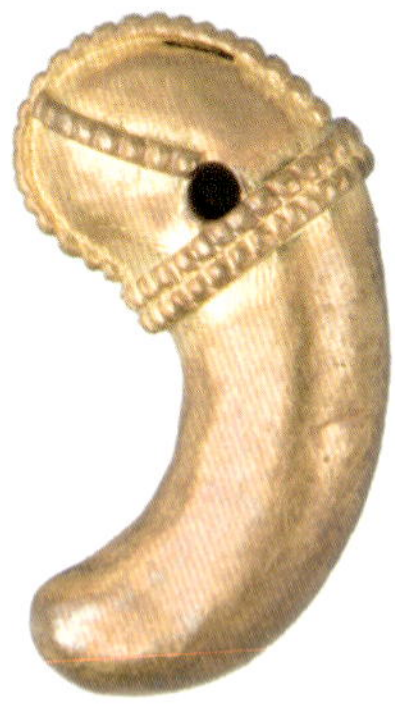

図181　車駕之古址古墳出土金製空勾玉

図182　玉田M４号墳出土金製空勾玉

金製空勾玉は、朝鮮半島では新羅王族墓だと考えられている慶州の皇南大塚南墳・北墳、金冠塚《クムグァンチョン》古墳、瑞鳳塚《ソボンチョン》古墳から５点、陜川郡玉田古墳群の玉田Ｍ４号墳（図182）から２点の合計７点の出土が知られている。これら古墳の築造時期は、５世紀中頃～６世紀前半である。

銀製空玉

金属製玉類のうち、もっとも出土事例が多いのが銀製空玉であり、種類も多様である。日本列島で、最古の事例と考えられるのが前述の古墳時代中期初頭に築かれた大阪府風吹山古墳出土銀製空丸玉で、箱式木棺から画文帯神獣鏡や多くの玉類などと一緒に出土している。

中期前半～中頃のものとしては、新沢千塚１２６号墳、奈良県赤尾崩谷１号墳、宮山古墳などから銀製空玉が出土している。赤尾崩谷１号墳の被葬者も朝鮮半島製と考えられる垂飾付耳飾りが出土していることから渡来系の人物と推定される。

中期末の大型前方後円墳である大阪府峯《みね》ケ《が》塚《つか》古墳（墳丘長96ｍ）（図184）や福岡県山《やま》の神《かみ》古墳（墳丘長80ｍ）から扁平空丸玉が出土している。これらは、古墳の規模と豪華な出土遺物から当時の首長墓と考えられる。峯ケ塚古墳からは、国産品と考えられている倭風大刀が多数出土しており、空玉も国産品である可能性が高い。この時期に金属製玉類の日本列島生産が行われていたことを示すものであろう。

後期になると銀製空玉の出土例が増加する。そのなかで後期前半～中頃に新たな形態の空梔子玉と有段空玉が出現したと推定される。出現段階の分布の中心は畿内であり、その後東海や瀬戸内へ拡散している。これらの玉類（頸飾り）は、畿内中枢からもたらされた一種の威信財と考える研究者もいる。

空梔子玉は、朝鮮半島においては百済の公州《コンジュ》市武寧王陵出土の頸飾り（図185）などにみられるため、朝鮮半島から伝来し、その後国産化された可能性が高い。有段空玉の出現に関しては不明であるが、日本列島で独自に生産されはじめたものと推定している。

後期中頃〜後半には、各地の首長墓と考えられる大型前方後円墳の長崎県の双六《そうろく》古墳（墳丘長91ｍ）・笹塚《ささづか》古墳（墳丘長66ｍ）、千葉県の九条塚《くじょうつか》古墳（墳丘長１０３ｍ）・三条塚《さんじょうづか》古墳（墳丘長１２２ｍ）でも銀製の空梔子玉や空丸玉が出土している。

後期中頃の兵庫県勝福寺《しょうふくじ》古墳（図186）では、銀製鍍金空梔子玉が21点、銀製空梔子玉が18点と数が拮抗して出土している。後期後半の奈良県藤ノ木古墳（図187・188）や和歌山県鳴滝《なるたき》1号墳では銀製鍍金空梔子玉が多く出土し、後期末の奈良県牧野古墳では金銅製空梔子玉が出土している。このように、空梔子玉においては、金属工芸の鍍金技術の変遷が明確にたどれる。これらの空梔子玉は細い銀線で繋がれており、金属製空玉単一種で頸飾りが構成されている。

銅製空玉

銅製空玉は、古墳時代中期中頃以降に銅地の表面に金を鍍金した金銅製の三輪玉や空玉が、福岡県稲童《いなどう》21号墳や赤尾崩谷1号墳、広島県空長《そらなが》1号墳で副葬されている。これらの被葬者も渡来系人物だと考えられている。後期にも数は少ないが、京都府物集女《もずめ》車塚《くるまづか》古墳や島根県岡田山《おかだやま》1号墳、前述の牧野古墳など各地の首長墓でみられる。

図183　花山6号墳出土金製空丸玉（上段右）

図184　峯ケ塚古墳出土銀製空丸玉

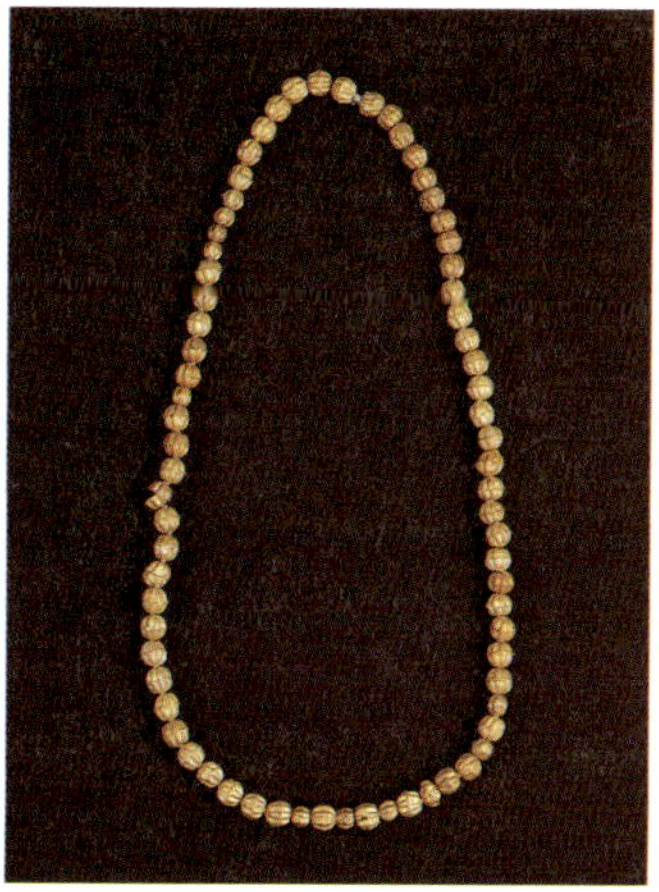

図185　武寧王陵出土金製空梔子玉

図186　福勝寺古墳出土銀製空梔子玉

図187　藤ノ木古墳出土銀製鍍金空梔子玉ほか

図188　藤ノ木古墳出土銀製鍍金空丸玉ほか

ガラス玉を象嵌した金属製玉類

金属製空勾玉や三輪玉にガラス玉を装着した事例が、奈良県慈恩寺《じおんじ》1号墳や藤ノ木古墳（図189）にみられる。また魚佩《ぎょはい》（腰などに吊り下げた魚形の装飾品）にガラス玉を象嵌《ぞうがん》した事例が峯ケ塚古墳でみられる（図190）。

金属工芸技術とガラス工芸技術が融合したものであり、同様の技術により日本列島内で生産された冠や飾履（豪華な装飾が施された履物）、飾り大刀などの製作集団と金属製玉類製作集団が同じ組織であった可能性がある。

図189　藤ノ木古墳出土三輪玉

図190　峯ケ塚古墳出土魚佩

◎金属製品（銀製品）生産遺跡と古代豪族について

奈良県南郷角田《なんごうかどた》遺跡で検出された遺構ＳＸ09は、古墳時代中期前半〜中頃に営まれた、銀・銅・鉄・鹿《ろっ》角《かく》・ガラスなどの原材料から武器・装身具・金銅製品などを生産していた工房跡の一部だと考えられている。日本列島で唯一、古墳時代の球状や滴《しずく》状の銀滴《ぎんてき》が8・26g出土しており（図191）、何らかの銀製品を製作していた。直弧文《ちょっこもん》を彫り込んだ鹿角製品の破片が多数出土しており、刀装具などに銀装していた可能性が高い。

図191　南郷角田遺跡出土銀滴

その技術を使えば、銀製玉類の生産も可能であったと考えられる。角田地区の近隣の集落遺跡では大壁《おおかべ》建物（方形状に溝を掘ったなかに多くの柱を立て、その上から土などを塗り固めて壁をつくり建築した住居）や朝鮮半島系の土器、ミニチュア農工具など多くの渡来系の遺構と遺物が発見されており、半島から渡来した集団が工房を営んでいたと推定されている。その集団を統括していたのが、古代豪族の葛城《かつらぎ》氏だといわれている。

武具や馬具、装身具の国産化は、このような渡来系集団の工房から拡散・伝播してはじまったものと考えられる。大胆な推測をすると5世紀後半に葛城氏や大伴《おおとも》氏を衰亡させたとされる雄略大王の時代に、各豪族が保持していた先進的な金属工芸などの技術者集団を大王家が収奪して再編した可能性がある。その結果として、5世紀末頃に築かれた大王家系統の峯ケ塚古墳から出土した豪華な国産の大刀類や装身具が生み出されたのではないかと考えられるのである。

◎古墳副葬金属製玉類の背景

金属製玉類は、古墳時代中期前半以降に畿内を中心として、渡来系被葬者の古墳や日本書紀などの文献記載にみられる朝鮮半島へ派遣された豪族の居住地域の古墳から出土している。中期末～後期には各地の首長墓である大型前方後円墳や大型円墳から多く出土している。その分布域は、やはり畿内を中心として、長崎県の壱岐島から九州北部、瀬戸内沿岸、東海から関東南部に及ぶ。日本海側では島根県や福井県に点在する。当時の畿内中枢との結び付きの強い地域や朝鮮半島との交流が盛んな地域に金属製玉類が多く分布している。

後期前半には、空丸玉などのほかに有段空玉・空梔子玉・空勾玉などの国産金属製玉類が畿内を中心に出現し、日本列島各地に拡散していく。はじめは銀製品が多いが、後期中頃～終末期初頭（6世紀中頃～7世紀初頭）にかけて、鍍金製品（鳴滝1号墳・藤ノ木古墳の玉類など）・金銅製品（牧野古墳の梔子玉など）へと材質の変化がみられる。

金属製玉類が副葬された古墳は、各地の首長墓が多いが、後期中頃以降には、群集墳にも多くみられるようになる。

後期前半以降の各地域の首長は、基本的に冠・垂飾付耳飾り・金属製玉類・ガラス製などの各種玉類・飾履・飾り大刀・馬具・武具などをセットで副葬していたものと推定される。

6　三国時代玉類の日本列島における展開
―古墳時代中期～後期にみられる多様な玉類―

◎トンボ玉

トンボ玉の概要とその祖形

主に古墳より出土する各種装飾付ガラス玉をトンボ玉と呼称する。これは江戸時代にオランダからもたらされた技術をもとに生産されるトンボ玉とは異なり、古墳時代に日本に搬入されたガラス玉である。装飾付ガラス玉とは、雁木玉、同心円文《どうしんえんもん》トンボ玉、２色重ねガラス玉、モザイク玉、重層ガラス玉など装飾性のあるガラス玉の総称であるが、生産地は地中海や西アジア、東南アジア、東アジアの国々である。装飾付ガラス玉のなかでも日本で最多出土数を占めるものが斑点文トンボ玉である。

斑点文トンボ玉（以下、トンボ玉）は、紺色ないし青色の地玉《じだま》（丸玉）の上に、緑色や黄色の子玉《こだま》が象嵌されたガラス玉を指す。新羅で出土する斑点文象嵌瑠璃《るり》玉を祖形とし、東アジアのみに分布する。例えば６世紀初頭とされる慶州市瑞鳳塚古墳からは、紺色の地玉に黄色や緑色の子玉が象嵌された瑠

図192　瑞鳳塚古墳出土玉類
（右下に斑点文象嵌瑠璃玉）

璃玉が出土している（図192）。この古墳は1926年に調査されており、連構成や用途は判然としない。しかし、新羅において定型化段階の資料であり、日本で確認できるトンボ玉と共通する特徴を有している。新羅出土の瑠璃玉には、西アジア地中海ほかの地域生産品と考えられる瑠璃玉が存在するが、トンボ玉と定義できる製品は百済・新羅・日本の地域にしか確認できない。

古墳時代中期～後期前半の様相

日本の古墳でトンボ玉が出現するのはおおよそ古墳時代中期中頃である。新羅における斑点文象嵌瑠璃玉の出現と、ほぼ時期差がなく日本列島にも搬入されている。その初出例の一つが、福井県泰遠寺山古墳出土のトンボ玉である。扁平な紺色地玉に、緑色の子玉が180度対称位置に象嵌される。地玉の成形は芯巻き技法で、内部の気泡が一定方向にそろっている様子が観察できる。導入期のトンボ玉は越前から畿内の限定された範囲に分布が認められ（図193）、数量も極めて少ない。中期末の福井県十善の森古墳のトンボ玉は、紺色の地玉の上に黄色や緑色の象嵌が施されたもので、この時期としては珍し

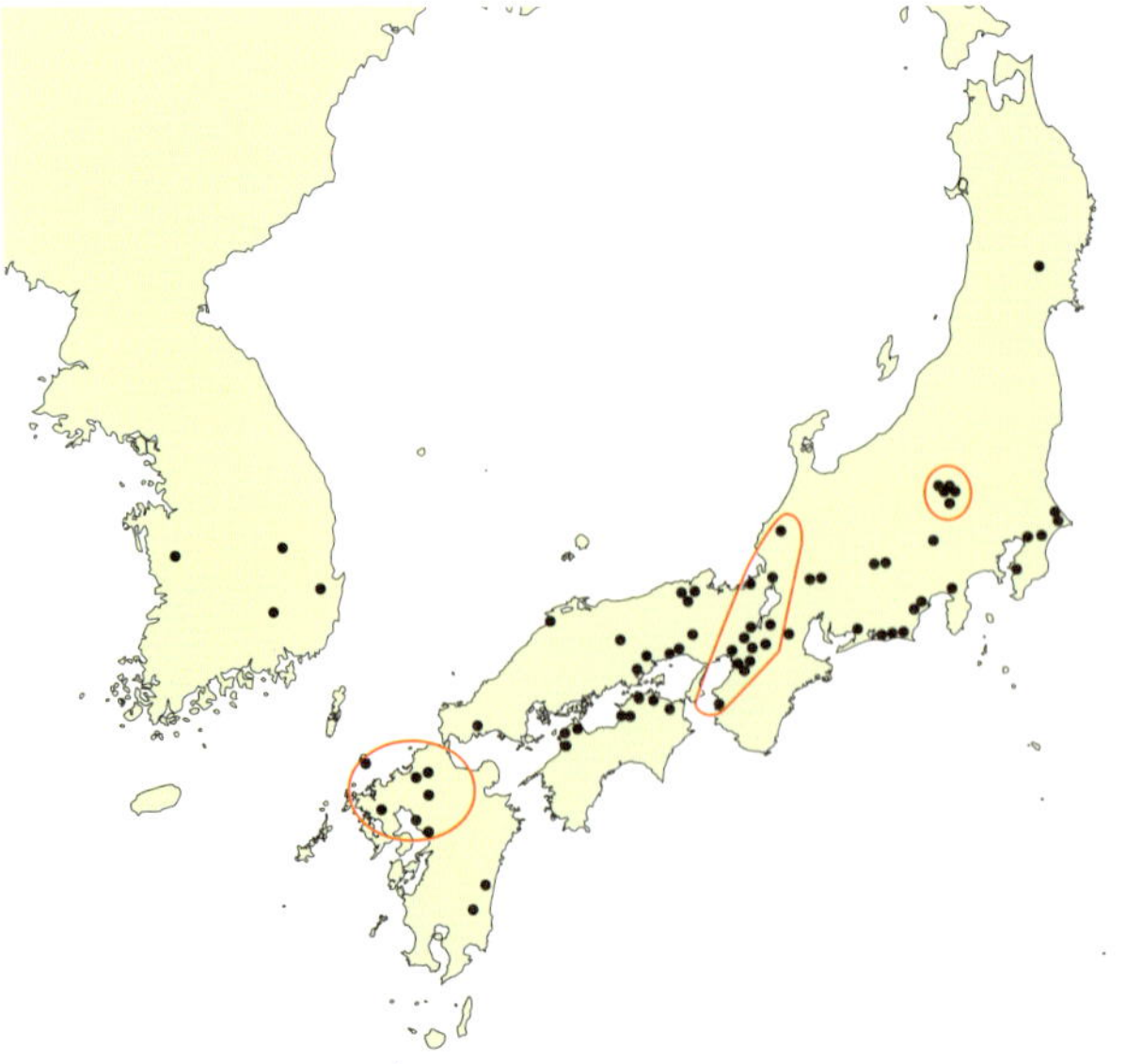

図193　トンボ玉出土古墳分布図（赤線範囲が古墳時代中期～後期前半の分布範囲。）

く多数のトンボ玉の出土が確認できる（図194）。中期末～後期前半までの段階においてやや分布範囲が拡大するものの、北部九州、近畿、北陸、長野県から群馬県にかけての地域に分布が集中する。こうした時期のトンボ玉出土古墳の特徴をみていくと、泰遠寺山古墳や十善の森古墳、奈良県星塚《ほしづか》2号墳など主に前方後円墳が多い。トンボ玉以外の出土遺物にも、耳飾り、冠、飾履などの朝鮮半島系遺物が数多く確認できる。導入期のトンボ玉の分布範囲は、金製垂飾付耳飾りの分布域と極めて近似している。加耶製と考えられる耳飾りの入手が確認できる地域において、引き続き新羅製と考えられるトンボ玉の入手が認められる。こうした事象は、トンボ玉が中央から配布されたものではなく、畿内中枢からの指示のもと首長自ら半島に赴き、入手した装飾品であった可能性が高いと考える。

後期前半までの段階で、小古墳からの出土例が確認できる群馬県や福岡県の事例では、ほかの渡来系玉類の出土が確認できる上に、周辺に渡来系集落が確認されている。工人や馬生産などの集団と考えられ、トンボ玉の入手方法については、大型古墳の被葬者たちとはやや異なるものであったと推定できる。

図194　十善の森古墳出土玉類

古墳時代後期中頃～後半の様相

現在までのところ、トンボ玉は70あまりの古墳から出土しており、総数は１００点をこえる。この7割近くがこの後期中頃以降に出土している。１基当たりの出土数が増加するとともに、その分布域も広がっている。北陸を除く後期前半までの分布域に加えて、山陰、瀬戸内、東海にも分布域が拡大する。前方後円墳など大型古墳への副葬に限らず、円墳などの小古墳への副葬が増加する傾向が顕著に確認できる。トンボ玉と共伴する遺物には、金属製玉類のほか、各種環頭大刀が共伴する例が多い。これらももともとは渡来系の製品であるが、この時期にはその多くが国産化されており、すべてのトンボ玉や共伴遺物が搬入品とは認めがたい。

この段階のトンボ玉の個体数の増加や副葬古墳の変化については、新羅からの搬入にとってかわって、日本列島内における国産化の可能性が指摘されている。事実、この時期日本で最多数のトンボ玉が出土している埼玉県白石《しろいし》古墳群第18号墳では、トンボ玉の法量にばらつきが認められる（**図195**）。象嵌される子玉の色合いも青白色などの配色が存在し、象嵌の状態も不規則な個体が確認できる。単に畿内中枢の生産のもとの配布品とも考えがたく、地方生産も視野に入れる必要があろう。

図195　白石古墳群第18号墳出土トンボ玉

トンボ玉にみえる日韓交流

トンボ玉の日本における導入には、新羅と畿内中枢の間において、トンボ玉をはじめとする新羅製ガラス玉類と、糸魚川産ヒスイ製勾玉との交易をとく説がある。古墳時代中期後半の畿内中枢の指示のもと、加耶・新羅の地に赴き、ヒスイ製勾玉を交換したのは誰だったのか。もしくはヒスイ原石がそのまま運ばれた可能性もあろう。糸魚川を含む地域はコシの領域であり、当時の北陸を統括していたのは福井県の首長たちである。これらの人々は、軍事行動を当初よりの目的としていなくとも、遠く離れた朝鮮半島において、不測の事態に備え軍備を整えて渡海し、交易を含む諸活動に従事したと推定される。畿内中枢のみならず、北陸でいちはやくトンボ玉が出現するのはこうした日韓交流の結果なのである。

◎東アジアにおける雁木玉

雁木玉は、西アジアにルーツを持つガラス玉であり、遠く朝鮮半島や日本列島へともたらされたことから、アジアの東西を結ぶ壮大な交流を物語る逸品である。

かつて、雁木玉を指して陶製・琺瑯《ほうろう》製と記載されたこともあったが、一見するとガラスのようでない雁木玉の色合いや質感をよく言いあらわしている。そして、形こそ小玉や丸玉と同じながら、雁木の意味する「ぎざぎざ形の文様」から、韓国では縞文様象嵌琉璃玉と名付けられ、日本でも縞文様ガラス玉という呼び方が提唱されている。こういった名前のとおり、流れるような縞模様の入る雁木玉は、みた目に大変美しい。

雁木玉は、日本の考古学界において早くから知られ、「類例極めて稀である。雁木文様の如く青・黄及び赭《あかつち》色を以て交互に縞をなすが如くにつくられた丸玉が、美作國《みまさかのくに》久米《くめ》郡佐良山《さらやま》村から出土してゐる」と具体的な出土地名とともに紹介されている。古代歴史文化協議会での検討を経た上での最新の集成結果では、雁木玉の出土点数について、朝鮮半島の三国時代に6遺跡11点、日本列島の古墳時代に17遺跡21点があり、8世紀代の1遺跡1点を加えると、日本列島・朝鮮半島で合計24遺跡33点となる。

雁木玉の種類について年代順にみていくと（図196）、まず、古い年代のものとして、古墳時代中期中頃〜後期前半（5世紀中頃～6世紀前半）に、黄色の地色《じいろ》に緑色の縞文様がめぐる雁木玉（便宜上、雁木玉1類とする）があり、奈良県新沢千塚126号墳、慶州市皇南大塚北墳・咸平《ハムピョン》郡新徳《シンドク》1号墳で出土している。これと近い年代幅となる中期後半～後期前半のものとして、黄・赤・白・緑色が縦縞となる雁木玉（2類とする）があり、香川県盛土山《もりつちやま》古墳、新徳1号墳、羅州市新村《シンチョン》里《リ》9号墳乙甕棺で出土している。新徳古墳では、雁木玉1類・2類の両方が一緒に出土している。

そして、古墳時代後期中頃～終末期前半（6世紀中頃～7世紀前半）にかけて、黄・赤・白・緑色が斜め縞状にくり返し配色された雁木玉がみられる（3類とする）。この新しいタイプのものは、雁木玉のなかで出土点数がもっとも多い。宮崎県銭《ぜに》亀塚《がめづか》、福岡県こうしんのう2号墳・向畑《むかいのはた》1号墳、佐賀県深底《ふかそこ》1号墳、岡山県岩田《いわた》14号墳・兵庫県山崎山《やまざきやま》1号墳、愛知県岩津《いわづ》2号墳、岐阜県船来山《ふなきやま》19号墳、静岡県国久保《くにくぼ》古墳、羅州市伏岩《ボガム》里《ニ》3号墳4号甕棺墓で出土している。また、3類に近いデザインの雁木玉が、京都府冑山《かぶとやま》2号墳、慶山市林堂遺跡C—I—26号墳にあり、3類と同じような縞模様を持つ管玉が公州市武

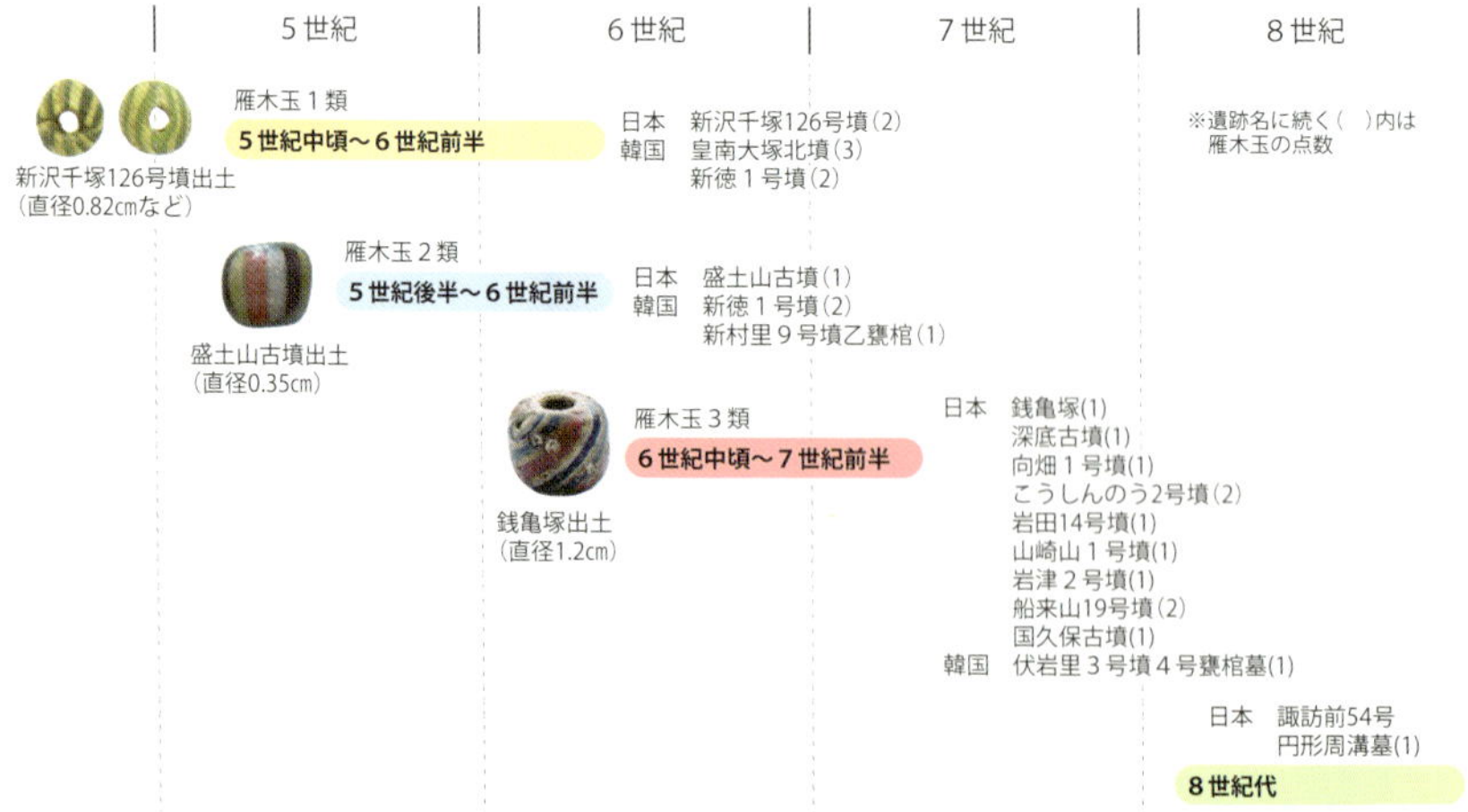

図196　日本列島・朝鮮半島における主な雁木玉の変遷

寧王陵で出土している。

このほか、これまでみてきた雁木玉1～3類にあてはまらないものとして、白色の地色にぎざぎざ形の緑色の縞模様が入る雁木玉が奈良県岡峯《おかみね》古墳、兵庫県山崎山1号墳で出土している。山崎山1号墳のものは雁木玉3類と一緒に出土している。また、8世紀代の事例となるが、岩手県諏訪前《すわまえ》54号円形周溝墓からもトンボ玉などとともに雁木玉3類が出土している。

注目されるのは、雁木玉1～3類とした三つのタイプのものが、古墳時代中期中頃以降、年代的に並行しながら日本列島・朝鮮半島それぞれにおいて出土している点である。言いかえると、同じタイプのものが、日本列島・朝鮮半島で同じ年代幅のなかでそれぞれ副葬されたのである。この地域をこえた並行関係が何を意味するのかについては、多くの議論を必要とするテーマであるものの、少なくとも日本列島と朝鮮半島との間にあった密接な交流をうかがわせるに十分である。

1～3類を問わず、日本列島・朝鮮半島において、雁木玉は墓からのみ出土している（図197）。一つの墓から雁木玉とともに石製の玉やガラス玉が多量に出土する場合でも、雁木玉は1点のみというような例が大多数を占め、多くても最大4点しか出土していない。雁木玉は、死者に副葬される玉であること、そして点数的にきわめて希少な玉であったとわかる。

また、慶州市皇南大塚北墳では、大量の玉をあしらった胸飾りの右胸付近に3点の雁木玉1類を含む希少な玉類が集められており、ワンポイント的に雁木玉が用いられた可能性が指摘されている。国久保古墳では、1点の雁木玉3類の左右から水晶製の切子玉が出土し、ほかのガラス製丸玉とともに一つなぎになると復元されている。これらは、ほかの出土例における雁木玉の具体的な使用状況を推測する手がかりになろう。

日本列島で出土する古墳時代の雁木玉の性格について、日本列島外から持ち込まれたものであろうと早くから理解されてきた。そして、朝鮮半島・日本列島における最新の資料状況からは、雁木玉1類については新羅との、雁木玉3類については百済との密接な関係のなかで日本列島へもたらされたとみてよい。なかには、新沢千塚126号墳のように、朝鮮半島からの渡来人を思わせる古墳から出土している。近年では、雁木玉3類が副葬される古墳の被葬者について、海外とつながりを持ちつつ畿内中枢と地方を結ぶ主要交通路上にあった地域首長層やそれに準ずる層を補佐するような階層という考えも示されている。

雁木玉は、古墳時代前後の日本列島・朝鮮半島の各地をつなぐ交流の証として実に貴重なガラス玉である。一方で、雁木玉に用いられたガラスの製法や着色素材、玉に仕上げる

図197　日本列島・朝鮮半島における雁木玉の出土遺跡分布図

方法や生産地の解明など、検討を深めるべき残された論点も多い。近年ではガラスの化学的成分分析例も増加しており、こうしんのう2号墳例の分析では、ガラスの着色成分として緑が銅、赤が鉄、白が錫《すず》とされている。また、雁木玉3類の製作体験から導かれた、あらかじめ用意した2色以上の板ガラスを巻いて縞模様をつくり出すという高度な製作方法の復元などが進んでいる。将来において、各種のガラス玉の研究で実践されているX線CTや各種の成分分析のような、より精度の高い構造把握や技法復元が、雁木玉においても悉皆的に進められることで、より確かな歴史復元につながっていくと期待される。

◎重層ガラス玉

重層ガラス玉は装飾付ガラス玉の一種で、ガラス丸玉を二層にし、その間に金箔や銀箔を挟み込んだ玉である。金層珠《きんそうだま》（玉）、金層ガラス玉、ゴールドサンドウィッチガラス、韓国では金箔瑠璃玉などとも呼ばれている。単体（単珠《たんじゅ》）ではなく、くびれを入れただけで切り離されていない玉（連珠《れんじゅ》）もある。

製作の起源は紀元前3世紀～紀元前後の東部地中海沿岸と黒海沿岸にあり、ヘレ

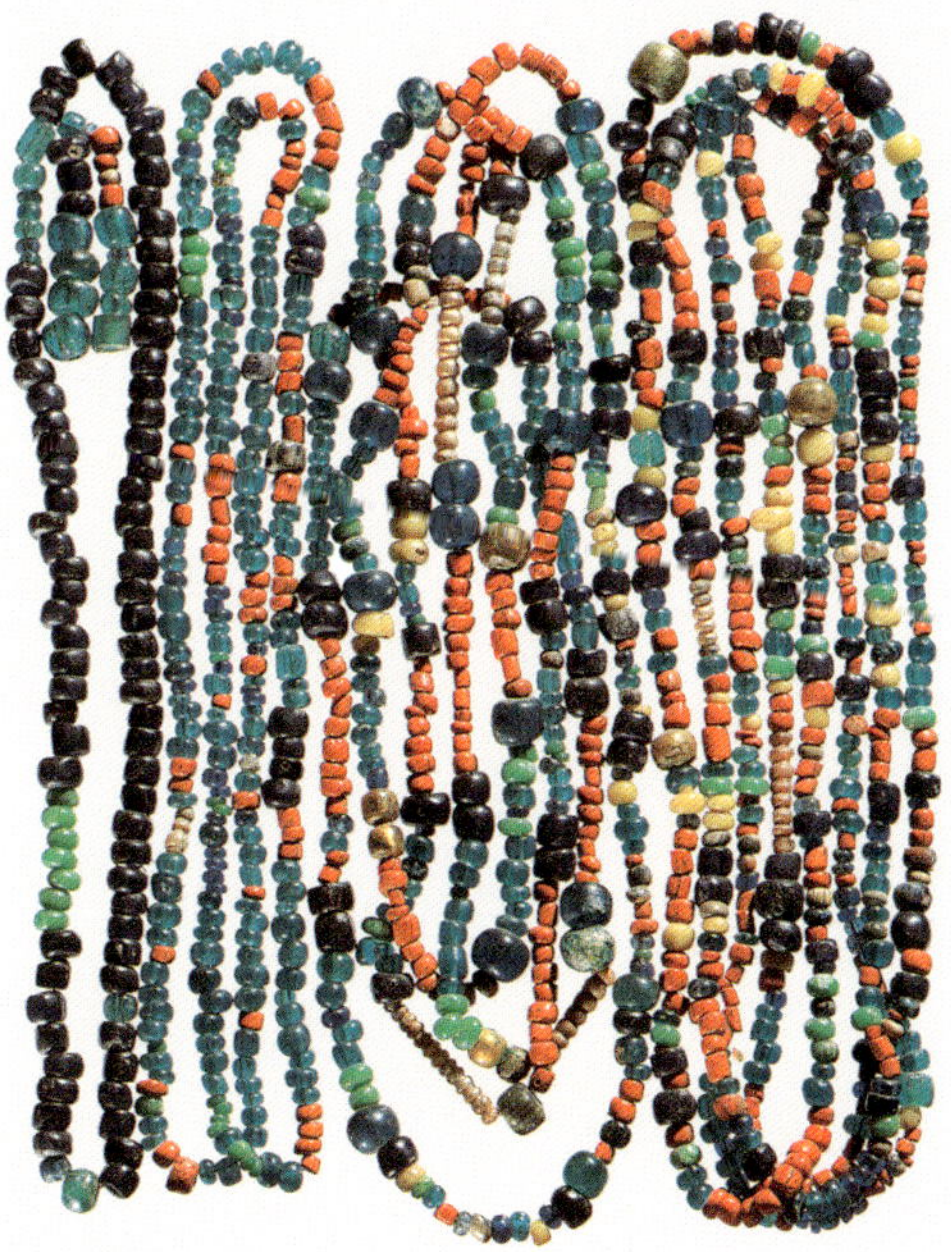

図198　武寧王陵出土玉類

ニズム文化の影響を受けたローマ地域でも1世紀～3世紀頃まで盛んに製作された。

朝鮮半島では、原三国時代～三国時代にかけて出土例があり、日本に比べると圧倒的に多くの重層ガラス玉が出土している。百済中興の祖とたたえられた武寧王の墓（武寧王陵）からは、数百をこえる点数の重層ガラス玉（金層）が出土している（図198）。発見当時未盗掘だった武寧王陵は、副葬品の荘厳さと国際性の豊かさで一躍有名になったが、日本の古墳出土品と共通する副葬品が多いことでも知られている。

ほかに、やはり百済の咸平郡新徳古墳や扶余郡王興寺《ワンフンサ》跡でもまとまった数の重層ガラス玉（金層）が出土しており、百済は重層ガラス玉が色濃く分布する地域であることがわかる。

一方、加耶でも、例えば金海市良洞里遺跡や釜山広域市福泉洞遺跡でそれほど多い数ではないが、一つの古墳から10点をこえる数の重層ガラス玉（金層）が出土している。新羅の状況はよくわからないが、現時点では重層ガラス玉は百済に多く、次いで加耶に分布するようである。

日本列島内では、これまでに30点程度の重層ガラス玉が確認されている。もっとも、対象が小さく目立たない上に、少しかわった色のガラス玉という程度であまり注目されてこなかったため、潜在的にはさらに多くの重層ガラス玉があるものと思われる。実際に福岡県ではこれまで重層ガラス玉がほとんど分布しない地域とされていたが、今回県内の玉類を大まかに再点検しただけで、20点以上の重層ガラス玉を新たに確認することができた。したがって、従来は畿内に色濃く分布すると思われていた重層ガラス玉も、分布範囲について再検証を行う必要がある。また、朝鮮半島の出土状況と大きく異なり、一つの古墳から概ね1点、多くても3点程度しか出土せず、数多くまとまって出土する例がみられない点には注意が必要である。

現在のところ、日本列島でもっとも遡る時期の重層ガラス玉は、京都府宇津久志《うつくし》1号墳と新沢千塚126

号墳から出土した、古墳時代中期前半〜中頃のものである（図199）。宇津久志1号墳出土品は成分分析の結果、原料にナトロン（炭酸ナトリウム水和物）を用いたガラスで、ローマで製作されたガラスである可能性が高いことが明らかになり大きな注目を浴びた。このほか、畿内では中期の出土例が複数知られており、これらの多くは渡来系要素の色濃い古墳から出土する傾向にある。畿内以外の地域では中期に遡る出土例はない。

古墳時代後期前半になると、熊本県大坊《だいぼう》古墳や群馬県簗瀬《やなせ》二子塚《ふたごづか》古墳など、畿内だけでなく九州や関東の大規模首長墳からも出土するようになる。やはり共伴遺物に渡来系の金属製品を伴っており、朝鮮半島と関わりをもった古墳の被葬者像が反映されている可能性がある。

しかしその後、重層ガラス玉の出土状況には変化がみられる。後期中頃〜後半にかけて、東北以西の各地域の古墳から重層ガラス玉が出土するようになる。一つの古墳からまとまって出土することはないが、それ以前の時期と比べると圧倒的に出土数が多くなっている。福岡県を例にとると、現在までに21の古墳や横穴墓から合計で23点出土しており、すべて後期中頃以降に位置付けられる（図200）。金層が多く、連珠となるものも数点ある。銀層は3点確認している。大きさには大小二つの種類があり、小型品の方が多く出土している。

図200　天園《てんぞの》2号墳出土玉類（福岡県）（中央の2つが重層ガラス玉。）

図199　新沢千塚126号墳出土重層ガラス玉

この時期の重層ガラス玉は首長墳からも出土しているが、むしろ小規模な群集墳や横穴墓から出土した例の方が多い。共伴する遺物にも渡来系要素がほとんど確認されない。おそらくは、希少性の高い渡来系遺物としての価値を失い、ほかのガラス玉と同等に扱われるようになったため、小規模古墳の被葬者にも入手できるようになったのだろう。

◎天河石製玉類

天河石（アマゾナイト）製玉類は、朝鮮半島の青銅器時代〜初期鉄器時代にほぼ限ってみられる玉類である。形状には半月形、C字状の勾玉形、丸玉形がある。製品は朝鮮半島南部一帯を中心に広く流通したが、一部の人にしか副葬されない希少品だったようである。

天河石は日本列島では産出しないことが知られており、日本列島の遺跡から出土する天河石製玉類はすべて朝鮮半島からの渡来品とみてよい。これまでは、九州北部や山口県の弥生時代前期の遺跡から数点の出土例が知られていただけだった。

朝鮮半島では原三国時代以降、天河石製玉類は使われなくなったというのが定説だっただけに、日本列島の古墳から出土する玉類のなかに天河石製玉類があることに全く注意が払われていなかった。先入観もあって、少々異質なヒスイとして取り扱われていたようである。古代歴史文化協議会の共同調査研究で14県の玉類の集成結果を持ち寄ったところ、奈良県・福岡県・宮崎県の古墳出土玉類のなかに数例ではあるが天河石製玉類が含まれていることがわかったのは大きな成果だと言える（図201）。

古墳から出土した天河石製玉類は、現在までに奈良県で2例、福岡県で4例、宮崎県で2例ある。もっとも早い段階のものは、古墳時代前期後半の奈良県澤ノ坊《さわのぼう》2号墳から出土した天河石製加工品、次いで後期前半の奈良県ホリノヲ2号墳から出土した勾玉の再加工品である。福岡県出土の4例は、いずれも後期後半以降の小規模円墳から出土している。1点は欠損した勾玉を研磨した再加工品、ほかの3点は丸玉である。宮崎県出土の2例は後期後半〜終末期前半の横穴墓から出土したもので、勾玉と丸玉が1例ずつある。

古墳から出土した天河石製玉類は、現在までのところ勾玉と丸玉があり、朝鮮半島の青銅器時代に製作された天河石製玉類と同じ傾向である。穿孔の形は、両端面とも径が大きな両面穿孔であることが確認され、穿孔技法も一致しており、朝鮮半島で青銅器時代につくられたものとみてよいだろう。折損《せっそん》後に再加工して使用されている例が複数あるところをみると、希少品として取り扱われ長期間にわたって使用されていたと思われるが、福岡県や宮崎県の出土古墳をみる限り、比較的階層が低い小規模な円墳や横穴墓から数少ない副葬品の一つとして出土しており、有力者層が希少品として所有していたというわけではないようである。

疑問なのが、朝鮮半島で青銅器時代に製作された天河石製玉類が、その後数世紀を経てなぜ日本列島の古墳に副葬されたのかという点である。

日本列島では弥生時代中期〜古墳時代前期前半まで天河石製玉類の出土例は皆無であり、日本列島で長く伝世し、その後副葬されたということは考えにくい。古墳時代前期後半以降、朝鮮半島から搬入されたと考

図201　上ヶ原《うえがはる》10号墳出土天河石製丸玉（福岡県）

えた方が妥当である。朝鮮半島でも原三国時代以降、天河石は玉類として使われることがなく、副葬品として出土した事例も知られていなかったが、加耶の陜川郡玉田古墳群出土玉類のなかに天河石製玉類があることが古代歴史文化協議会の共同調査研究で確認された。改めて探してみると、ほかにも三国時代の墳墓出土例があるようである。朝鮮半島では三国時代のある時期から、数世紀前に製作された天河石製玉類を再び利用するようになり、それが日本列島にまで持ち込まれたと考えてよいようである。

◎多角形ガラス玉

天河石製玉類と同じく、多角形ガラス玉も今回の共同調査研究で新たに注目された渡来系玉類である（図202）。高さ1㎝前後の方柱状で、透明度の高い薄水色をした特徴的なガラス玉に対し、当初は「方形ガラス玉」と呼称して類例調査を進めたが、その後、六角形や扁平六角形といった切子玉に近い形状のもの、また色調にも薄青色をしたものもありバラエティがあることがわかってきた。そのため現在では、方形や六角形、扁平六角形を呈し、透明度の高い薄水色または薄青色のガラス玉を総じて「多角形ガラス玉」と呼んでいる。

この多角形ガラス玉は今のところ福岡県で25点、宮崎県で2点が確認されているほか、佐賀県や大分県、熊本県など九州島内で分布が確認されているが、そのほかの地域ではみつかっていない。これから先、

図202　池田《いけだ》1号横穴墓出土多角形ガラス玉（福岡県）

他地域でも新たにみつかる可能性はあるが、分布の中心は九州にあるとみてよいだろう。福岡県や宮崎県の出土例は古墳時代後期中頃～終末期であり、前期～中期の古墳から出土した例はない。また、首長墳ではなく中小規模の円墳や横穴墓から出土しており希少品として認識されていたわけではないらしい。共伴の副葬品にも渡来系要素はほとんど認められない。

多角形ガラス玉は朝鮮半島でも出土例がある。金海市良洞里17号墓や完州郡《ワンジュ》上雲里《サンウンリ》ナ地区1号墳丘墓2号粘土槨で扁平六角形のガラス玉が出土しているが、良洞里17号墳は2世紀前半、上雲里ナ地区1号墳丘墓2号粘土槨は3世紀～4世紀の墳墓であり、日本での出土時期と大きく離れている。今後、朝鮮半島での類例確認が期待される。

◎赤メノウ製玉類

日本列島でも弥生時代以降、メノウを使った玉作りが行われていた。古墳時代には主に山陰でメノウ製の勾玉や丸玉、算盤玉が生産され、各地域に流通した。

一方、日本列島産とは色調や製作技法が異なるメノウ製玉類が九州北部を中心に分布することが近年注目されるようになった。これらは鮮やかな朱色や赤みの強い橙色、濃赤茶色を呈していることから、便宜上「赤メノウ」製玉類と呼んでいる。

赤メノウ製玉類には扁平切子玉・丸玉・管玉がある。扁平切子玉は深みのある均質な赤茶色を呈し、黒っぽい筋が入ることもある（**図203**）。面は正確に整形され表面は光沢を放つまで研磨される。孔の穿孔は細長い工具を使用した片面穿孔で、孔の径が日本産の玉類と比べると極端に細いことが特徴である。

丸玉は鮮やかな朱色や橙色を呈し、白色や褐色の不純物を含むことも多い（図204・205）。成形時の面をそのまま残すため表面に凸凹が多く概して整形は雑だが、表面は光沢を放つまで研磨されている。扁平切子玉と同じように、孔の穿孔は極端に細く、片面穿孔時に生じる円錐状の割れ面を残すため孔の片面が大きく窪んでいることが多い。同じような色調や技法の赤メノウ製玉類は、原三国時代以降の朝鮮半島に多く流通しており、搬入された渡来系玉類とみてよいだろう。このほか、九州北部で散見される半透明で赤茶色のメノウ製管玉や棗玉についても山陰産のメノウ製管玉とは色調や技法の点で異なり、渡来系としてよいようである。

九州北部では赤メノウ製丸玉は古墳時代前期初頭には出現しているが、その後、前期〜中期を通じてほとんどみられない。後期後半になると点数が著しく増加し、福岡県内に限っても２００点をこえている。色調や大きさ・形状に個体差があるが穿孔部の技法は共通する。扁平切子玉は丸玉と比べると圧倒的に数は少なく、やはり古墳時代後期後半に複数の出土が確認されている。佐賀県でも同じように複数の丸玉や扁平切子

図203　牛頸中通《うしくびなかどおり》6号墳出土赤メノウ扁平切子玉（福岡県）

図204　丸ノ口《まるのぐち》Ｖ－５号墳出土赤メノウ丸玉（福岡県）

玉の出土例があり、宮崎県では扁平切子玉の出土例がある。朝鮮半島では一つの墳墓から大きさ・色調の揃った赤メノウ製丸玉が時には数十点まとまって出土しているが、九州北部では一つの古墳から1～数点程度しか出土していない。九州北部以外でも数例の出土例があり、例えば奈良県では中期前半の赤尾熊ヶ谷3号墳で、個体差が大きく穿孔部が抉れた8点の赤メノウ製丸玉がみつかっている。色調や形状の特徴は九州北部の例と一致するが、九州北部では中期古墳から出土した例が少なく、当時の交流の様相を端的に示しているようで興味深い。

図205　佐谷《さたに》古墳出土玉類（福岡県）

コラム　ガラス素材の旅程

日本列島にガラスが登場するのは、弥生時代前期末〜中期初頭（紀元前3世紀末〜前2世紀初頭）の九州北部である。最初はガラス小玉、少し遅れてガラス管玉が出現するが、すべて海外からの搬入品である。

弥生時代中期後半になると、九州北部や近畿でガラス製品の製作がはじまる。九州北部では青緑色の鉛バリウムガラスを素材に、鋳型を用いたガラス勾玉の製作が行われた。この頃まだ日本列島内ではガラス素材の製作は行われておらず、海外から搬入された原料に頼っていた。

中国では戦国時代（紀元前403年〜前221年）から鉛バリウムガラスを素材としたガラス璧の製作がはじまり、漢代（紀元前206年〜後220年）にも引き続いて製作が行われた。日本列島では弥生時代中期後半頃、甕棺墓の副葬品にガラス璧がみられる。ガラス璧の素材は鉛バリウムガラスであることから、九州北部では中国産のガラス素材を使用してガラス勾玉の製作が行われていたことがわかる。鋳型成形によるガラス勾玉製作は九州北部では弥生時代後期も引き続き行われ、その製品も九州北部を中心に流通したが、弥生時代を境に製作されなくなり、また中国産のガラス素材も国内への流入が途絶えてしまう。

近畿では京都府奈具岡遺跡でガラスの製作が行われていたことが知られている。ここでは中国産の鉛バリウムガラスのほかにも、カリガラス小玉を素材としたガラス玉類を製作していた。

カリガラスやソーダ石灰ガラスといったインドから東南アジア・中国南部や朝鮮半島までアジア一帯に広く分布する中国産とは異なる材質のガラス小玉は、弥生時代から古墳時代にかけて日本国内に多量に流通した。生産地や搬入経路はよくわかっていないが、インドや東南アジアで製作されたガラス製品が海をこえて日本列島内に多量に搬入されたことを考えると、当時の交流の広がりは想像以上である。

日本列島でガラス素材の生産がはじまったのは、飛鳥時代後半（7世紀後半）からである。飛鳥浄御《あすかきよみ》原宮《はらのみや》の官営工房である奈良県飛鳥池《あすかいけ》遺跡では、鉛ガラスの生産と多彩な玉類の製作が行われていたことが発掘調査によって明らかになった。飛鳥池遺跡の鉛ガラス生産には、底の尖った特徴的な形状の坩堝《るつぼ》が使用されていたが、これと類似した形状の坩堝が韓国の扶余郡官北里《クァンブクリ》遺跡や益山《イクサン》市弥勒寺《ミルクサ》跡、王宮里《ワングンリ》遺跡といった7世紀代の百済の遺跡から出土しており、飛鳥池遺跡のガラス生産技術は百済から伝わった可能性が高い（図206・207）。

弥勒寺跡からは、鉛ガラス製の板状ガラス素材が大量に出土しており、同じ形のガラス板が福岡県宮地嶽《みやじだけ》古墳から出土している。百済で製造されたガラス板が素材として日本列島に供給されたものであろう。百済では7世紀代を遡るガラス生産遺跡は今のところみつかっていないが、九州北部では古墳時代後期末頃から鉛ガラスを素材とした緑色の丸玉が多量に流通していることから、遅くとも6世紀末頃には朝鮮半島の百済でガラス素材の生産がはじまり、素材または製品が日本列島に数多く搬入されたものと思われる。

図206　飛鳥池遺跡出土ガラス生産関連遺物

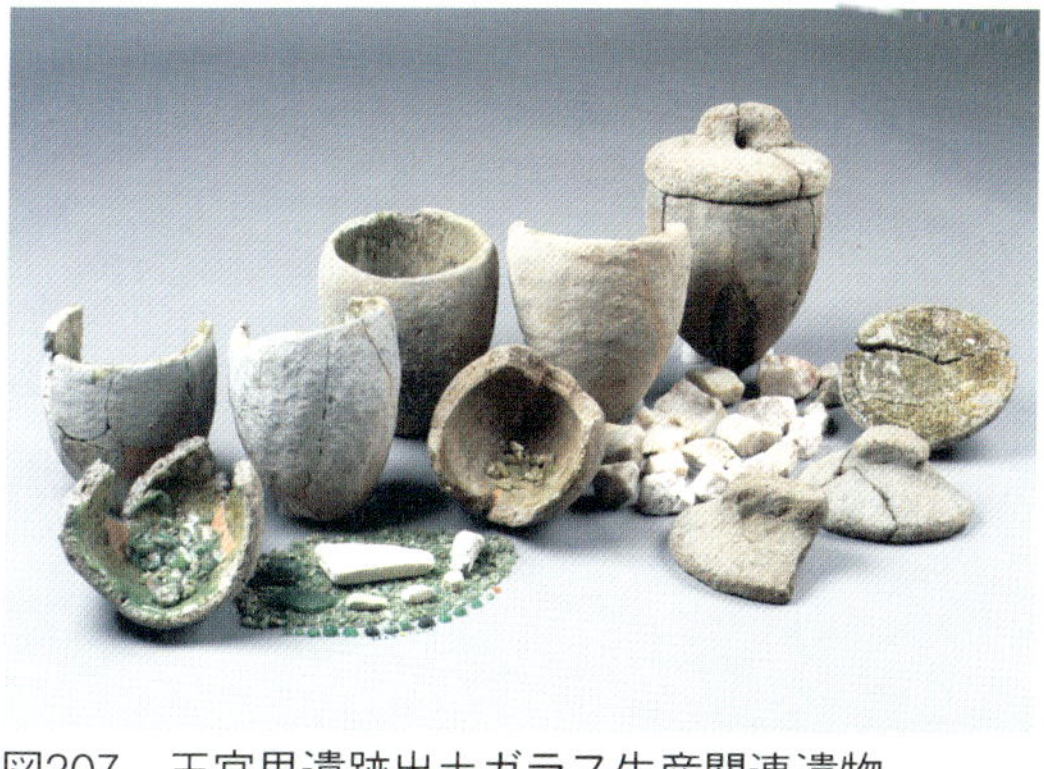

図207　王宮里遺跡出土ガラス生産関連遺物

第5章　玉類のゆくえ

1　「古墳時代の玉類」の終焉

畿内中枢では古墳時代後期後半（6世紀後半）になると石製の玉類は激減し、日本列島全体では一部の地域を除き飛鳥時代（7世紀）には同様の状況となり、ガラス製や金属製の玉類が主役となる。また、飛鳥時代の古墳である終末期古墳では7世紀後半には、玉類の副葬数が減少し、装身具としては重きをおかれなくなったようである。「古墳時代の玉類」は、古墳の終末・僧道昭《どうしょう》の火葬（700年）にはじまる火葬墓の開始とともに役目を終えたとみられる。奈良時代（8世紀）では、寺院の鎮壇具と仏像の荘厳に使用されたが、古墳時代的な使用はみられなくなる。まずこのような「古墳時代の玉類」の終焉を示す終末期古墳の玉類、古代寺院の玉類について述べてみたい。

◎終末期古墳の玉類

終末期古墳に副葬された玉類について、大和の事例を中心にみることにする。終末期前半（7世紀前半）では、副葬品の内容が判明している古墳自体が極めて少なく、玉類の様相も不明と言わざるを得ない。終末期中頃～後半（7世紀中頃～後半）の玉類が出土した奈良県の古墳としては、横穴式石室を主体部に持つ舞谷《まいたに》3号墳、忍坂《おっさか》8号墳、上牧久渡《かんまきくど》2号墳などがある（**表12**）。ガラス製玉類、コハク製玉類があるが、石製

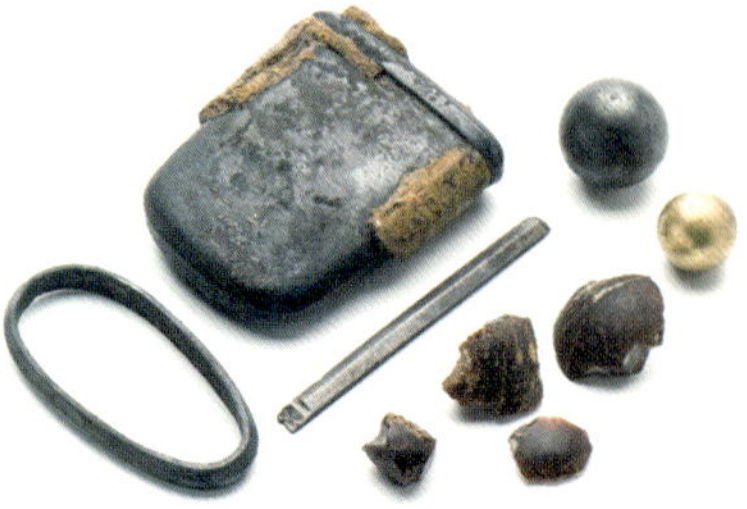

図208　石のカラト古墳出土遺物
（右上：金製・銀製丸玉
右下：コハク製丸玉
左　：大刀装具）

表12　大和の終末期古墳の玉類

古墳名	玉類（点数）	埋葬施設	時期	所在地
舞谷3号墳	ガラス製丸玉（4）	横穴式石室（磚積石室）	終末期中頃～後半（7世紀中頃～後半）	桜井市
忍坂8号墳	ガラス製丸玉（100）	横穴式石室（磚積石室）	終末期中頃～後半（7世紀中頃～後半）	桜井市
上牧久渡2号墳	コハク製棗玉（1）	横穴式石室	終末期中頃～後半（7世紀中頃～後半）	上牧町
平野塚穴山古墳	金属製空玉（1）	横口式石槨	終末期後半～末（7世紀後半～8世紀初頭）	香芝市
牽牛子塚古墳	ガラス製丸玉（29）、ガラス製小玉（41）、ガラス製粟玉（174）	横口式石槨	終末期後半～末（7世紀後半～8世紀初頭）	明日香村
キトラ古墳	ガラス製小玉（18）、ガラス製粟玉（512）、コハク製丸玉（6）	横口式石槨	終末期後半～末（7世紀後半～8世紀初頭）	明日香村
高松塚古墳	ガラス製丸玉（10）、ガラス製小玉（1190）、コハク製丸玉（4）	横口式石槨	終末期後半～末（7世紀後半～8世紀初頭）	明日香村
石のカラト古墳	金製丸玉（1）、銀製丸玉（1）、コハク製丸玉（2）	横口式石槨	終末期後半～末（7世紀後半～8世紀初頭）	奈良市

玉類は用いられない状況を確認することができる。古墳時代後期後半にみられた鍍金された金属製玉類とガラス製玉類のきらびやかな組み合わせはなくなったと考えてよさそうである。終末期後半～末（7世紀後半～8世紀初頭）の玉類が出土した古墳には、横口式石槨を主体部とする平野塚穴山《ひらのつかあなやま》古墳、牽牛子塚《けんごしづか》古墳、キトラ古墳、高《たか》松塚《まつづか》古墳、石《いし》のカラト古墳がある（表12）。ガラス製玉類が主体で、金属製玉類もあり、コハク製丸玉が確認される。これら玉類が後期後半までのように装身具として用いられたかどうかは判然としない。いずれの古墳も盗掘を受けており、本来の玉類の組み合わせと副葬された原位置が明らかでないためである。牽牛子塚古墳では、ガラス製玉類が銀や銅の針金で連結した状態で出土している。装身具ではなく立体的な器物を構成していた可能性がある。また大阪府阿武山古墳では「玉枕」と推定されている大中小3種類の500点あまりのガラス玉を銀銭で連ねて錦で包んだ器物が出土している（図97）。石のカラト古墳の玉類は穿孔がなく、連にすることを目的としない玉である（図208）。このような状況は、もはや装身具としての玉類ではなく、器物を構成する部材としての玉、器物を飾る玉などへ用途が転換していたことがうかがわれる。

同時代の天寿国繡帳《てんじゅこくしゅうちょう》の人物像、高松塚古墳壁画の人物像をみても装身具に玉類が用いられていない（図209）。人物埴輪にみられるような玉類を装身具に用いた古墳時代的な服飾から変貌していることがわかる。飛鳥時代になって律令制による国家への道を進むなかで、遣隋使《けんずいし》・遣唐使《けんとうし》などを通して中国の制度や文化を取り入れ、「冠位制《かんいせい》」により冠や衣服の統一がはかられた結果なのであろう。なお冠位制と衣服令の規定には装身具はない。法制の上からも銀製鍍金や金銅製の玉類は装身具には用いられなくなったとみられる。

図209　高松塚古墳壁画女子群像
（玉類の表現はない。）

◎古代寺院の玉類

仏教と勾玉についてもみておくべきである。朝鮮半島の新羅・百済とともに、王室関連寺院の塔からヒスイ製勾玉が出土している。新羅では7～8世紀の皇龍寺《ファンニョンサ》・芬皇寺《ブンワンサ》・仏国寺《プルグクサ》、百済では6世紀後半～7世紀の王興寺・弥勒寺などにみられる。日本では6世紀末の飛鳥寺塔心礎埋納品として、ヒスイ製勾玉2点、メノウ製勾玉1点、ガラス製勾玉1点と2千点以上のガラス製小玉が出土している（図210）。古墳時代後期以前の古墳から出土する玉類と共通する内容であるが、ヒスイ・メノウ製勾玉など同時期の畿内中枢の古墳ではほとんど副葬されない伝統的な玉類がみられる。前述の終末期古墳からは勾玉自体が出土していない。飛鳥寺塔心礎埋納玉類は、まるで古墳時代の玉類がそこに封印されたかのようである。飛鳥寺に続いて飛鳥時代後半（7世紀後半）の尼寺《にんじ》廃寺塔心礎埋納品のなかに、水晶製切子玉4点、ガラス製小玉・丸玉3点があり、奈良時代の元興寺《がんごうじ》塔跡から伝世品の出雲ブランド勾玉が出土している。このように古代になると勾玉は仏教用具となっていく。東大寺法華堂不空羂索観音像の宝冠には、多数の玉類が用いられている（図211）。正倉院では、金銅幡《ばん》に勾玉が吊られているが、その用途は幡足《ばんそく》のようにみえる。

図210　飛鳥寺塔心礎埋納品（ヒスイ製・メノウ製勾玉、碧玉製管玉、水晶製切子玉、ガラス製小玉など）

図211　東大寺法華堂不空羂索観音の宝冠（ヒスイ製勾玉、水晶・コハク・ガラス製玉類によって荘厳される。）

2 玉類研究の展望

最後に、四つの項目をあげて今後の玉類研究の進む道を展望し、「古墳時代の玉類」共同調査研究のまとめとする。

◎ガラス製勾玉の誕生とヒスイ製勾玉

弥生時代開始の頃の佐賀県菜畑《なばたけ》遺跡では、ヒスイ製のC字形をした典型的勾玉と異形勾玉とがともに出土している。弥生時代前期（紀元前4世紀〜前3世紀）に福岡県須玖岡本遺跡から長さ4.8㎝の深緑色のガラス製C字形勾玉が出土している。ヒスイをこえたガラス製勾玉の誕生であったと言ってもよい。代用品をつくったものではなく、ガラス工人が、新しく技術導入されたガラスで、人々が珍重したヒスイ製勾玉以上のものを目指したものであると考えるべきである。その後のガラス製勾玉はヒスイの深緑色を追い求めるのみではなく、コバルト色・浅いコバルト色をつくり出す。少し遅れると黄色・白色・こげ茶色などのものもごく少数ではあるが製作している。

古墳時代の大和では、纒向遺跡に近い位置の古墳時代前期初頭（3世紀中頃）のホケノ山古墳、纒向遺跡の北の柳本台地上の前期前半の黒塚古墳、大和天神山《てんじんやま》古墳さらに北東の中山大塚古墳などには、ヒスイ製勾玉をはじめ玉類が出土していない。大和の古墳発生期には、玉類の副葬（身体着装）の意識はなかったと言える。次の段階の桜井茶臼山古墳、下池山古墳ではヒスイ製勾玉を含む玉類の副葬がはじまる。そのヒスイ製勾玉は、頭部の孔から放射状に3本の線刻を施した丁字頭勾玉である。1960年代頃の玉類研究では、丁字頭勾玉はより上級のものと認識されていた。しかし出土状況の確実な例を通覧すると、上級のものだけとは必ずしも言えない。製作地の違いなどの視点からの検討が、今後の課題でもある。

◎ヒスイ製勾玉の所有・流通形態

古代歴史文化協議会が行った関東から九州までの14県の古墳時代の出土玉類の集成によると、ヒスイ製勾玉は、前期から後期にかけて増加傾向にあるのが、福岡県・佐賀県である。中期に少なく、後期にヒスイ製勾玉が増加するのが兵庫県・岡山県・島根県である。前期から後期へと減少するのが、奈良県・和歌山県・鳥取県・広島県である。中期に多く、後期に減るのが石川県である。奈良県の古墳では、大型古墳と中小型古墳との間にヒスイ製勾玉の大きさに差異があることがわかっている。長さ3㎝以上を大型とすると、大型ヒスイ製勾玉と、中小型ヒスイ製勾玉との副葬傾向の違いが、各県ともに明確化してきた。全国におけるヒスイ製勾玉の使用（所有）状態の傾向が異なっている。このことは、ヒスイ製勾玉の原石取得から製品化、そして所有に至るまでには、一つの集約されたあるいは集中的な管理形態ではなく、生産地から消費地までの移動（交易）方式が幾通りもあり、おのおの入手

図212　小滝《こたき》川ヒスイ峡（新潟県糸魚川市）

法が存在したことを推測させる（図212）。

◎国際交易財としてのヒスイ製勾玉

朝鮮半島南部には多くのヒスイ製勾玉が出土している。このように大海をこえての流通を国際交易と言うこととする。韓国における埋蔵量として、5千点前後が朴天秀氏によって推定されている。日本の既出土勾玉の総数は正確には知ることができない。なぜかと言うと、それは江戸時代後半～昭和初期の山城・大和北部におけるすさまじい盗掘による出土品が、世界各地に分散収蔵されていて確認のしようがない。江戸時代後半以後の記紀神話を明治天皇制の歴史的根拠とする三種の神器を崇める傾向が盗掘に拍車をかけたようである。ただし巨視的にみると朝鮮半島の方が多いかもしれない。ヒスイ製勾玉は海をこえた交易財であったのである。交易相手は、4世紀では朝鮮半島南部の金官加耶の地域、具体的には大成洞古墳群・福泉洞古墳群の勢力である。両古墳群には倭系文物の出土数が多く、緑色凝灰岩製鏃形石製品などが出土していて、奈良県池ノ内7号墳出土例と酷似している。同一工房による製作を推定している。

◎古墳時代の玉類の流通

大和で確認できる玉作り関連遺跡は27ヶ所ある。なかでも大規模に多種の石材・化石を用いて各種の玉類を製作していたのが奈良県曽我遺跡である。碧玉・緑色凝灰岩・メノウ・ヒスイ・滑石・水晶など多種の玉類を古墳時代に生産していた曽我遺跡は、機内中枢の大規模な玉作り工房群であるとされている。ところが、巨大古墳の所在地に政治権力が集中しているとされている研究情況からみると、大和から政治権力が河内に移って以降に、曽我遺跡は最盛期を迎えている。河内王朝との関係が微妙であった葛城氏の中心と考えられている奈良盆地西南部には、鉄などの金属関連の工房が検出された遺跡は多く存在しているが、大規模な玉作り遺跡は確認されていない。曽我遺跡においてヒスイ製玉類が製作されはじめるのは、古墳時代中期中頃（5世紀中頃）以降で、ほかに滑石・碧玉・水晶・メノウ・コハクがある。奈良県新沢千塚500号墳例に代表されるメノウ・ヒスイ・水晶製の三種の勾玉の組み合わせ使用に遅れてはじまったのが、曽我遺跡の勾玉生産であった。玉作りの中心は滑石製品で、次いで碧玉が多い。

遺跡の東に位置して式内社天太玉命神社がある。この神社は忌部氏の祖神を祀っている。この曽我遺跡は、地名通り蘇我氏が、葛城氏に隷属《れいぞく》していた頃に滑石製玉類生産を小規模にはじめ、葛城氏没落後は、規模を拡大して行ったものと思われる。忌部氏と蘇我氏の関係は、今後の研究課題としておきたい。

ヒスイ・コハク・メノウ・碧玉・緑色凝灰岩など、奈良盆地周辺に産出しない希少であった玉作り素材が、原産地（例えばヒスイは糸魚川周辺の新潟県側と富山県側の海岸、コハクは太平洋岸の岩手県久慈）から、どのような経路で曽我遺跡に運ばれたかはまったく未知の研究分野である。ヒスイは富山県・石川県の遺跡でも素材を加工して製品化していることが知られている。このためヒスイの素材すべてが海岸線をたどって曽我遺跡までやってきたとは断定できない。コハクも同

図213　久慈のコハク（岩手県久慈市）

様である。千葉県銚子産のコハクの多くは、東海・畿内までは運ばれていない。

1950年代に室賀照子氏によって提唱された日本列島のアンバーロードも具体的なルートを示したものではなかった。東海東部の大廓《おおくるわ》式土器は、纒向遺跡に古墳時代前期初頭に搬入された最東端の土器である。近年の研究では、埼玉県反町遺跡などの大型河川沿いの内陸部の遺跡、房総半島の太平洋岸、そして東北の仙台平野からさらに北方海岸沿いの遺跡からも出土している。この型式の土師器壺は器壁が厚く、土器自体も大きく、一種のコンテナとする見方もできる土器である。東北の物品を東海まで運搬する一つの手段とみてよい。運搬物がコハクや埋れ木であったことを示す資料は全くないが、仮説として提示することは許されるであろう（図213）。

主な参考文献

【論文】

池上　悟　１９９３「古墳出土の琥珀玉」『立正大学文学部論叢』97
石橋　宏ほか　２０１６「つくば市面野井古墳群の再検討」『東生』第5号
伊藤雅文　２０１０「腕輪形石製品生産モデルの素描」『古代学研究』187
大賀克彦　２００２「弥生・古墳時代の玉」『考古資料大観　第9巻　弥生・古墳時代　石器・石製品・骨角器』』小学館
大賀克彦　２００８「白水瓢塚古墳出土の玉類」『白水瓢塚古墳発掘調査報告書』神戸市教育委員会
大賀克彦　２０１２「古墳時代前期における翡翠製丁字頭勾玉の出現とその歴史的意義」『古墳時代におけるヒスイ勾玉の生産と流通過程に関する研究』平成21～23年度科学研究費補助金若手研究（B）研究成果報告書　研究代表者　高橋浩二
大賀克彦　２０１３「玉類」『古墳時代の考古学4　副葬品の形式と編年』同成社
大坪志子　２０１０「縄文時代九州産石製装身具の波及」『先史学・考古学論究V』上巻
大平　茂ほか　２０１３「特輯：古墳時代から律令時代への祭祀の変遷（上）」『古代文化』第65巻第3号
大平　茂ほか　２０１４「特輯：古墳時代から律令時代への祭祀の変遷（下）」『古代文化』第66巻第3号
小田富士雄　２０１２「百済武寧王陵文物をめぐる東アジア世界」『古代九州と東アジアI』同成社
苅谷道郎・小田富士雄　１９９０「北九州市こうしんのう2号墳出土雁木玉」『考古学雑誌』第76巻第1号
木下尚子　１９８７「弥生定形勾玉考」『東アジアの考古と歴史　中』岡崎敬先生退官記念論集
木下尚子　１９９６「垂飾」『弥生文化の研究　祭と墓と装い』雄山閣
後藤守一　１９４２「上古時代のガラス」『日本古代文化研究』河出書房
小林行雄　１９６１「前期古墳の副葬品にあらわれた文化の二相」『古墳時代の研究』青木書店
小林行雄　１９７８「弥生・古墳時代のガラス工芸」『MUSEUM』324　東京国立博物館
是田　敦　２００４「出雲玉作考」『福岡大学考古学論集』小田富士雄先生退職記念事業会
篠原祐一　１９９５「臼玉研究私論」『研究紀要』第3号　財団法人栃木県文化振興事業団埋蔵文化財センター
白石太一郎　１９８５「神まつりと古墳の祭祀―古墳出土の石製模造品を中心として―」『国立歴史民俗博物館研究紀要』7
申　昌秀　２００５「百済の国際交流―武寧王陵の発掘成果を中心に―」『百済の国際交流―武寧王陵の最新研究をめぐって―』国立歴史民俗博物館

菅谷文則　1980「三角縁神獣鏡をめぐる諸問題」『ゼミナール日本古代史　下　倭の五王を中心に』光文社
関川尚功　1985「古墳時代における畿内の玉生産」『末永先生米壽記念　獻呈論文集』乾　末永先生米寿記念会
関川尚功　1991「玉とガラス」『古墳時代の研究　第5巻　生産と流通Ⅱ』雄山閣
谷澤亜里　2016「古墳時代前期における玉類副葬の論理」『考古学は科学か』田中良之先生追悼論文集
玉城一枝　1992「足玉考」『考古学と生活文化』同志社大学考古学シリーズⅤ
玉城一枝　1994「手玉考」『橿原考古学研究所論集』第12　吉川弘文館
田村朋美　2013「日本列島における植物灰ガラスの出現と展開」『文化財学の新地平』奈良文化財研究所
富樫雅彦　2003「弥生・古墳時代のガラス」『考古資料大観　第6巻　弥生・古墳時代　青銅・ガラス製品』小学館
戸根比呂子　2016「加賀片山津玉造遺跡の研究の現状と課題」『加賀・能登王墓の世界』石川県立歴史博物館
中村由克　2017「加賀地方の玉石材（碧玉・緑色凝灰岩）の岩石学的検討」『第7回石材のつどいミニシンポジウム「加賀地方の玉石材の検討」』石材のつどい世話人会
橋本博文　1993「人物埴輪にみる装身具」『月刊考古学ジャーナル　2月号　特集埴輪に見る装飾と副葬』№357　ニュー・サイエンス社
廣瀬時習　1994「玉副葬の意義―前期古墳に見る管玉の副葬について―」『考古学と信仰』同志社大学考古学シリーズⅥ
廣瀬時習　2002「芝ヶ原12号墳と古墳成立期の玉副葬」『同志社大学歴史資料館館報』第5号
廣瀬時習　2013「古代（飛鳥～平安時代）玉文化研究の現状」『玉文化』第10号
村上　隆　1993「和歌山県車駕之古址古墳出土の金製勾玉の材質と製作技法について」『車駕之古址古墳発掘調査概報』和歌山市教育委員会
室賀照子ほか　1974「本邦出土琥珀の産地分析赤外吸収スペクトルによる研究」『日本化学会誌』9
室賀照子　1985「琥珀は語る…古代アンバールートを探る」『末永先生米壽記念　獻呈論文集』坤　末永先生米寿記念会
安永周平　2002「朝鮮半島における象嵌琉璃玉・金層琉璃玉」『朝鮮古代研究』第3号
安永周平　2008「装飾付ガラス玉研究序論」『橿原考古学研究所論集』第15　八木書店
米田克彦　1998「出雲における古墳時代の玉生産」『島根考古学会誌』第15集
米田克彦　2002「島根県安来市大原遺跡における玉生産」『古代文化研究』第10号
米田克彦　2005「岡山県の玉製品出土遺跡」『古代出雲における玉作の研究Ⅱ―中国地方の玉製品出土遺跡集成―』島根

県古代文化センター調査研究報告書28
米田克彦　２００９「考古学から見た出雲玉作の系譜」『出雲古代史研究』第19号
米田克彦　２０１３「古墳時代玉文化研究の展望」『玉文化』第10号
米田克彦　２０１４「中四国地方における前期古墳の玉類副葬に関する予察」『前期古墳の編年を再考する』中国四国前方後円墳研究会第17回研究集会

【単行本】
伊藤雅文　２００８『古墳時代の王権と地域社会』学生社
会下和宏　２０１５『墓制の展開にみる弥生社会』同成社
大賀克彦ほか　２００８『月刊考古学ジャーナル　1月号　特集玉生産研究の現状』№567　ニュー・サイエンス社
大場磐雄編　１９６３『加賀片山津玉造遺跡の研究』加賀市文化財紀要第1集
河田　貞　２００３『日本の美術　第445号　黄金細工と金銅装―三国時代の朝鮮半島と倭国（日本）』至文堂
河村好光　２０１０『倭の玉器―玉つくりと倭国の時代』青木書店
甲元眞之・寺沢　薫編　２０１１『講座日本の考古学5　弥生時代（上）』青木書店
古代歴史文化協議会編　２０１５『古墳時代の玉作りと神まつり』第1回古代歴史文化協議会講演会資料
古代歴史文化協議会編　２０１６『玉から古代日韓交流を探る』第2回古代歴史文化協議会講演会資料
古代歴史文化協議会編　２０１７『古墳時代の玉飾りの世界』第3回古代歴史文化協議会講演会資料
小寺智津子　２０１２『ガラスが語る古代東アジア』ものが語る歴史シリーズ27　同成社
後藤守一ほか　１９５８『古代史研究第3集　古墳とその時代第1』古代史談話会
斎藤　忠　１９６３『古代の装身具』塙選書36　塙書房
島根県古代文化センター　２００９『出雲玉作の特質に関する研究―古代出雲における玉作の研究Ⅲ―』
菅谷文則　１９９１『日本人と鏡』同朋舎
清家　章　２０１０『古墳時代の埋葬原理と親族構造』大阪大学出版会
高橋健自　１９１１『鏡と剣と玉』富山房
田中晋作　２０１６『古市古墳群の解明へ　盾塚・鞍塚・珠金塚古墳』シリーズ「遺跡を学ぶ」105　新泉社

千賀　久　２００８『ヤマトの王墓　桜井茶臼山古墳・メスリ山古墳』シリーズ「遺跡を学ぶ」49　新泉社
露木　宏編　２００８『日本装身具史―ジュエリーとアクセサリーの歩み』美術出版社
寺村光晴　１９６６『古代玉作の研究』吉川弘文館
寺村光晴編　２００４『日本玉作大観』吉川弘文館
寺村光晴・松本岩雄ほか　２００６『季刊考古学　特集弥生・古墳時代の玉文化』第94号　雄山閣
濱田耕作ほか　１９２７『出雲上代玉作遺物の研究』京都帝国大学文学部考古学研究報告第10冊
埋蔵文化財研究会編　２００５『第54回埋蔵文化財研究集会　古墳時代の滑石製品―その生産と流通―　発表要旨・資料集』
町田　章　１９９７『日本の美術　第371号　古墳時代の装身具』至文堂
由水常雄　１９８９『トンボ玉』平凡社
由水常雄　２００１『ローマ文化王国―新羅』新潮社

【図録】

大阪府立近つ飛鳥博物館　２００３『黄泉のアクセサリー―古墳時代の装身具―』図録30
大阪府立近つ飛鳥博物館　２００８『考古学からみた古代の女性―巫女王卑弥呼の残影―』図録46
大阪府立近つ飛鳥博物館　２０１０『ふたつの飛鳥の終末期古墳―河内飛鳥と大和飛鳥』図録50
桜井市立埋蔵文化財センター　２０１４『魅惑の玉』企画展図録
島根県立古代出雲歴史博物館　２００９『輝く出雲ブランド　古代出雲の玉作り』企画展図録
奈良県立橿原考古学研究所附属博物館　２００７『金の輝き、ガラスの煌めき』特別展図録第68冊
福泉博物館　２０１３『古代玉類の世界』特別展図録
栗東歴史民俗博物館　２００３『古墳時代の装飾品―玉の美―』企画展図録

写真提供（数字は図番号）

奈良県立橿原考古学研究所　1・2・38・39・41・42・43・44・45・62・63・78・83・88・89
国立慶州博物館（韓国）　3・142・147・162・179・192
宮内庁書陵部陵墓課陵墓調査室　4、103（奈良県立橿原考古学研究所附属博物館撮影）
奥出雲町教育委員会　5
島根県埋蔵文化財調査センター　5・59、12・48・49（島根県立古代出雲歴史博物館提供）
島根大学法文学部考古学研究室　5、11（出雲市提供）
知夫村教育委員会　5
奈良県立橿原考古学研究所附属博物館　5・60・61・64・69・70・71・75・76・77・81・93・94・106・112・113・177・178・191、73・74・95・187・188・189（文化庁所有・博物館保管）
松江市教育委員会　5
石川県教育委員会　6・28・30
野々市市教育委員会　7
佐賀県教育委員会・佐賀県立博物館　8
佐賀県教育委員会　9・121・149・154・155
福井県埋蔵文化財調査センター（福井県立歴史博物館提供）　10
鳥取県埋蔵文化財センター　13・15・16・19
鳥取市教育委員会　14
中能登町教育委員会　22
糸魚川市教育委員会　23
いずもまがたまの里伝承館　26
小松市埋蔵文化財センター　26・27・51・107
島根県立古代出雲歴史博物館　26・127
加賀市　29・50
埼玉県立さきたま史跡の博物館　32・35・105
（公財）群馬県埋蔵文化財調査事業団　34・114
東松山市教育委員会　36・37
中村由克（顕微鏡写真）　50
本庄市教育委員会　56
京都府立山城郷土資料館　57
加古川市教育委員会　58
橿原市教育委員会（復元模造品）　66
桜井市教育委員会　67・68・116・176
飯塚市歴史資料館　79・202
大阪府立弥生文化博物館（出合明撮影）　80
兵庫県立考古博物館　84・85
福井市立郷土歴史博物館　86（福井市教育委員会提供）、91（大阪府立近つ飛鳥博物館提供）
大阪市立美術館（大阪府立近つ飛鳥博物館提供）　87
三重県埋蔵文化財センター　90・139
姫路市埋蔵文化財センター　92・130・174
若狭町教育委員会　96（福井県立若狭歴史博物館提供）、194（福井県立歴史博物館提供）
奈良文化財研究所飛鳥資料館　97
広島県立歴史博物館　98
御所市教育委員会　101

岡山大学考古学研究室　104・124
行田市郷土博物館（九州国立博物館提供）　108
松阪市教育委員会　109
滑川町教育委員会　110
東京国立博物館　111・135・196左中・199
広島県立埋蔵文化財センター（（公財）広島県教育事業団撮影）　117
鳥栖市教育委員会　119
唐津市教育委員会（佐賀県教育委員会提供）　120
上毛町教育委員会　122
神戸市教育委員会　128・136
出雲大社　132
大神神社　133・134
朝来市教育委員会　138
（公財）岩手県文化振興事業団埋蔵文化財センター　140
国立中央博物館（韓国）　143
東義大学校博物館（韓国）　144・145
高麗大学校博物館（韓国）　146
（公財）白鶴美術館　148
糸島市教育委員会　150（九州国立博物館提供）、158（文化庁所有）
福津市教育委員会（九州国立博物館提供）　151
筑前町教育委員会（九州国立博物館提供）　152
宗像市教育委員会　153
九州国立博物館　156

那珂川町教育委員会　157・204
壱岐市教育委員会　159
春日市教育委員会　160
福岡市埋蔵文化財センター　161
嶺南大学校博物館（韓国）　164・165左中
慶北大学校博物館（韓国）　165右
福泉博物館（韓国）　168・169左・172右
慶尚大学校博物館（韓国）　169中右・182
慶星大学校博物館（韓国）　172左
岸和田市教育委員会　173
関西大学文学部考古学研究室　175・180
和歌山市教育委員会　181
和歌山県立紀伊風土記の丘　183
羽曳野市教育委員会　184・190
国立公州博物館（韓国）　185・198
大阪大学考古学研究室　186
美里町教育委員会　195
宮崎県立西都原考古博物館　196右
九州歴史資料館　200・205
久山町教育委員会　201
大野城市教育委員会　203
奈良文化財研究所　206・208・210
国立扶余文化財研究所（韓国）　207
明日香村教育委員会　209
東大寺（奈良国立博物館提供・森村欣司撮影）　211

図出典

図18：大山スイス村埋蔵文化財発掘調査団ほか２０００『妻木晩田遺跡発掘調査報告Ⅰ〈松尾頭地区〉』大山町埋蔵文化財報告書第17集

図20：林　大智２００５「日本海沿岸域の「鉄」が北陸にもたらした変革」『北陸の玉と鉄　弥生王権の光と影』大阪府立弥生文化博物館特別展図録

図24：大場磐雄編１９６３『加賀片山津玉造遺跡の研究』加賀市文化財紀要第1集

図25：小西昌志（編）１９９４『金沢市藤江Ｂ遺跡（第２次）』金沢市文化財紀要109　金沢市教育委員会・石川県西部開発事務所、（財）石川県埋蔵文化財センター２００１『金沢市藤江Ｂ遺跡Ⅰ』、（財）石川県埋蔵文化財センター２００１『金沢市藤江Ｂ遺跡Ⅲ』

図26：島根県立古代出雲歴史博物館２００９『輝く出雲ブランド　古代出雲の玉作り』企画展図録

図40：奈良県立橿原考古学研究所１９８９『曽我遺跡　遺構・土器編』奈良県史跡名勝天然記念物調査報告第55冊

図51：絈野義夫１９９３『石川県地質誌』石川県・北陸地質研究所

図55：米田克彦２００２「島根県安来市大原遺跡における玉生産」『古代文化研究』第10号

図65：歴史に憩う橿原市博物館２０１４『新沢千塚』特別展図録第2冊

図72・82：奈良県立橿原考古学研究所附属博物館２００７『金の輝き、ガラスの煌めき』特別展図録第68冊

図102：奈良県立橿原考古学研究所２００２『馬見古墳群の基礎資料』橿原考古学研究所研究成果第5冊

図114：公益財団法人群馬県埋蔵文化財調査事業団２０１７『金井東裏遺跡』甲着装人骨等詳細調査報告書

図129：姫路市埋蔵文化財センター２０１６『国指定重要文化財　宮山古墳出土品』姫路市教育委員会

図131：神戸市教育委員会２００８『白水瓢塚古墳発掘調査報告書』

図137：苅田町教育委員会１９８８『石塚山古墳』苅田町文化財調査報告書第9集、奈良県立橿原考古学研究所１９８２『見田・大沢古墳群』奈良県史跡名勝天然記念物調査報告第44冊、和田山町教育委員会１９７２『城の山・池田古墳』、神戸市教育委員会２００８『白水瓢塚古墳発掘調査報告書』、鹿島町教育委員会１９８５『奥才古墳群』、三重県埋蔵文化財センター１９９２『上椎ノ木古墳群・谷山古墳・正知浦古墳群・正知浦遺跡』三重県埋蔵文化財調査報告100—1

表出典

表7：米田克彦２０１７「玉類の副葬と祭祀からみた楯築墳丘墓の性格」『楯築墓成立の意義』考古学研究会シンポジウム記録11

表11：奈良県立橿原考古学研究所１９８９『曽我遺跡　玉類集計表編』奈良県史跡名勝天然記念物調査報告第55冊

主要遺跡地図

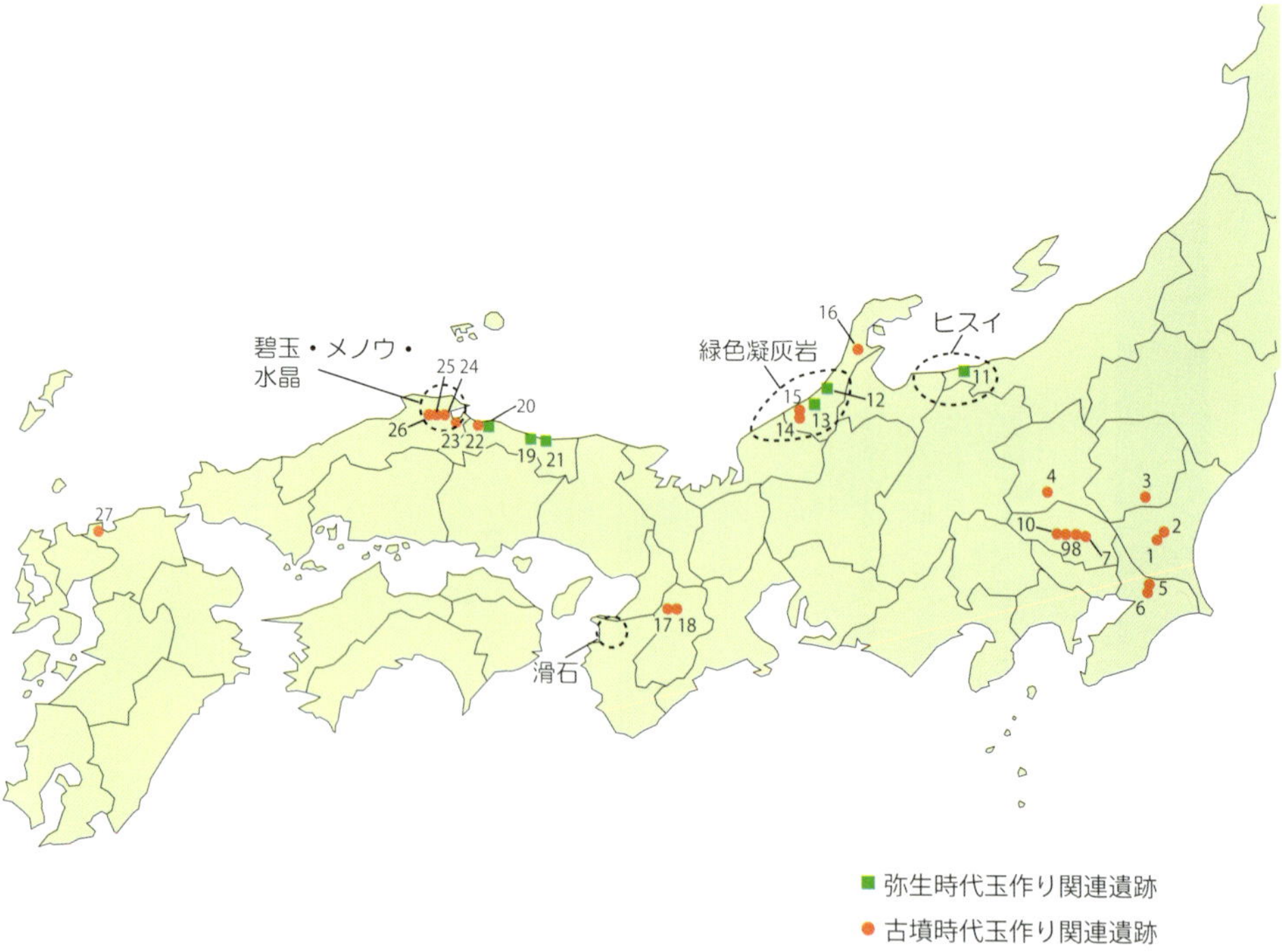

1. 烏山遺跡（茨城県）
2. 八幡脇遺跡（茨城県）
3. 市ノ塚遺跡（栃木県）
4. 下佐野遺跡（群馬県）
5. 外小代遺跡（千葉県）
6. 八代玉作遺跡（千葉県）
7. 前原遺跡（埼玉県）
8. 正直遺跡（埼玉県）
9. 反町遺跡（埼玉県）
10. 高坂８号墳（埼玉県）
11. 後生山遺跡（新潟県）
12. 塚崎遺跡（石川県）
13. 八日市地方遺跡（石川県）
14. 弓波遺跡（石川県）
15. 片山津玉造遺跡（石川県）
16. 雨の宮１号墳（石川県）
17. 曽我遺跡（奈良県）
18. 脇本遺跡（奈良県）
19. 青谷上寺地遺跡（鳥取県）
20. 妻木晩田遺跡（鳥取県）
21. 松原１号墓（鳥取県）
22. 百塚第一遺跡（鳥取県）
23. 大原遺跡（島根県）
24. 史跡出雲玉作跡（島根県）
25. 面白谷遺跡（島根県）
26. 堂床遺跡（島根県）
27. 潤地頭給遺跡（福岡県）

「第２章」関連遺跡

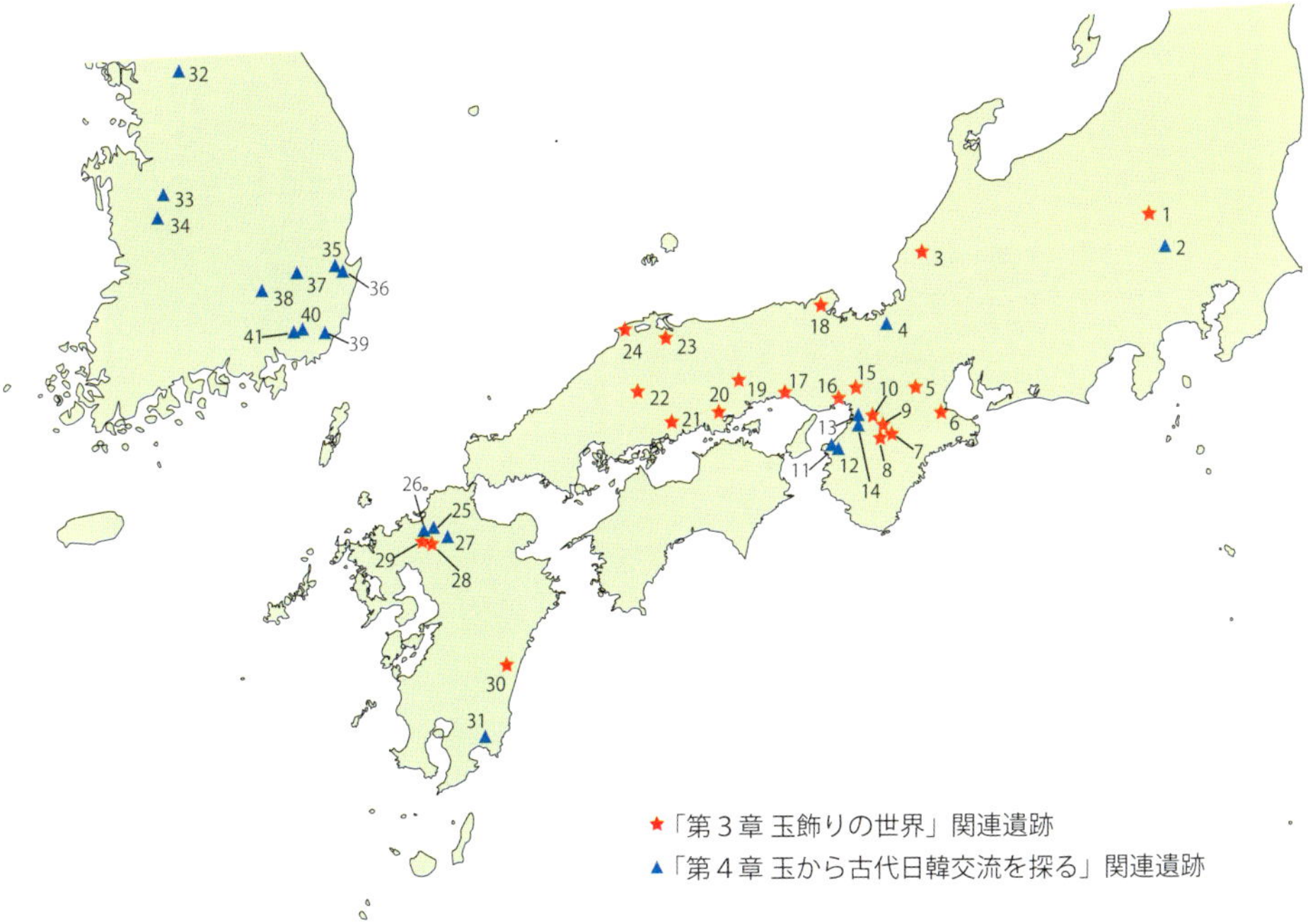

1. 金井東裏遺跡（群馬県）
2. 白石古墳群（埼玉県）
3. 天神山７号墳（福井県）
4. 十善の森古墳（福井県）
5. 東条１号墳（三重県）
6. 常光坊谷４号墳（三重県）
7. 桜井茶臼山古墳（奈良県）
8. 新沢千塚古墳群（奈良県）
9. 島の山古墳（奈良県）
10. 藤ノ木古墳（奈良県）
11. 車駕之古址古墳（和歌山県）
12. 花山６号墳（和歌山県）
13. 珠金塚古墳（大阪府）
14. 峯ヶ塚古墳（大阪府）
15. 阿武山古墳（大阪府）
16. 住吉東古墳（兵庫県）
17. 宮山古墳（兵庫県）
18. 赤坂今井墳丘墓（京都府）
19. 月の輪古墳（岡山県）
20. 楯築墓（岡山県）
21. 石鎚山第１号古墳（広島県）
22. 金田第２号古墳（広島県）
23. 鷺の湯病院跡横穴（島根県）
24. 出雲大社境内遺跡（島根県）
25. 大木遺跡（福岡県）
26. 牛頸中通６号墳（福岡県）
27. 天園２号墳（福岡県）
28. 都谷遺跡ST014号墳（佐賀県）
29. 牛原前田遺跡ST1603号墳（佐賀県）
30. 西都原古墳群（宮崎県）
31. 銭亀塚（宮崎県）
32. 渼沙里遺跡（韓国・河南市）
33. 武寧王陵（韓国・公州市）
34. 松菊里遺跡（韓国・忠清南道）
35. 瑞鳳塚古墳（韓国・慶州市）
36. 皇南大塚（韓国・慶州市）
37. 林堂古墳群（韓国・慶山市）
38. 玉田古墳群（韓国・慶尚南道）
39. 福泉洞古墳群（韓国・釜山広域市）
40. 大成洞古墳群（韓国・金海市）
41. 良洞里遺跡（韓国・金海市）

「第３・４章」関連遺跡

関連年表

西暦	時代	日本列島での主な出来事（玉類と関連遺跡）	朝鮮半島（玉類と関連遺跡）
	弥生前期	稲作農耕が伝わる （北部九州・山陰での朝鮮半島系碧玉製管玉の流通） （山陰での軟質緑色凝灰岩製管玉生産の開始） 福岡県・大木遺跡	青銅器時代 （天河石製・碧玉製玉類の流通） 初期鉄器時代 忠清南道・松菊里遺跡
BC200 AD1	弥生中期	金属器・ガラス加工の開始 （北陸（菩提・那谷）産碧玉製管玉の生産と流通） 石川県・八日市地方遺跡	漢武帝、楽浪郡を設置（紀元前108年） 原三国時代
100 200	弥生後期	鉄器の本格的普及 （山陰・北陸での水晶製玉類の生産と流通） 後漢光武帝より「漢委奴国王」金印を賜る（57） （硬質緑色凝灰岩製管玉の流通） 鳥取県・青谷上寺地遺跡 倭国大乱 岡山県・楯築墓	（水晶製・メノウ製・ガラス製玉類の流通） 金海市・良洞里遺跡 河南市・渼沙里遺跡 公孫康、帯方郡を設置
300	古墳前期	卑弥呼、魏に遣使(239) 石川県・塚崎遺跡 古墳の造営が始まる（３世紀中頃） （古墳へヒスイ製勾玉、碧玉製管玉、ガラス製小玉の組み合わせでの副葬開始） 奈良県・桜井茶臼山古墳 （緑色凝灰岩製腕輪形石製品の生産と流通） 石川県・片山津玉造遺跡 広島県・石鎚山第１号古墳 （碧玉・メノウ・水晶製勾玉、滑石製玉類の生産と流通） 島根県・史跡出雲玉作跡 奈良県・新沢千塚500号墳 （関東での滑石製・緑色凝灰岩製玉類、メノウ・水晶製勾玉の生産） 埼玉県・反町遺跡、前原遺跡、正直遺跡	三国時代 高句麗、楽浪・帯方郡を滅ぼす（313） （ヒスイ製勾玉の副葬開始） 金海市・大成洞古墳群 釜山広域市・福泉洞古墳群 百済近肖古王、倭に七支刀を贈る（369）

西暦	時代	日本列島での主な出来事（玉類と関連遺跡）	朝鮮半島（玉類と関連遺跡）
400	古墳中期	百舌鳥・古市古墳群で巨大古墳の造営はじまる（4世紀末～5世紀初頭） （古墳へのヒスイ製勾玉の副葬減少、山陰系碧玉製・メノウ製勾玉、滑石製勾玉の副葬増加）	倭、新羅に侵入するが高句麗に撃退される（391～404） 高句麗、広開土王碑建立（414）
		倭の五王が南朝に遣使 （古墳への金属製空玉、装飾付ガラス玉の副葬開始） 兵庫県・宮山古墳 奈良県・新沢千塚126号墳	（冠装飾のヒスイ製勾玉、雁木玉、金製空勾玉・空丸玉） 慶州市・皇南大塚 慶山市・林堂古墳群
		（片面穿孔碧玉製管玉の出現） （ヤマト王権による玉生産の最盛期） 奈良県・曽我遺跡 島根県・大原遺跡 和歌山県・車駕之古址古墳 福井県・十善の森古墳	百済、高句麗により漢城陥落、熊津遷都（475）
500	古墳後期	横穴式石室の普及 （出雲玉作りの最盛期、以降の出雲産玉類の全国的流通） 島根県・堂床遺跡 （畿内中枢における金属・ガラス製玉類の盛行、玉の材質・器種・組み合わせの多様化） 三重県・東条1号墳 宮崎県・銭亀塚	（ヒスイ製勾玉、雁木玉） 公州市・武寧王陵 金官加耶、滅亡（532）
		仏教が伝来（538） （九州の古墳での多角形ガラス玉、赤メノウ製玉類、天河石製玉類などの渡来系玉類の副葬が盛んになる） 佐賀県・都谷遺跡ST014号墳 福岡県・牛頸中通6号墳 （畿内での石製玉類の副葬が減少） 奈良県・藤ノ木古墳	百済、泗沘遷都（538） 大加耶、新羅に併合し加耶諸国、滅亡（562）
600	終末期 飛鳥	飛鳥寺が建てられる（596） 前方後円墳築造停止 （古墳への渡来系玉類の副葬がほぼ終息する） 大化の改新（乙巳の変：645） （出雲玉作りの終焉） 藤原宮遷都(694) 古墳築造停止	百済、滅亡（660） 白村江の戦い（663） 高句麗、滅亡（668） 新羅、朝鮮半島を統一（676）
700	奈良	（東北における出雲産玉類の大量消費） 平城京遷都（710） （鎮壇具・仏像装飾としての玉の使用） （出雲玉作りの再開） 東大寺大仏開眼（752）	

古代歴史文化協議会加盟14県の展示施設

古代歴史文化協議会を構成する14県所在の主要な展示施設を紹介します。
各施設のご利用方法の詳細についてはホームページ等でご確認ください。

埼玉県立さきたま史跡の博物館

国史跡埼玉古墳群を整備した、さきたま古墳公園に所在する。稲荷山古墳出土の国宝金錯銘鉄剣をはじめとする埼玉古墳群出土品や周辺遺跡の出土資料を展示する。

DATA
〒361-0025
埼玉県行田市埼玉4834
TEL: 048-559-1111
FAX: 048-559-1112
http://www.sakitama-muse.spec.ed.jp/
開館時間：午前９時～午後４時30分
（月曜休館）

（公財）石川県埋蔵文化財センター

石川県内の発掘調査で出土した各時代の資料を展示している。敷地内には復元住居、復元古窯、体験工房などがあり、多様な体験プログラムも実施している。

DATA
〒920-1336
石川県金沢市中戸町18-1
TEL: 076-229-4477
FAX: 076-229-3731
http://www.ishikawa-maibun.or.jp/
開館時間：午前９時～午後４時30分

福井県立若狭歴史博物館

福井県嶺南地域の考古・歴史・美術・民俗資料を扱う展示施設。古墳時代のコーナーでは古墳出土品や製塩土器から地域間の交流について紹介する。

DATA
〒917-0241
福井県小浜市遠敷2丁目104
TEL: 0770-56-0525
FAX: 0770-56-4510
http://wakahaku.pref.fukui.lg.jp/
開館時間：午前９時～午後５時

三重県総合博物館

2014年に開館した三重県の自然・歴史・文化をテーマとした展示施設。中庭のミュージアムフィールドでは自然観察会などのフィールドワークも実施する。

DATA
〒514-0061
三重県津市一身田上津部田3060
TEL: 059-228-2283
FAX: 059-228-8310
http://www.bunka.pref.mie.lg.jp/MieMu/index.shtm
開館時間：午前9時〜午後5時
（土日祝は午後7時まで・月曜休館）

兵庫県立考古博物館

兵庫県内の発掘調査で出土した各時代の資料を展示する。参加型の事業も多数実施しており、豊富な体験プログラムを擁する。

DATA
〒675-0142
兵庫県加古郡播磨町大中1-1-1
TEL: 079-437-5589
http://www.hyogo-koukohaku.jp/
開館時間：午前9時30分〜午後5時
（4〜9月は午後6時まで・月曜休館）

奈良県立橿原考古学研究所附属博物館

常設展「大和の考古学」では藤ノ木古墳出土の金銅製馬具や冠など、奈良県内の遺跡から出土した資料を時代順に紹介する。

DATA
〒634-0065
奈良県橿原市畝傍町50-2
TEL: 0744-24-1185
FAX: 0744-24-1355
http://www.kashikoken.jp/museum/index.html
開館時間：午前9時〜午後5時
（月曜休館）

和歌山県立紀伊風土記の丘

特別史跡岩橋千塚古墳群に設置された展示施設。和歌山県内の発掘調査出土資料を用いて各時代を紹介する。

DATA
〒640-8301
和歌山県和歌山市岩橋1411
TEL: 073-471-6123
FAX: 073-471-6120
https://www.kiifudoki.wakayama-c.ed.jp/
開館時間：午前9時〜午後4時30分
（月曜休館）

鳥取県立博物館

旧石器時代から江戸時代までの考古・歴史・民俗資料を用いて鳥取の歴史を紹介する。自然史や美術工芸の展示も行う。

DATA

〒680-0011
鳥取県鳥取市東町2丁目124
TEL: 0857-26-8042
FAX: 0857-26-8041
http://www.pref.tottori.lg.jp/museum/
開館時間：午前９時〜午後５時
（月曜休館）

島根県立古代出雲歴史博物館

出雲大社に隣接して設置された博物館。「出雲大社」・「出雲国風土記」・「青銅器」を中心に島根の古代文化を紹介。

DATA

〒699-0701
島根県出雲市大社町杵築東99-4
TEL: 0853-53-8600
FAX: 0853-53-5350
http://www.izm.ed.jp/
開館時間：午前９時〜午後６時
（11〜２月は午後５時まで・第３火曜休館）

岡山県古代吉備文化財センター

県内の発掘調査で出土した各時代の資料を用いて岡山の歴史を紹介する。体験学習イベントも多数開催する。

DATA

〒701-0136
岡山市北区西花尻1325-3
TEL: 086-293-3211
FAX: 086-293-0142
http://www.pref.okayama.jp/kyoiku/kodai/kodaik.htm
開館時間：午前９時〜午後５時

みよし風土記の丘ミュージアム（広島県立歴史民俗資料館）

史跡浄楽寺・七ツ塚古墳群を整備したみよし風土記の丘内の展示施設。常設展示「ひろしまの原始・古代」では県内出土資料を用いて各時代を紹介する。

DATA

〒729-6216
広島県三次市小田幸町122
TEL: 0824-66-2881
FAX: 0824-66-3106
http://www.pref.hiroshima.lg.jp/site/rekimin/
開館時間：午前９時〜午後５時
（月曜休館）

九州国立博物館

日本の4番目の国立博物館として2005年に太宰府市に開館した。常設展示である「文化交流展示」ではアジア諸地域との交流を主軸に日本文化の形成を描く。

DATA

〒818-0118
福岡県太宰府市石坂4-7-2
TEL: 092-918-2807
http://www.kyuhaku.jp/
開館時間：午前９時30分〜午後５時
（金曜・土曜は午後８時まで・月曜休館）

九州歴史資料館

福岡県を中心に九州の歴史について、旧石器時代から近代までの資料を公開。各時代の遺物の基準資料を特集した展示もある。

DATA

〒838-0106
福岡県小郡市三沢5208-3
TEL: 0942-75-9575
FAX: 0942-75-7834
http://www.fsg.pref.fukuoka.jp/kyureki/
開館時間：午前９時〜午後４時30分
（月曜休館）

佐賀県立博物館

常設展「佐賀県の歴史と文化」では自然史・考古・歴史・美術・工芸・民俗の各資料を幅広く紹介する。

DATA

〒840-0041
佐賀県佐賀市城内1-15-23
TEL: 0952-24-3947
http://saga-museum.jp/museum/
開館時間：午前９時30分〜午後６時
（月曜休館）

宮崎県立西都原考古博物館

特別史跡西都原古墳群に設置された展示施設。県内の出土資料により各時代を紹介する。考古学の調査研究を追体験できる「考古学研究所」コーナーもある。

DATA

〒881-0005
宮崎県西都市大字三宅字西都原西5670
TEL: 0983-41-0041
FAX: 0983-41-0051
http://saito-muse.pref.miyazaki.jp/web/index.html
開館時間：午前10時〜午後６時
（月曜休館）

古代歴史文化協議会の構成と歩み

古代歴史文化協議会は、埼玉県、石川県、福井県、三重県、兵庫県、奈良県、和歌山県、鳥取県、島根県、岡山県、広島県、福岡県、佐賀県、宮崎県の14県が連携して、個々の地域における研究だけではみえにくかった日本の大きな古代史の流れを解明し、その成果を広く発信することを目的に活動している。

平成26年11月5日に開催した14県の知事会合において古代歴史文化協議会が設立され、「古墳時代の玉類」をテーマに据えての共同調査研究がはじまった。まず、各県で玉類とその出土遺跡の集成を行い、それぞれが集積してきた研究成果を持ち寄った。その上で横断的な考察テーマを考えるなかで、三つの分科会「玉類生産遺跡の研究（本書第2章担当）」、「玉類の流通と消費の研究（同第3章）」、「東アジア世界における日本の玉類（同第4章）」を設定して研究を進めることとした。年2回開催する研究集会を中心に検討を繰り返しながら、その成果発信も並行して行った。平成27年度から中間研究発表に位置付けた講演会を開催し、平成28年には古墳時代の玉類集成データ等を掲載したホームページを開設した。さらに3年半の研究成果をまとめ、本年度（平成30年度）は展覧会を開催する。合わせて成果図書（本書）を発行することとした。

古代歴史文化協議会　組織図

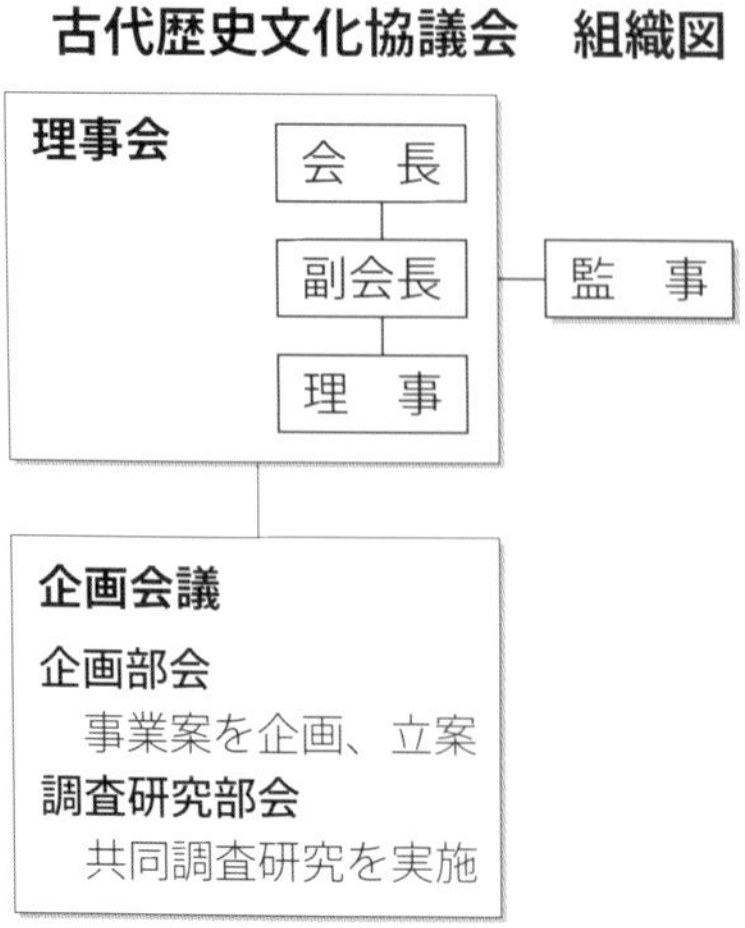

「古墳時代の玉類」共同調査研究の歩み

	共同調査研究	情報発信
H26年度	共同調査研究開始 研究の進め方の検討会 H26.10.20・21【奈良県】 知事会合 H26.11.5【奈良県】 第1回研究集会 H27.3.12・13【奈良県】	古代歴史文化協議会 キックオフイベント《講演会》 H26.8.30【奈良県新公会堂】
H27年度	資料集成・考察テーマの検討 第2回研究集会 H27.7.30・31、8・1【島根県】 ●韓国新羅地域玉類調査（H27.12.21～12.24） 第3回研究集会 H28.3.16・17・18【福岡県】	第1回古代歴史文化協議会講演会「古墳時代の玉作りと神まつり」H27.11.15【東京・よみうり大手町ホール】
H28年度	考察テーマに即した研究 第4回研究集会 H28.7.27・28・29【石川県】 ●韓国加耶地域玉類調査（H28.8.28～8.31） 第5回研究集会 H29.2.1・2・3【埼玉県】	展覧会の準備 成果図書の執筆・編集 ●ホームページの開設（H28.11.24） 第2回古代歴史文化協議会講演会「玉から古代日韓交流を探る」H28.12.10【東京・よみうり大手町ホール】
H29年度	第6回研究集会 H29.8.1・2【兵庫県】 第7回研究集会 H30.1.25・26【奈良県】 ●韓国百済地域玉類調査（H30.2.27～3.2）	第3回古代歴史文化協議会講演会「古墳時代の玉飾りの世界」H29.11.18【東京・よみうり大手町ホール】
H30年度	第8回研究集会 H30.7.10・11【東京都】	成果図書『玉―古代を彩る至宝―』発行 H30.10.9（本書） 展覧会『玉―古代を彩る至宝―』開催 H30.10.23～12.9【江戸東京博物館】 H31.1.1～2.24【九州国立博物館】

協力機関一覧（敬称略）

上田市立丸子郷土博物館
海老名市教育委員会
加賀市教育委員会
金沢市埋蔵文化財センター
上高津貝塚ふるさと歴史の広場
唐津市教育委員会
関西大学
九州国立博物館
慶尚大学校博物館（韓国）
慶北大学校博物館（韓国）
公益財団法人かながわ考古財団
公益財団法人群馬県埋蔵文化財調査事業団
公益財団法人とちぎ未来づくり財団埋蔵文化財センター
上毛町教育委員会
国立羅州文化財研究所（韓国）
小松市埋蔵文化財センター
桜井市立埋蔵文化財センター
千葉県立房総のむら
東京都江戸東京博物館
鳥栖市教育委員会
栃木県立博物館
福岡市埋蔵文化財センター
福泉博物館（韓国）
釜山大学校博物館（韓国）
本庄市教育委員会
松江市立出雲玉作資料館
明治大学
嶺南大学校博物館（韓国）

協力者一覧（敬称略）

樫田　誠
河野一隆
斉藤あや
島　孝寿
椙山林継
田中晋作
谷澤亜里
戸根比呂子
中村由克
布尾和史
朴　天秀
藤井陽輔
矢野和昭
米倉美和子
米田克彦

執筆担当県（執筆者）一覧

埼玉県（山田琴子）：第2章4・コラム②
石川県（伊藤雅文・林　大智・西田昌弘）：第2章3・コラム①
福井県（宮崎　認）：第4章6◎トンボ玉
三重県（和澄さやか）：第3章2◎様々な玉飾り
兵庫県（鐵　英記）：第3章4
奈良県（菅谷文則・卜部行弘・鈴木裕明・井上主税・杉山拓己・柳田明進）：第1章1、第2章5◎大和の玉作り、第3章1・2◎玉飾りからみた男女・コラム、第4章3・4、第5章
和歌山県（黒石哲夫）：第4章5
鳥取県（小山浩和）：第2章2
島根県（平石　充・岩橋孝典・佐藤雄一・井谷朋子）：第1章2～5、第2章1・5◎出雲の玉作り・6
岡山県（亀山行雄）：第3章3◎玉の広がり
広島県（尾崎光伸）：第3章2◎権威を示す玉飾り
福岡県（吉田東明・小嶋　篤）：第4章1・2・6◎重層ガラス玉◎天河石製玉類◎多角形ガラス玉◎赤メノウ玉類・コラム
佐賀県（渕ノ上隆介）：第3章3◎玉の石材と地域性◎玉類の組み合わせ
宮崎県（藤木　聡）：第4章6◎東アジアにおける雁木玉

玉《たま》 ―古代《こだい》を彩《いろど》る至宝《しほう》―

平成三十年（二〇一八）十月九日　初版発行
平成三十年（二〇一八）十一月十五日　二刷発行

編集　古代歴史文化協議会

発行　ハーベスト出版
〒六九〇―〇一三三
島根県松江市東長江町九〇二―五九
ＴＥＬ　〇八五二―三六―九〇五九
ＦＡＸ　〇八五二―三六―五八八九

印刷　株式会社谷口印刷

製本　日宝綜合製本株式会社

定価はカバーに表示してあります。
落丁本、乱丁本はお取替えいたします。

Printed in Japan
ISBN978-4-86456-289-8 C0021